시작의 앎

프란츠 파농의
임상

始まりの知: ファノンの臨床
by 冨山一郎

copyright ⓒ2018 by 冨山一郎
First published in Japan by Hosei University Press.
Korean translation copyrightⓒ2020 by Moonji Publishing Co., Ltd.
This Korean edition is published by arrangement with K-Book Shinkokai.

현대의 지성 174

시작의 앎

프란츠 파농의 임상
始まりの知―ファノンの臨床

도미야마 이치로 지음
심정명 옮김

문학과지성사

현대의 지성 174

시작의 앎—프란츠 파농의 임상

제1판 제1쇄   2020년 11월 16일

지은이   도미야마 이치로
옮긴이   심정명
펴낸이   이광호
주간   이근혜
편집   박솔뫼 김현주 최대연
펴낸곳   ㈜**문학과지성사**
등록번호   제1993-000098호
주소   04034 서울 마포구 잔다리로7길 18(서교동 377-20)
전화   02) 338-7224
팩스   02) 323-4180(편집)   02) 338-7221(영업)
전자우편   moonji@moonji.com
홈페이지   www.moonji.com

ISBN 978-89-320-3774-5 93910

이 도서의 국립중앙도서관 출판예정도서목록(CIP)은 서지정보유통지원시스템 홈페이지(http://seoji.nl.go.kr)와
국가자료공동목록시스템(http://www.nl.go.kr/kolisnet)에서 이용하실 수 있습니다.(CIP제어번호: CIP2020039952)

한국어판 서문

지금 세계에서 일어나고 있는 코로나바이러스 감염증-19를 둘러싼 상황에서 요청되는 것은 올바른 상황 설명이나 미래 예측이 아니라고 나는 생각한다. 바이러스 문제와 그 해결이라고 말해버릴 때 보이지 않게 되는 문제, 즉 이 소동 가운데 도처에서 부상하고 있는, 바이러스 문제로 환원할 수 없는 많은 어려움을 지나치지 않고 사고하는 것이야말로 중요하다고 본다. 그것은 세계에 존재하는 차별이나 빈곤, 배외주의라고 할 수 있을지도 모르고, 이제까지 존재했던 문제가 첨예하게 드러나고 있다고 해도 좋을지 모른다. 어쨌든 중요한 것은 대개 어려움에 직면했을 때에는 모든 것을 설명하고 예측을 세우는 올바름으로 달려가서는 안 된다는 사실일 것이다. 이는 미래를 단순화해서는 안 된다는 말이기도 한데, 단순한 미래는 반드시 그 존립 요건으로서 그 옆에 예외를 만들어내기 때문이다.

국가를 비롯한 다양한 카테고리로 집계된 감염 상황이나 사망자 수. 이 자체는 사실 확인이라 할 수 있을지 모르지만, 이렇게 구획된 위기 제시와 함께 조성되는, 위험 부분을 특정하고자 하는 심성에는 위기를 앞두고 자신의 삶을 위험 부분에서 사전에 분리하려고 하는 태도가 수반된다. 또 바이러스와 함께 은근히 만연하고 있는 것은 "○○라면 어쩔 수 없지만 나는 ○○가 아니다"라는 바로 그 사고다. 이 ○○를 사전배제하는 태도의 연장선 위에 문제 해결을 위한 틀이나 미래가 그려지려고 한다. 부상하고 있는 많은 어려움은 이러한 해결이나 미래상 속에서 방치되고 다시금 매장되고 말 것이다.

위험 부분을 특정하고자 하는 심성의 저류에는 불안이 있다. 이 불안을 바탕으로 모든 것을 설명하고 예측을 세우는 올바름에 달려들게 된다. 하지만 그러한 올바름은 없다. 그리고 불안을 눌러 감추면서 없는 것을 있는 것처럼 무리해서 우기려고 할 때 사고는 정지한다. 이는 후지타 쇼조藤田省三가 일본 전후의 실패를 "뭐든지 알고 뭐든지 설명해주며 전체에 대해 어쩐지 조리가 서 있는 듯한 리더"[1]를 바란 것이라고 지적한 것과도 관련 있다.

후지타가 문제 삼은 것은 리더 자체라기보다는 이러한 무리를 계속하는 과정에서 구성되는 집단성이다. 즉 사회는 "어쩐지 조리가 서 있는 듯한 리더"와 이를 바라는 사람들로 구성되고 만다. 거기에는 반드시 그 존립 요건으로서 예외가 만들어지고, 위기는 이 예외에 강요된 위험이 된 뒤에 "○○라면 어쩔 수 없지만 나는 ○○가 아니다"라는 사회를 낳게 된다. 하지만 이것이야말로 위기가 아닐까? 이는 실로 지금도 이어지는 천황제와 관련된 문제이며, 이러한 '조리' 속에서 ○○에 넣어진 사람들 중에 오키나와도 있다. 후지타는 이러한 리더에게 몰려드는 집단의 모습을 단적으로 '타락'이라 부른다. 또 그는 타락한 집단은 올바름과 어울리지 않는 모호한 말이나 다른 주장을 배제하는 움직임으로 향한다고 지적하면서, 이러한 배제는 우생학적인 '단종斷種'이라고 말한다.

자신이 살아가는 세계를 사고한다는 것은 "전체에 대해 어쩐지 조리가 서 있는 듯한 리더"에게 달려드는 일이 아니다. 그리고 후지타가 여기서 리더라 부르는 것은 불안을 선동하고 이용하는 정치가가 아니다. 또 무참할 정도로 무능한 아베 신조安倍晋三를 말하는 것도 아니다. 문제는 올바름에 달려드는 사고의 몸짓이고, 가장 중요한 것은 어려운 상황을 앞에 두고 올바른 리더를 찾는 것이 아니라 설사 당장 답을 찾을 수 없을지라도 자율적으로 사고하기를 계속하는 것이다. 아베의 무능함을 지탄만 하고 있어서는 안 된다.

사고한다는 당연한 행위를 지금 다시 물어야 한다. 또 후지타가 "뭐든지 알고 뭐든지 설명해주"는 존재로 언급하고 있는 것은 올바른 설명을 해주는 학문 지식이자 연구자다. 앞에서 중요한 것은 답이나 올바른 설명이 아니라 어떻게 사고하는가이며, 어떻게 자율적으로 사고하는가라는 물음이야말로 지금 요청되고 있다고 나는 생각한다. 그리고 이 사고 스타일이 그대로 "어쩐지 조리가 서 있는 듯한 리더"를 중심으로 한 사회, 즉 줄곧 특정한 사람들을 존립 요건으로 사전에 붙박아놓는 사회와는 다른 미래를 만들어가는 실천으로 이어지지 않을까? 왜냐하면 이 사고는 자율의 '자自'를 만들어내는 작업이기도 하기 때문이다. 이 책에서 생각하고 싶었던 것도 사전배제에 대항해 어떻게 자율적으로 사고하는가이고, 이러한 '자'를 만들어내는 작업을 시작하는 일이었다.

이 책 마지막 장에 등장하는 나카이 마사카즈中井正一는 종전 직후에

히로시마에서 야마시로 도모에山代巴와 함께 농촌의 민주화 운동에 뛰어든다. 이 활동에 대해 나카이는 죽기 1년 전에 쓴 「농촌의 사상農村の思想」[2]에서 사회를 바꾸는 운동에서 중요한 것은 "지식의 많고 적음, 사상의 많고 적음의 문제가 아니라 계기와 계기의 구조"라고 말했다. 여기서는 누군가가 지도자가 되어 지식을 주고 사상을 계몽함으로써 구성되는 것이 아닌 집단성이 상정된다. 나카이의 이러한 말은 이 책에서 다룬 「위원회의 논리委員会の論理」를 종전 직후의 실천 속에서 다시금 이야기한 것이라고 할 수 있는데, 그와 동시에 야마시로 도모에가 농촌 여성들과 함께 만들어낸 장場과 나카이의 사고가 포개진 결과라고 생각한다.

이와 관련해서는 앞으로 천천히 생각해보고 싶지만, 나카이나 야마시로는 많은 사망자들과 폐허를 앞에 두고 올바른 지식인이나 중요한 사상가가 아니라 한 사람 한 사람이 계기가 되어 구성되어가는 사회에서 미래를 발견하려고 했던 것이리라. 자율적이라는 말을 쓴다면 여기서 '자'는 이른바 개인이 아니라 굳이 말하자면 '우리'를 가리키고, 이 '우리'는 공통항으로 묶이거나 안과 밖의 경계로 정해지는 것이 아니라 계기로서의 나와 계기로서의 타자가 구성해가는 운동으로서 존재한다. 이러한 '자'는 "○○라면 어쩔 수 없다"며 유기되는 타자를 전제로 한 나나 사회의 모습을 근본적으로 바꾸어나가지 않을까?

대학이 폐쇄되고 모여서 논의를 하는 것이 금지된 상황 속에서 『통신通信』이라는 매체를 시작했다. 기본적으로는 한 사람 한 사람이 글을 읽고 쓰고 그것을 또 읽고 또 쓰는 것을 연결하는 간단한 형태지만, 계속하는 가운데 하나하나의 글이 서로 다음 글의 계기가 되며 다초점적으로 연쇄해갔다. 이러한 연쇄 속에서 생겨난 복수複数의 사고는 서로 겹쳐지면서도 결코 하나로 묶을 수 없고 또 현재 진행형으로 계속 증식된다. 그리고 무엇보다도 중요한 것은 이러한 사고는 누군가가 중심이 되어 통괄되는 것이 아니며 서열이 정해지는 것도 아니라는 점이다. 각자가 축이 되고 서로가 계기가 되면서 확장되어가는 사고의 모습을 『통신』을 통해 매우 구체적으로 알 수 있었다.

『통신』에 모인 글들을 읽으면서 깨달은 점이 있다. 바로 말이 시작되는 장의 분위기라고 할 만한 것이다. 그것은 이제까지의 관계성을 유지하기가 어려워진 가운데 한 사람 한 사람이 기존 사회에서 조금 떨어져나가기 시작했을 때 생기는 분위기다. 모인 글들은 이 분위기 속에서 태어났다. 그런 생각을 하고 있을 때 마쓰시타 류이치松下竜一가 주민 운동을 하며 발간한 『풀뿌리 통신草の根通信』을 고찰한 글에서 호리카와 히로미堀川弘美 씨가 이렇게 썼던 것이 떠올랐다.

　문제의식의 싹 같은 것이 태어나고 있는데 그것을 공유하는 사람이나 장소, 논의할 수 있는 장소가 없을 때, 그 위화감이나 문제의식의 감각은 말이 되지 못하고 감각인 채로 그 사람 내에 방치된다. 위화감이나 문제의식을 그대로 떠맡는 장소는 압도적으로 적다. 그것을 입 밖에 낼 수 있는 장소 자체가 적을 뿐 아니라, 입 밖에 냈다 해도 그 문제의식의 뿌리에 있는 것을 명쾌한 말로 정의해버림으로써 단숨에 구체적 행동으로 직결시키는 운동이 기다리고 있기도 하다. 잠깐 멈춰 서서 주위를 둘러보며 생각하는 장소가 필요할 때가 있다. 그러한 장소를 찾을 수 없을 때 그 싹은 이윽고 사회의 주류적인 흐름 속에서 지워지고 만다고 나는 생각한다.[3]

내가 『통신』에서 느낀 분위기는 여기서 호리카와 씨가 말한, 아직 본 적 없는 장소에 대한 회구일지도 모른다. 말은 말의 소재所在와 함께 부상한다. 『통신』은 이 말을 분위기와 함께 정성스레 매개한다. 이 것이 한 사람 한 사람이 계기가 된다는 것 아닐까? 「후기」에도 썼지만 이 책에 실린 글은 한국에서 사고하는 장을 만들어온 사람들과의 만남에서 생겨났다. 그중 한 사람으로 서울에서 '수평회(수요평화모임)'를 실천하는 심아정 씨와 만났을 때 아정 씨가 논의에서 중요한 것은 "안심하고 이야기할 수 있는 장"이라고 말한 적이 있다. "계기와 계기의 구조"에는 이러한 안심이 필요하다. 이 안심은 말의 장이 타자를 유기하며 성립하는 데 대한 거부이고, "○○라면 어쩔 수 없지만 나는 ○○가 아니다"라는 안심과 정면에서 대치할 것이다.

지금 잡지를 만들려는 중이다. 나카이와 동료들이 만든 『토요일土曜日』의 특징이 필자와 독자가 한없이 가까워지는 데에 있었다면, 그것은 각자가 계기가 되어 증식해가는 것이리라. 각자가 계기가 되는 '읽다―쓰다'라는 실천을 확보할 수 있는 매체를 만들고 싶다고 생각한다. 그것은 바꿔 말하면 "안심하고 이야기할 수 있는 장"을 매개하는 잡지다. 유기되는 타자를 전제하지 않는 '우리'를 다초점적으로 확장해나가기 위해. 잡지 이름은 'MFE(Multifokaler Expansionismus)'*다.

이 책이 한국어로 번역되는 것은 나에게 무척 의미가 크다. 그것은 앞에서도 말했듯 이 책 내용이 한국에서 다양한 논의의 장과 만남으로써 생겨났기 때문이기도 하지만, 그뿐이 아니다. '시작의 앎'을 거기서 만난 사람들과 함께 앞으로도 계속해나가고 싶기 때문이다. 잡지

---

* '다초점 확장'이란 뜻이다. 자세한 내용은 이 책의 90쪽 참조.

『MFE』도 그러한 시도 중 하나다. 당장 실현되지는 않겠지만 이 잡지는 한국어와 일본어 이중 언어로 구성해가려고 생각한다.

　마지막으로 번역자인 심정명 씨에게 다시금 감사와 동지로서의 응원을 보내고 싶다. 시력과 집중력이 저하되기도 해서 오자나 오기, 오인용이 좀체 없어지지 않는 내 글을 놀랄 만한 독해력으로 내용에 맞게 옮겨주었다. 문장도 더 읽기 쉬워지고 명확해졌으리라고 상상한다. 번역이라기보다 더 갈고닦인 것이 이 한국어판이다. 또 새로운 잡지를 향해 움직여가는 가운데 정명 씨는 압도적으로 중요한 존재다. 함께 몇 번씩 논의를 거듭하며 겨우 여기까지 왔다고 생각한다. 고맙다. 앞으로도 함께.

2020년 8월 15일

도미야마 이치로

차
례

일러두기

원문의 주석은 미주로 처리했으며, 본문 아래에 달린 각주는 모두 옮긴이의 것이다.

서장 　신문공간

> 나는 언어 현상을 근본적으로 중시한다. (……) 말한
> 다는 것은 절대적으로 타인에 대해 존재하는 것이니까.
> ── 프란츠 파농[1]

> 개성을 표현할 자기 자신의 언어가 없다. ── 이하 후
> 유[2]

> 집단은 새로운 말의 모습을 요구한다. ── 『토요일』[3]

> 시원origin은 **중심이 되어** 그로부터 유래하는 것을 지
> 배하지만, 시작beginning은 비선형적nonlinear인 전개를
> 밀고 나가려 한다. ── 에드워드 W. 사이드[4]

1. 가계부

언젠가부터 일어난 일이나 떠오른 생각 혹은 품었던 감정을 좋아하
는 녹색 필드노트에 기록하게 되었다. 일기라고 할 수도 있지만, 매일
쓰는 것도 아니고 그날 있었던 일을 쓰지도 않는다. 또 무엇을 쓰느냐
보다는 쓴다는 행위 자체에 의미가 있는 것 같다. 내 안에서 움직이는
사고와 감정을 빠짐없이 쓴다기보다는 나라는 존재를 확인하고 있다
는 편이 맞을지도 모른다. 그리고 많은 경우, 나라는 존재를 확인할 것
이 **요구될** 때 이렇게 기록을 하게 된다.

'요구된다'는 것은 내 내면에서 생기는 일이 아니다. 오히려 스스로는 어떻게 할 수 없는 외적인 상황에서 파생한다. 나라는 존재를 외적으로 제시하라고 문답무용問答無用으로 요구받고, 굳이 말하자면 나로서는 어떻게 할 수 없는 상황과 나 사이에 타협점을 찾으려고 쓴다. 하지만 거기서는 이러한 타협이 파탄을 맞을 수도 있는 위기가 끊임없이 생겨난다고 할 수 있다. 거창하게 말하면, 타협점을 찾으면서 말을 기록할 때 이 쓰기는 주위 상황과 나의 타협이 깨지면서 떠오르는 나라는 존재를 잠재적으로 끌어안는다. 이때의 나는 기존의 세계에는 있을 곳이 없는 나다.

끌어안음은 쓰인 내용이 아니라(적어도 그것만은 아니라) 쓴다는 행위 자체로 인해 일어난다. 아무리 세계와의 일체감을 표명해보아도 어쩔 수 없이 그렇게 해야만 하는 자기 자신이, 그리고 결코 일체화되지 못하는 자기 자신이 거기에는 비유적으로 끌어안겨 있다. 살아남기 위해 현실을 받아들이고 현실 속에서 살아가는 나를 기록할 때, 거기에는 눈앞의 현실에서는 있을 곳을 찾을 수 없는 존재가 숨어 있다. 그 기록은 가령 매일 필요한 식료품이나 일용품을 구입한 내용을 그저 정확히 기록하는 가계부일지도 모른다.

지금 내 손에는 이미 세상을 떠난 어떤 사람이 쓰던 가계부가 있다. 돌봄 지원을 받으며 혼자서 끝까지 살아낸 그는 지급받은 장애인 연금을 어디에 썼는지를 매일 정성껏 기록했다. 그가 살아가기 위해 필요했던 것들이 품목과 양과 가격으로 표현되고, 언제 전차를 타고 언제 버스에 탔는지는 교통비로 기재되어 있다. 이것은 매일의 삶에 대한 기록이고, 산다는 것은 우선 이 연금과 지출의 균형을 유지하는 일이다. 하지만 그가 수지 균형 따위는 아랑곳없이 많은 꿈과 마땅한 미래를 계속 품고 있었음을 나는 안다. 연금으로는 감당할 수 없는 여행을 계속해서 몽상하고 계획하고 있었음을 **알고 있다.**

가계부를 쓴다는 것은 국가의 사회 보장 제도나 모든 것이 상품으로 공급되는 세계에서 살아간다는 사실과 매일 타협하는 일이다. 그리고 매일을 열심히 살아낸 기록인 가계부를 펼쳐 거기에 연필로 써놓은 지출 명세와 금액을 읽을 때마다, 거기서는 있을 곳이 마련되어 있지 않은 다른 삶의 방식이 모습을 드러낸다.

꽤 오래전 일인데, 이시무레 미치코石牟礼道子가 어느 텔레비전 방송에서 세상을 떠난 미나마타병 환자가 매일 쓰던 일기에 대해 이야기한 적이 있다. 그 일기에는 매일의 증상과 그에 대처하는 투약 내용이 담담히 기록되어 있었다고 한다. 하지만 이 의료 차트 같은 일기 마지막에는 "다음에 태어날 때는 이런 꼴을 당하고 싶지 않다"고 적혀 있었단다. 자본의 증식으로 야기된 유기수은 중독의 고통과 싸우는 매일의 현실을 담담히 옮겨 쓴 의료 차트 같은 일기는, 미나마타병을 일으킨 자들로 구성되어 있는 기존의 현실에 대한 압도적인 거부 속에서 쓰였다. 그리고 마지막 문장이 설사 적혀 있지 않았다 해도, 이시무레는 의료 차트를 읽음으로써 이러한 거부와 거기서 부상하는 다른 미래를 붙잡으려 한다.

분명 자기 자신이 소속된 사회인데도 거기서는 아무리 해도 있을 곳을 찾을 수 없는 자신을 주시할 때 말이 생겨난다. 이 말들은 있을 곳을 찾지 못하는 고독의 말일 것이다. 이는 안이한 전달을 거부하는 압도적인 고독을 받치는 말로서, 우선은 입을 꾹 닫음으로써 획득된다고도 할 수 있다. 그와 동시에 이러한 말들은 기존 세계를 전제하는 한은 만날 수 없는 사람들과 함께 있다. 지금 일기나 가계부를 통해 보여주고 싶었던 것은 이러한 고독 속에서 풀어져 나오는 말들이다. 나는 이 말들로부터 있을 곳을 찾지 못한 사람들의 존재를 드러내려 한다. 이 책에서 생각해보고자 하는 것은 남겨진 말들에서 시작되는 소생술 같은 것이다.

소생술은 우선 읽는 것과 관련되는데, 말이 끌어안고 있는 사람들을 풀어나간다고 하는 편이 좋을지도 모른다. 푼다는 표현에는 읽기 외에도 다양한 동사가 얽힐 것이다. 있을 곳을 찾지 못한 사람들은 이 푸는 것과 관련된 다양한 행위 속에서 모습을 드러내고 현세화現勢化* 할 것이다. 이 책에서는 이러한 현세화를 통해 세계를 근본적으로 비판하고 다른 현실을 만들어낼 가능성을 생각해보고자 한다. 그것은 말을 남기고 세상을 떠난 이들과 함께 만들어내는 미래이기도 하다. 말을 읽는다는 것은 이러한 미래와 함께 있다. 거기에 앎 혹은 안다는 행위를 설정하자.

나는 분명 이러한 미래를 예감하면서 수첩에 말을 기록하고 있는 것이리라. 이 책에서는 또한 내가 말을 통해 타자와 만나고 죽은 자들도 포함해 우리라는 집합성을 획득해나간다는 점에 대해 생각해보겠다. 오해가 없게끔 미리 말해두지만, 이는 집단을 분석하여 카테고리로 명명한다는 뜻이 아니다. 생각한다는 행위도 포함해 말과 행위가 점점 다가가서 포개지는 곳에서부터 시작되는 타자와의 관계를 어떻게 계속 이어가고 또 연루해갈 것인가라는 문제다.[5] 말은 어떠한 형태이

---

* 영어로는 actualization으로, 잠재돼 있던 것이 현실로 부상하기 시작하는 동적인 과정을 강조하기 위해 저자가 선택한 말이다. 잠재성을 동적인 과정으로 파악하지 않는다면 그것은 존재론적인 이야기로 그치고 만다.

든 "절대적으로 타인에 대해 존재하는 것"[6]이다. 미래를 만들어갈 가능성은 중단된 가계부가 끌어안고 있는, 있을 곳이 없는 사람들이 연루하는 과정에서 찾아야만 한다. 앞으로 이 책에서는 이러한 연루 과정에 대해 생각할 텐데, 미리 말해두자면 이 과정은 복수複数의 행위들이 연쇄하는 가운데 전개된다. 또 거기서는 분명 읽다, 쓰다, 이야기하다 등 말과 관련된 행위가 중요해질 것이다. 말과 관련된 이 같은 복수의 행위들 속에 앎이라는 말을 놓으려 한다.

2. 신문訊問*공간

있을 곳을 찾을 수 없는 사람들로부터 시작되는 말의 윤곽을 좀 더 그려보겠다. 이를 위해 문답무용으로 나라는 존재를 제시할 것이 요구되는 상황에 대해 검토해보자. 말을 하고 있는데도 말하고 있다고 간주되지 않고, 그저 신체 동작만이 요구되는 장면을 생각해본다. 거기서는 그저 틀리지 않게 몸을 움직이는 데에만 신경을 집중하게 된다. 이 틀리지 않게 한다는 노력의 전제에는 아무리 말로 설명해도 ○○으로 보인다는, 반론을 허용하지 않는 단언이 있을 것이다. ○○인으로 보인다, 수상쩍은 사람으로 보인다, 정신 이상자로 보인다, 범죄자로 보인다, 빨갱이로 보인다, 과격파로 보인다, 테러리스트로 보인

---

* 여기서의 신문이란 국가 기관 등이 말로 물어서 조사하거나 질문을 해서 강제로 답하게 하는 것을 가리키는 말로, 가령 포로 신문, 수사 기관의 피의자 신문 등의 예에서 쓰인다. 원문에서는 이를 尋問이라 표기하고 있으나, 한국어에서 해당 한자어는 전혀 다른 뜻을 가지고 있으므로 저자와 협의하여 같은 뜻의 단어인 訊問을 병기했다.

다, 혹은 땡땡이를 치고 있는 사람으로 보인다……

여기서 요점은 이 ○○에 들어갈 명사를 곧장 사회학적인 카테고리로 골라내서 사회나 질서를 논하는 것이 아니라, 이러한 문답무용의 단언이 횡행하는 가운데 무슨 말을 해도 소용없다는 식의 감촉이 점차 퍼져나간다는 사실이다. 이 같은 무력감과 함께 말이 정지한 곳에는 폭력이 대기하고 있다. 폭력은 대기 중일 때에도 그 존재 자체만으로 폭력에 노출되어 있다는 감각을 낳고, 이렇게 노출되어 있다는 점에서는 이미 작동하고 있는 폭력이기도 하다.

폭력에 노출되어 있는 상황은 인종주의나 식민주의, 점령과 관계있을 수도 있고 계엄상태와 관련될 수도 있다. 또한 말대꾸를 허용하지 않는 교실이나 직장, 가혹한 아르바이트 현장일지도 모른다. 다양한 장면에서 무엇이 폭력으로 작동하고 있는지를 정치하게 검토하는 것이 중요하다. 예컨대 인종주의와 점령은 다르며, 문답무용으로 이루어지는 해고와 무급 야근이 뒤섞인 가혹한 아르바이트 일터에는 틀림없이 자본이라는 문제가 각인되어 있다.

하지만 개념적이거나 제도적인 구분이나 구체적인 사례를 가지고 폭력을 이해해버리기 전에, 우선 폭력에 노출되어 있다는 감각이 점차 팽창하며 말이 정지하는 상황을 주시하려 한다. 이 책에서는 말에 대한 촉감이라고 할 만한 감각을 놓치지 않고 논의를 진행하고 싶기 때문이다. 만연하는 폭력을 말과 관련해서 생각하려면 말에 대한 이러한 감각이 반드시 필요하다.

다음 절에서 서술하듯 이 책에서는 프란츠 파농Frantz Fanon을 여러 차례 참조할 것이다. 프란츠 파농에게 말이란 제사題辭에 있듯 "절대적으로 타인에 대해 존재하는 것"이다. 하지만 파농은 길거리에서 불쑥 "어, 검둥이다"라고 명명된다. "이것은 지나가던 나를 찌른 외적 자극이었다."[7] 다음 인용은 이 문답무용의 명명과 함께 시작되는 사태를 그리고 있다.

타자는 몸짓이나 태도나 시선으로 나를 착색fixer한다. 염료가 프레파라트를 착색하고 고정하듯. 나는 격분하여 해명을 요구했다…… 무슨 짓을 해도 소용이 없었다. 나는 산산조각으로 부서졌다.[8]

즉 자신의 신체와 몸짓이 착색되는 가운데 말은 점차 정지한다. 거기서는 "무슨 짓을 해도 소용이 없"으며, 해명을 요구하는 말을 해도 응답해야 할 말로 간주되지 않고 방치된다. 말을 하고 있는데 말하고 있다고 간주되지 않고, 항의하는 목소리도 방치되어 사라지며, 폭력에 노출되어 있다는 감각이 점차 팽창하다 "무슨 짓을 해도 소용이 없"다는 압도적인 수동성이 상황을 지배하게 된다. 이렇듯 ○○로서 착색되는 말의 상황을 신문공간이라 부르기로 하자.

신문공간이라는 말을 설정한 것에 대해서는 다음 장에서 검열에 관한 주디스 버틀러Judith Butler의 논의와 관련지어서 설명하고 3장 이후에 계엄상태와 연결해서 다시 검토하겠지만, 요점은 발화된 말이 말 바깥에 놓이며 ○○를 보여주는 징후적인 **행동**이 된다는 점이다. 말은 피부색에 대응한 단순한 비명으로 취급되거나 정신 질환을 보여주는 증상으로 차트에 기입되고, 또 살려둘지 "죽음 속에 폐기"[9]할지를 판별하기 위해 청취된다.

"너 이 새끼, 15엔 50전이라고 해봐!"[10](간토대지진 당시의 자경단),* "오키나와어로 담화하는 자는 간첩으로 간주하고 처형한다"[11]

(오키나와전투 당시의 제32군). 여기서 말은 ○○임을 보여주는 행동이 되어 "무슨 짓을 해도 소용이 없"다는 압도적인 수동성 속에서 점차 정지한다. 이 책에서는 이러한 신문공간이 모든 것의 출발점으로 존재한다. 폭력에 노출된 압도적인 수동성 속에서 파농이 이야기한 "절대적으로 타인에 대해 존재하는 것"을 담당하는 말을 어떻게 재개할 것인가? 이것이 바로 이 책 전체를 꿰뚫는 물음이다.

그런데 ○○를 올바르게 인정한다는 것은 법의 지배와 관련된 문제이기도 하다. 그렇게 보인다는 것이 아니라, 질서가 법에 근거해 ○○를 올바르게 설정해야만 한다는 것이다. 하지만 여기서 신문공간을 통해 보여주려고 하는 폭력은 법 자체의 존립과 관련되며 법의 기저에 늘 대기하고 있다. 그렇기 때문에 ○○로 보인다는 것과 관련된 폭력은 법에 내재해 있으면서 은밀히 법을 침식하고 재정의하는 힘이 되기도 한다. 이 점에 대해서도 다음 장 이후에 다시 검토하겠지만, 신문공간이라는 설정은 법의 침식 혹은 재정의와 관련된다. 또한 법이나 제도 자체에 경계가 있는 이상, 대기 중인 폭력은 법의 임계를 테두리로 두르고 경계를 유지하는 힘이기도 하다. 따라서 신문공간은 이 **경계**에 놓인 이들의 말이 있는 곳과도 관련 있을 것이다.

만일 신문이 자신과는 무관하다고 생각하는 사람이 있다면, 그것은 큰 착각이다. 경계 내부는 경계로써 설정되지 그 반대가 아니다. 법 바깥에 신문공간이 있는 것이 아니라 신문이 법을 만들어낸다. 자신은

---

* 주지하다시피 간토대지진 직후 많은 조선인이 학살당했다. 당시 자경단은 길 가는 사람에게 '15엔 50전'이나 '방석座布団' 같은 단어를 말하게 하여 거기에 들어간 탁음濁音 발음이 정확하지 않으면 조선인이라고 판단했다.

법 내부에 있다고 생각하는 사람들 바로 옆에서 신문은 되풀이되고 있다. 내부인지 아닌지를 신문이 결정하는 이상, 모든 사람은 신문에 노출되어 있다고 해야 할 것이다.

이 책에서는 이 같은 신문공간과 관련된 논의를 법이나 제도 바로 직전에서 생각하려 한다. 왜냐하면 법적인 올바름은 이미 침식되고 재정의되고 있으며, 처음부터 경계가 그 테두리를 두르고 있기 때문이다. 이 사실과 마주하지 않고 곧장 폭력에 대항해 법과 제도를 지킨다거나 새로운 법을 대치시킨다면, 결과적으로 신문공간에서 이미 작동하고 있는 폭력을 추인하고 보강하게 될 것이다. 문제는 말이 정지한 상황에서 어떻게 말을 재개하느냐이지 마땅한 올바름을 설명하는 일이 아니다.

따라서 ○○에 대한 올바른 인정을 통해 문답무용의 단언이 '오인'이라고 비판한다면 시작해야 할 기점을 놓치게 된다. 이 점은 다음 장에서 '오인된다'는 것과 관련해 다시 생각하겠다. 무엇보다도 중요한 것은 ○○가 아니라는 항변이 ○○에 대한 문답무용의 단언을 추인한다는 점이다. "○○라면 어쩔 수 없지만 나는 ○○가 아니다"라는 것이다. 이 책에서는 ○○라 간주되는 사람과 자신은 ○○가 아니라고 믿고 있는 사람 사이에서 이 같은 어구와는 다른 경로를 생각해보려 한다.

그런데 앞에서 이야기한 신문공간에서의 말의 정지는 단순한 침묵이 아니라 정지를 계속 회피하는 번드르르한 말의 질서라고 볼 수 있을지도 모른다. 즉 선을 넘지 않는 한에서는 번드르르한 말을 늘어놓을 수 있는 세계다. 이는 가령 어떤 발화는 동작으로서 제재하는 반면 군명을 큰 소리로 복창할 것을 요구하는 군사 교련일 수도 있고, 혹은 어떤 발언은 학문이 아니라고 잘라내면서 자유롭게 이야기를 나눌 수 있다고 믿는 학자들의 세계일지도 모른다. 혹은 여기서 멈추라는 기동대의 명령을 당연하게 받아들이는 말의 세계의 번드르르함일 수도 있다. 나아가서는 정해진 미소와 함께 입 밖으로 나오는 "어서 오세요"라는 발화 외의 모든 말을 땡땡이를 치는 몸짓으로 간주하는 직장일지도 모른다.[12] 그리고 이 균질한 말들의 번드르르함 옆에는 문답무용의 폭력이 지배하는 영역이 이미 항상 존재하고 있다.

무슨 말을 해도 소용이 없으므로 쓸데없는 짓은 회피하는 것이 말이 담당하는 역할이 된다. 이럴 때 사람들은 왕왕 문답무용의 폭력을 자신과는 무관한 영역으로 밀어내고 그것이 흡사 자신들 바깥에서 일어나는 사태처럼 이야기한다. ○○이니까 어쩔 수 없다는 것이다. 이 ○○에는 사람이나 지역, 혹은 시기로 구분된 과거도 들어갈 수 있다. 그리고 이 "어쩔 수 없다"를 전제로 둔 뒤 그 가장자리에 테두리를 두르면서 그것을 회피하듯이 번드르르한 말의 세계가 성립한다. 이러한 회피는 폭력의 타자화이기도 한데, 이때 타자는 말 바깥에 남겨진다. 이는 ○○로 보인다는 단언의 횡행과 정확히 대응한다.

하지만 다시 한 번 말하는데 사람들은 이미 폭력에 노출되어 있다. 노출되어 있음에도 불구하고 남의 일처럼 이야기하려고 하는 번드르르한 말들은 회피를 통해 구성된 질서 속을 이리저리 오가는 공허한 기호 같은 것이기도 하다. 이 공허한 말 옆에서 문답무용의 폭력이 질서를 지배한다. 폭력이 대두하고, 말은 사회를 구성하는 힘을 잃은 채 그저 이리저리 오간다. 이는 멜트다운이라는 괴멸적인 상황을 끌어안고도 '일본'이라는 공허한 구호로 어물쩍 넘어가려고 하는 이 나라에서 현재 진행 중인 사태이기도 할 것이다. 혹은 평화를 지키라는 구호 속에서 문답무용의 폭력에 계속 노출되고 있는 오키나와의 상황이기도 하다. 이 책이 전제하는 것은 이렇듯 속수무책인 세계다.

속수무책인 이 세계에서 있을 곳을 찾을 수 없는 존재는 폭력을 감지할 것이다. 이들이 느끼는 폭력에 노출되어 있다는 감각과 말이 점차 정지하는 임계점에 말이 재개되는 시작점을 놓겠다. "무슨 짓을 해도 소용없다"는 압도적인 수동성이 상황을 지배하는 가운데 파농은 다음과 같이 썼다.

나는 스스로 **사물**이 되었다 Je me constituant objet.[13]

이 재귀적 표현에는 압도적인 수동성과 스스로 사물이 된다는 능동성이 겹쳐져 있다. 수동과 능동이 V자형으로 겹쳐지는 영역, 즉 정지와 시작이 교차하는 말의 **정류**停留[14]를 우리가 사는 이 속수무책인 세계에서 찾아내어 거기서부터 개시되는 말의 모습을 확보하는 것. 이 책에서는 이러한 확보와 관련된 작업을 하고자 한다. 말이 개시된다는 것은 역시 쓰기와 더불어 읽기, 이야기하기 그리고 그 외에도 보이지 않던 다양한 행위가 모습을 드러내며 연쇄해나간다는 뜻이고, 재개되는 새로운 말의 모습은 이러한 행위와 함께 있다. 앞으로 살펴보겠지만, 확보한다는 것은 움직임조차 되지 않는 움직임도 포함한 다양한 행위의 중첩과 관련된 동사다.

그 속에서 사람들은 타자와 만나고 연루하게 될 것이다. 여기서 말은 "절대적으로 타인에 대해 존재하는 것"이며, 이를 결코 손에서 놓지 않는 태도야말로 역시 앎이라 불러도 좋을지 모른다.

3. 파농을 읽다

이 책에서는 신문공간에서 시작될 새로운 모습의 말을 확보하기 위해 프란츠 파농이 남긴 말을 읽어보겠다. 호미 K. 바바Homi K. Bhabha가 말하듯 파농의 서술은 "전개됨에 따라 '과학적'인 사실이 거리의 경험에 의해 침식"되고 종종 중단되는 것처럼 보인다.[15] 바바가 말하는 '거리의 경험'이란 길거리에 상주하는 폭력으로 구성된 일상과 관련된 경험이고, 파농에게 이는 우선 식민지 상황의 문제였다. 즉 압도적인 문답무용의 폭력에 노출되어 있는 상황인데, 거기서는 대화가 갑자기 중단되며 말없이 작동하는 폭력이 장場을 지배한다. 파농이 남긴 말은 대화가 중단되고 말이 정지하는 이 아슬아슬한 임계점에서 수행된다. 말이 소실되고 문답무용의 힘이 등장하는 이 장면에 논의를 집중해보자. 또한 이렇듯 말과 폭력이 길항하는 지점을 계속해서 주시함으로써 파농을 읽는 것이 가능해진다.

나는 이 책에서 파농의 기술을 곧장 식민지 지배나 점령 같은 제도적인 카테고리로 이해하거나 구체적 사례로서 에워싸기보다는, 우선 파농의 말을 통해 폭력에 노출되어 있다는 감각이 팽창하며 말이 점차 정지하는 상황을 드러낼 생각이다. 거듭 말하지만, 파농이 기록한 식민지 상황에서 길에서 이루어지는 신문이, 속수무책인 지금의 세계에 만연하고 있는 신문공간과도 무관하지 않은 이상, 파농의 말에서 드러나는 상황은 결코 남의 일이 아니다.

앞에서 말했듯 바바는 파농의 기술이 폭력적인 상황에서 중단된다고 지적했다. 하지만 말이 정지하고 문답무용의 폭력이 지배하는 일상 속에서도 파농은 말을 손에서 놓지 않는다. 역시 "말한다는 것은 절대적으로 타인에 대해 존재하는 것"이며, 파농은 문답무용의 폭력이 질서를 지배하는 가운데서도 말에서 찾을 수 있는 타자와의 관계와 사회를 자신의 존재를 걸고 끝까지 짊어지려 했다.

말에 대한 파농의 이러한 존재론적인 집착에 대해서는 앞으로도 거듭 언급할 텐데, 이는 사회를 해설하는 것과는 다른 말의 소재所在와 관련된다. 이 책 종장에서도 이야기하겠지만 파농에게는 이러한 말의 소재가 바로 임상이라는 장의 문제였다. 이는 말의 정지와 재개가 겹쳐지는 곳, 즉 앞에서 말한 '정류'의 위치이기도 할 것이다. 나는 파농을 이러한 임상, 즉 정류에서 읽으려 한다.

그런데 파농에 관한 논의는 종종 파농이 정신과 의사로서 했던 활동과 관련해 정신분석학적인 용어를 많이 가져다 쓴 『검은 피부, 하얀 가면Peau Noire, Masques Blancs』(1952)과 그가 알제리의 병원을 그만두고 알제리 민족해방전선FLN에 참가하는 가운데 집필한, 격렬한 주장을 담은 『대지의 저주받은 사람들Les Damnés de la Terre』(1961)을 잘라내는 형태로 이루어졌다. 특히 바바를 비롯한 포스트콜로니얼 이론에서 파농을 언급할 때는 전자인 『검은 피부, 하얀 가면』을 중점적으로 다루고, 격렬하고 폭력적인 대치 관계를 전제로 하는 후자는 포스트콜로니얼 상황을 논의할 때는 경원시되는 경향이 있다. 하지만 두 책은 깊이 연결되어 있다. 그리고 이 결절점이 바로 말과 폭력이 길항하는 지점이다. 임상 혹은 정류의 위치에서 파농을 읽는다는 것은 이 결절점을 놓치지 않는다는 뜻이기도 하다.

『검은 피부, 하얀 가면』「서문」에서 파농은 "현재는 늘 미래를 구축하는 데 도움을 주는 것이 이상"이라고 하면서 그 미래는 어디까지나

"내 현실 삶의 미래"이고 따라서 어디까지나 "내 시대에 속한다"고 쓴다.[16] 여기서 읽어내야 하는 것은 파농이 남긴 말이 눈앞에 있는 구체적인 현재에서 "미래를 구축"하기 위해 있다는 점이다. 현재란 늘 미래를 구축하기 위해 있으며, 시작의 기점이다. 현재를 시작으로서 끌어안는 파농의 태도는 그 책의 「결론에 즈음하여」에 있는 "나는 '존재'를 넘어서는 한에서 '존재'와 연대한다"[17]는 말과 연결된다.

　이는 역시 지금의 현실에서는 있을 곳을 찾을 수 없는 사람의 말이다. 자신이 속해 있는 현실에서 있을 곳을 찾을 수 없는 존재를 똑바로 바라보며, 이를 매개로 미래를 구축하려고 하는 것이다. 파농의 말은 "'존재'와 연대"하는 곳에 있다. 즉 자신의 현실에 밀착한 말인 동시에 그렇게 밀착함으로써 확인되는 갈 곳 없는 존재를 매개로 미래를 향해 현실을 열어나가는 말이기도 하다. 강조해야 할 것은 현실과의 밀착 속에서 말이 정지하고 미래를 향해 움직여나가는 곳에 시작이 있다는 점이다. 파농을 읽을 때에는 바로 이 정지와 시작의 정류에서 확보된 말의 모습이, 바꿔 말하면 신문공간 속에서 말이 어디에 있는지가 중요하다.

4. 대항하기와 거슬러 올라가기

　하지만 파농이 남긴 말을 읽는 것은 역시 그가 거쳐 간 알제리 민족해방 투쟁과 분리할 수 없다. 또한 파농의 말은 알제리 해방 투쟁에 관여한 이들을 향해 쓰였다고 간주된다. 그렇기 때문에 파농을 읽는 사람은 종종 파농의 말이 자신을 향하고 있지 않다는 사실을 먼저 발견하기도 한다. 『대지의 저주받은 사람들』의 「서문」을 쓴 사르트르Jean-Paul Sartre는 "당신들이 파농의 책을 읽든 말든 그것이 그에게 무슨 상관이 있겠는가?"[18]라고 썼고, 『검은 피부, 하얀 가면』을 일본어로 번역한 에비사카 다케시海老坂武 또한 "파농의 메시지 수신인에 우리의 이름은 적혀 있지 않다"면서 자신을 '가짜 독자'라 칭했다.[19] 그럼에도 불구하고 파농은 다양한 상황에서 읽히고 있다. 전 세계에서 에비사카가 말한 '가짜 독자'를 획득한 것이다.

확실히 파농의 기술은 식민지 알제리와 떼려야 뗄 수 없다. 동시에 파농이 그려낸 상황은 결코 특정한 장소에 갇히지 않는다. 하지만 이러한 확장성은 이론화할 만한 일반성이나 보편적인 올바름이 결코 아니다. 우선 파농은 다양한 상황에 입각해서 읽혔다고 할 수 있고, 그러한 의미에서 상황에 놓인 여러 파농들이 있다. 즉 파농을 읽는다는 행위를 통해 읽는 사람은 자신이 놓인 상황을 발견하고 그것을 바꿀 수 있는 상황으로서 바라보게 된다.

예컨대 흑표범당Black Panther Party*의 설립자 중 한 사람인 휴이 P. 뉴턴Huey P. Newton은 파농을 두고 "우리는 그의 생각이나 전략을 단지 수입하기만 한 것이 아니다. 배운 내용을 구역block에 사는 형제들이 받아들일 수 있는 원칙이나 방법으로 변환해야만 했다"고 말한다.[20] 또 일본에서는 오늘날에도 계속되는 아시아나 아프리카, 라틴아메리카 침탈에 대항하는 싸움을 일본 내에서 어떻게 구축할 것인가라는 물음으로 파농을 읽었다. 『프란츠 파농 모음フランツ·ファノン集』을 발

---

* 1960년대 후반에서 1970년대에 걸쳐 미국에서 흑인 해방 투쟁을 펼친 급진적인 정치 조직.

행하면서 무토 이치요武藤一羊는 이렇게 물었다. "'제3세계'란 일본에 무엇인가? 베트남이란 무엇인가? 아프리카란 무엇인가, 조선이란 무엇인가, 필리핀이란 무엇인가, 볼리비아란 무엇인가, 인도란 무엇인가?"[21] 한국에서도 '남조선민족해방전선 사건'으로 검거된 김남주가 1977년에 번역한 파농은 격렬한 민주화 투쟁의 소용돌이 속에서 읽혔다.[22]

한편 파농은 세계 각지의 해방 투쟁 속에서 읽히는 동시에 1990년대 이후 포스트콜로니얼 이론에서도 읽히게 된다. 즉 앞에서 바바를 인용하며 언급했듯 파농은 포스트콜로니얼 이론 속에서 "글로벌한 이론가로 복권"[23]된다. 이러한 사실에 입각하면, 지금 파농을 읽는다고 할 때 그 읽는 행위에는 복잡한 전사가 얽혀 있음을 알 수 있다.

앞에서도 언급했듯 우선 파농은 다양한 상황에서 읽혔다. 그러한 상황들이 해방 투쟁이라는 유사성을 띠고 있었던 것도 분명하다. 또 한편으로는 글로벌한 이론으로서도 읽히게 됐다. 하지만 파농을 읽는 것은 글로벌한 이론이라는 보편적인 위치에서 개별 사물이나 현상을 설명하는 일이 아니며, 또 그렇다고 해서 미리 정의된 해방 투쟁이라는 유사한 개별 상황이 파농을 읽기 위한 근거로서 전제되는 것도 아니다.

여기서 다시금 『대지의 저주받은 사람들』 「서문」에서 "그에게 무슨 상관이 있겠는가?"라고 말한 사르트르로 돌아가 파농을 읽는다는 것에 대해 생각해보자. 이 「서문」에서 사르트르는 파농을 읽는 독자로 상정된 사람과 그렇지 않은 사람을 구분한다. 즉 파농의 말은 폭력에 노출되어 있는 사람을 향하고 있는데 이들은 **그** 혹은 **그들**로 구분된다. 사르트르는 이 사람들을 형제애에 바탕을 둔 '동포'[24]로 그리는데,

거기서는 동료인 사람들과 동료에게서 거절당한 사람들이 설정된다.

> 유럽인들이여, 이 책을 펼쳐라. 그 속으로 들어가라. 어둠 속에서 몇 걸음 걸으면 낯선 사람들이 불 주위로 모여드는 모습이 보일 것이다. 다가가서 귀를 기울여라. 그들은 당신들의 상사商社를, 상사를 지키는 용병들을 어떻게 처리할지 의논하는 중이다. 아마도 그들은 당신들의 모습을 볼 것이다. 하지만 목소리를 낮추지도 않고 그들끼리 이야기를 계속할 것이다. 이 무관심이 마음을 찌른다.[25]

사르트르의 「서문」에서 호명되는 이 **당신/당신들**과 **그/그들** 사이에 그어진 구분이 보여주는 것은, 폭력에 노출되어 대항폭력을 개시하려고 하는 피식민자와 그 대항폭력의 대상이 되는 식민자다. 사르트르는 식민자가 파농을 읽는 것이 그들과는 아무런 상관도 없다고 하면서도 식민자에게 "이 책을 펼쳐라"고 호소한다. '동포'가 아닌 이 사람들은 어디까지나 에비사카가 말한 '가짜 독자'다.

이 같은 사르트르의 파농 독해는 가령 주디스 버틀러가 지적하듯 폭력적 대항을 담당하는 동료들과 그 바깥에 있는 사람들의 분할 그리고 이러한 분할을 지탱하는 형제애적인fraternal 주체를 상정하고 있다고 할 수 있겠다. 즉 그것은 "남성 집단에서 이루어지는 대화"[26]다. 또한 이 둘의 관계는 폭력적인 식민자와 피식자민자의 대치 관계인데, 따라서 사르트르의 독해는 파농의 말을 글자 그대로 대립적인 세계에 에워싸고 한정한다고 할 수 있을지도 모른다.

하지만 사르트르가 파농을 에워싼다고 비판한다고 해서 파농에 보편적인 앎을 상정하자는 뜻은 아니다. 사르트르는 파농을 이론화하지 않고, 그것이 그들의 말에 지나지 않음을 전제하면서 식민자들에게 "이 책을 펼쳐라"고 권한다. 더 중요한 것은 사르트르의 독해가 한편으로는 파농의 말을 잘 받아들이고 있다는 점이다. 즉 파농의 말이 사르트르가 그려내는 폭력적인 대항을 담당하지 않는 것은 아니다. 이는 특히 "식민지화된 세계는 두 개로 절단된 세계다. 병영과 주재소가 그 분할선, 국경을 표시한다"[27]는 말로 시작하는『대지의 저주받은 사람들』에서 더 두드러진다고 하겠다.

그리고 중요한 것은 사르트르가 반복한 대항은 단지 이항 대립이나 남성 중심주의 같은 구도로 해설한다고 해서 해결되지 않는 문제라는 점이다. 사르트르가 파농에게서 읽어낸 폭력적인 관계는 압도적인 폭력 상황 속에서 일어나는 대항이지 병렬된 두 항의 관계가 아니다. 상관없다고 하면서도 "이 책을 펼쳐라"고 호소하며 읽을 것을 주장한 사르트르를 어떻게 생각할지에 관한 가장 중요한 논점이 바로 여기에 있다. 미리 말해두자면 사르트르의 파농 독해는 파농을 '글로벌한 이론가'로 간주하려고 하는 보편적인 앎에 함몰되지 않기 위한 중요한 논점을 제시한다.

앞에서도 말했듯이 파농에게 현실이란 "어, 검둥이다!"라는 문답무용의 명명으로 인해 말이 정지하는 폭력적인 상황이다. 하지만 그래도 파농은 말을 손에서 놓지 않는다. 다시 한 번 말하지만 말은 구체에 밀착하는 동시에 아직 정해지지 않은 미래를 향해 열려 있으며,『검은 피부, 하얀 가면』이든『대지의 저주받은 사람들』이든 파농의 말은 역시 정지와 시작이 겹쳐지는 이 정류에 놓여 있다. 폭력적인 상황 속에 대항하는 것과 다른 미래를 향해 거슬러 올라가는 것이 동시에 존재한다.

버틀러는 사르트르의 형제애적인 동지의 질서를 지적한 뒤에 다음과 같은 표현으로 사르트르를 비판한다.

나를 억압하거나 그 억압을 대표하거나 혹은 거기에 공모하는 타자에게 내가 폭력을 휘두르는 순간, 나는 나 자신을 새롭게 창출할 뿐 아니라 인종이나 식민지적인 억압과 폭력에 근거하지 않는 인간이라는 새로운 사고를 낳는 방room을 만들어내게 된다.[28]

버틀러가 보기에 사르트르의 파농 독해는 확실히 억압자에 대한 대항을 강조한다. 하지만 버틀러는 결코 그 일면만을 잘라내어 사르트르를 비판하지 않는다. 그들과 당신들을 명확히 구분한 뒤에 "이 책을 펼쳐라"고 권하는 사르트르에게 개입하여 버틀러가 지적하려는 것은, 폭력적인 상황 속의 대항은 동시에 "나 자신을 새롭게 창출"하는 일이며 나아가서는 "인간이라는 새로운 사고를 낳는 방"을 만들어내는 일이라는 점이다. 이 방을 타자에게 열 수는 없는가? 버틀러가 폭력적인 상황에 설정하려고 하는 것은 바로 이러한 물음이자 이 물음이 확보되는 장이다. 즉 사르트르가 그리는 그들과 당신들 "두 개로 절단된 세계"는 "절대적으로 타인에 대해 존재"하려고 하는 움직임의 시작을 담고 있다. 파농은 이 시작 지점에서 말을 놓지 않는다.

굳이 말하자면 버틀러는 사르트르의 부름에 공감하면서도 그것만으로는 미래를 향한 이러한 가능성을 놓치게 된다고 비판하는 것이다. 거듭 말하지만 이는 그저 폭력에 대한 비난도 아니거니와 파농이 사르트르의 말처럼 식민자와 피식민자를 대립적으로 기술하고 있지 않다는 의미도 아니다. 다름 아닌 사르트르가 강조한 대항의 내부에서 미래를 향해 열려 있는 미결未決의 가능성을 확보해야 한다고 버틸러는 지극히 참여적으로 이야기하는 것이다. 미래로 거슬러 올라갈 가능성은 대항 내부에서 확보해야 한다.[29]

신문공간은 법 제도적으로 구분된 공간이 아니다. 신문공간은 법 바로 앞에서 늘 대기하고 있는 폭력과 관계있는데, 그러한 의미에서 어디서나 있을 수 있는 잠재적인 가능성으로서 존재한다. 말이 정지하고 문답무용의 폭력이 질서를 지배하는 상황에서 나타나는 폭력을 추인하면서 회피하거나 절망적인 대치만을 그저 주장하는 대신, 대항 속에서 "인간이라는 새로운 사고"를 향한 말의 장을 확보하기 위해 파농을 읽는다. 신문공간이 확대되고 있는 이 속수무책인 세계에서, 절망적인 폭력적 대치밖에 남아 있지 않는 상황에서, 타자와 만나고 연루하기 위해서 읽는다. 거기서는 개별적인 장을 근거로 한 말도 아니거니와 범용성 있는 이론이나 보편적인 올바름도 아닌 말이 시작될 것이다. 시작의 앎으로서.

5. 오키나와를 생각한다는 것

이 책에는 오키나와를 사고한다는 것은 무엇일까라는 물음이 통주저음으로 흐르고 있다. 나는 오키나와 근현대사를 사고해왔다. 오키나와를 사고하는 것과 파농의 저작을 읽는 것이 내게는 단단히 결합되어 있다. 파농과 오키나와가 겹쳐지는 것은 신문공간이라는 문제와 깊은 관련이 있다. 말을 하는데도 말하고 있다고 간주되지 않는다. 오키나와를 사고하기 위해 남아 있는 말들을 읽을 때, 그 말들에는 이러한 감촉이 따라다닌다. 그리고 이는 폭력에 노출되어 있다는 감촉이기도 하다.

예컨대 류큐琉球 역사를 정립하려 했던 이하 후유伊波普猷의 말을 어떻게 읽을 것인가? 다음 장에서 다시 언급하겠지만, 이하는 '개성'이라는 말에 오키나와 역사의 축을 놓으려 했다. 하지만 이 '개성'은 단순한 전통문화를 뜻하지 않는다. 거기에는 자신의 역사를 '개성'으로서 주장하려고 하는 마음과 더불어 옆 타이완에서 전개되고 있는 문답무용의 폭력에 대한 두려움이 있다. 즉 거칠게 말하면 폭력에 노출되면서 자신의 이름을 대려 하는 것이다. 따라서 이하가 대표작인 『고류큐古琉球』(1911)에서 '개성'을 주장하고 13년 뒤에 "개성을 표현할 자기 자신의 언어가 없다"라고 쓸 때,[30] 거기서는 이름 대기의 정지와 동시에 문답무용의 폭력을 생생히 감지하고 있는 이하의 신체 감각이 부상한다.

나는 폭력을 감지하는 이하의 신체를 그 신체와 만나버린 나의 지각과 함께 말로 옮기려 했다. 이전에 낸 책의 제목에도 들어 있고 다음 장에서도 다시 고찰할 '예감'이라는 말은, 이하가 남긴 말을 읽고 그것을 이야기하기 위해 유지해야 하는 이 지각을 계속 가지고 있으려는 필요성에서 생겼다. 여기서 요점은 단지 이하가 쓴 말의 의미 내용을 독해하는 것이 아니라, 그가 남긴 말이 말을 하는데도 말하고 있다고 간주되지 않는 신문공간에 계속해서 항의한 말이라는 데에 있다. 즉 문제는 무엇을 말하느냐가 아니라 말하는 주체로 인정받지 못한 채 기각되려 한다는 것인데, 이는 단순한 침묵이라기보다는 들어야 할 말이 무엇인가를 둘러싼 항쟁이기도 하다. 즉 폭력에 노출되면서 말을 한다는 임계상태에 대해 물어야만 한다.

신문공간 속에 있는 말들에서 부상하는 것은 오키나와 근대사라는 역사학적인 주제라기보다는 폭력을 계속해서 예감하는 이하의 신체, 그리고 그러한 말에서 폭력을 감지하고 마는 나 자신의 안다는 행위였다. 말하자면 말의 의미 내용 바로 앞에서 문답무용의 폭력이 작동하고 있다는 사실을 알아버린 셈이다. 그리고 이 감지 능력은 나를 둘러싼 상황에도 적용된다.

　이 책에서는 이러한 나 자신의 안다는 행위를 말로서 제시하려 한다. 그리고 그로부터 속수무책인 지금의 세계에서 시작해야 할 앎에 대해 전망해보고 싶다. 파농을 오키나와 연구에 참조하는 것이 아니다. 파농이 남긴 말은 오키나와를 사고한다는 행위 자체와 관련되고, 연구라는 행위를 형성하는 말의 모습과도 관련된다. 또 거꾸로 말하면, 앎과 관련된 말의 모습을 묻지 않는 곳에 오키나와를 사고하는 행위는 성립하지 않는다. 오키나와가 연구 대상으로 미리 마련되어 있다는 전제 자체가 파농을 배반하고 있는 것이다. 내게 파농을 읽는다는 것은 포스트콜로니얼 이론의 고전을 읽는 일도 아니거니와 알제리 민족 해방 투쟁의 역사를 공부하는 일도 아니다. 그보다는 나 자신의 장소를 형성해온 말에 대해 묻는 일이었으며, 말하자면 나 자신의 인지를 다시 짜는 작업이었다. 그렇게 함으로써 오키나와에 관한 말도 다시 읽을 수 있었고, 무엇을 어떻게 말해야 하는지도 사고할 수 있었다.

　우선적으로 제기해야 하는 것은 어떠한 역사냐가 아니라 역사를 이야기하는 말은 무엇인가라는 물음이다. 이 물음을 뛰어넘은 곳에서 이야기되는 많은 오키나와 관련 논의들에 대한 강렬한 위화감이 내게는 줄곧 있었다. 이는 양심적인 오키나와론 전체에 대한 위화감이기도 한데, 오키나와를 위해 말한다는 믿음의 양만큼 자신이 하는 말 자체에 대한 비판은 결여되어 있다고도 할 수 있다. 이 위화감을 말하는 사람의 책임 같은 문제로 곧장 환원할 수도 없다. 자신의 말 자체에 대한 물음은 빼놓고 책임을 이야기하는 말에서 나는 일종의 속임수를 느낀다.

거듭 말하지만 문제는 단적으로 말해 신문공간과 관련되며, 대기 중인 폭력에 부단히 노출되어 있다는 점이다. 오키나와 역사가 신문공간 속에 있다는 말이 무엇을 의미하는지에 대해서는 3장 이후 계엄상태라는 말과 함께 생각할 텐데, 이는 오키나와가 근대적 주권에서 늘 예외화되어왔다는 사실과 밀접한 관계가 있다. 니코스 풀란차스Nicos Poulantzas는 이를 '국가의 비합법성'이라는 말로 표현했다. 이는 또한 카를 슈미트Carl Schmitt의 '예외상태' 혹은 안토니오 네그리Antonio Negri와 마이클 하트Michael Hardt가 새로운 제국을 논하면서 제기한 법적 질서를 초월한 제국이라는 통치 형태의 문제이기도 하다.

하지만 어쨌든 중요한 것은 예외화라는 통치가 예외로서 한정된 부분의 문제가 아니라 통치 자체의 존립 요건과 관련된 문제이기도 하다는 점이다. 따라서 이 책은 오키나와를 예외 취급하며 주권에 의한 통치 자체의 존립 요건을 묻지 않은 채 펼쳐지는 '오키나와 문제'론에 대한 압도적인 거부를 바탕으로 전개된다. 아무리 양심적인 의도로 썼다 한들 그러한 논의는 분명 폭력에 대한 추인으로 귀결될 것이다.

오키나와를 사고하는 것과 파농의 저작을 읽는 것은 내게는 떼어낼 수 없이 결합돼 있었다. 이 결합이 의미하는 것은 바로 오키나와를 말할 때는 신문공간에서 정류하는 말들에서 시작해야 한다는 점이다. 그렇기 때문에 내게 파농을 읽는다는 것은 연구 주제라기보다 앎 자체에 대한 물음으로 존재한다. 이 책에서는 파농과 오키나와가 서로 관계 맺으면서 논의될 것이다. 또 마지막으로 앎 자체에 대한 물음을 나 자신이 많은 시간을 보내온 대학이라는 장으로 가져와서 검토하고자 한다.

1부

시작

1장 예감하다

나는 종종 아랍인으로 오인되어 대낮에 경관의 신문을 받았다. 내 출신을 알면 그들은 황급히 변명하곤 했다. "마르티니크인과 아랍인이 다르다는 건 우리도 잘 알지요"라고. ── 프란츠 파농[1]

아직 존재하지 않는 것을 '예감'한다는 생각에 긍정적인 의미를 부여하려면, 아직 존재하지 않는 것이 존재하는 것과는 다른 형태 아래 어떻게 작용하는지를 보여주어야 한다. ── 질 들뢰즈·펠릭스 가타리[2]

1. 오인된다는 것

프랑스령 마르티니크섬에서 태어나 리옹에서 정신의학을 배우고 프랑스 식민지였던 알제리에 정신과 의사로 부임한 파농에게 식민지 경험이란 우선 피식민자인 현지 주민으로 **오인되는** 것이었다. 제사에 있듯 "나는 종종 아랍인으로 오인되어 대낮에 경관의 신문을 받았다."

오인된다는 것은 실로 서장에서 다룬 신문공간과 관련된 사건이다. 즉 무슨 항변을 하더라도 ○○로 보이는 사태다. 거기서는 대기 중인 문답무용의 폭력이 바로 근처에서 얼굴을 내밀고 있다고 할 수 있다. 이 장에서는 서장에서 이야기한 신문공간이 우선 오인되는 경험으로 등장하고 있다는 점에 주목하면서 논의를 시작하겠다.

이때 주의할 것은 오인된다는 표현이 오인된 사람과 진짜 표적이 되는 사람이라는 구분을 상정하고 있다는 점이다. 이러한 구분을 가능하게 하는 경계에서부터 신문공간을 생각해보겠다. 이는 『검은 피부, 하얀 가면』에 등장하는 오인되는 경험에서 신문을 한 경관이 오인이었음을 금세 시인했다는 사실을 어떻게 생각할 것인가라는 점과도 관련된다. 즉 "마르티니크인과 아랍인이 다르다는 건 우리도 잘" 안다는 것이다.

경찰의 "잘 알지요"라는 말이 보여주는 둘 사이의 경계에 대한 인지에서는 우선 다음과 같은 점이 중요하다. 첫째, 그것이 신문한 **뒤**의 변명이라는 점이다. 즉 "내 출신을 알면 그들은 황급히 변명"하지만, 신문은 이미 작동하고 난 뒤다. 둘째, 파농의 서술에서 직접 언급되지는 않지만 파농이 말한 '내 출신'이란 마르티니크섬이다. 이 지역은 프랑스령이 된 뒤 에메 세제르Aimé Césaire 등이 자치를 요구한 계보는 있지만, 우여곡절을 거쳐 선거권이나 의회 제도, 징병제와 같은 근대 주권과 관련된 제도적인 동일화가 이루어진 결과 지금도 해외 영토로 프랑스 공화국 내에 속한다. 경관의 "잘 알지요"라는 인지는 어떤 의미에서는 근대 주권 제도 내에 놓인 부분과 그 범위 바깥에 있는 식민지 알제리라는, 주권과 관련된 경계에 대한 사실 확인적인 지식에 근거하는 것으로서 단순한 편견은 아니다. 이러한 사실 확인적인 지식은 식민주의에 반대하는 입장에서도 전제로 널리 공유하고 있을 것이다. 셋째, 근대 주권과 관련된 제도를 알고 있음에도 불구하고 이렇게 오인하는 데서부터 다른 전개가 시작된다. 즉 파농은 경관의 변명에 수긍하지 않는다.

나는 거세게 항의했다. 하지만 그들은 이렇게 말했다. "아랍인을 모르는구면."[3]

여기에는 또 다른 인지가 등장하고 있지 않은가? 경관은 근대 주권과 관련된 안과 밖이라는 경계를 근거로 오인을 정정했다. 하지만 그럼에도 불구하고 파농이 거칠게 항의하자 마치 오인은 피할 수 없는 사태이기라도 하다는 양 "아랍인을 모르는구면"이라고 말한다.

파농은 오인되는 경험에서 무엇을 감지했을까? 혹은 곧장 오인을 시인한 경관에게 왜 더 거세게 항의했을까? 이는 신문공간과 거기서 대기하는 폭력이 원래부터 오인하기 마련임을 감지했기 때문이 아닐까? 신문이란 경관의 정정과 변명이 근거하는 근대 주권과 관련된 경계를 애초에 오인하기 마련임을 파농이 간파했기 때문은 아닐까?

파농은 경계를 근거로 이러한 신문을 회피할 수는 없다는 사실을 분명 알고 있었을 것이다. 서장에서 썼듯 "어, 검둥이다!"라는 문답무용의 명명에 대해서는 "무슨 짓을 해도 소용이 없"다. 소용없는 줄 알면서도 파농은 경관에게 거세게 항의했다. 그렇다면 이러한 경계를 넘는 신문이란 무엇인가?

파농은 "아랍인을 모르는구면"이라는 경관의 대응에서부터 신문할 표적을 정의하는 학문 지식에 대해 논의하기 시작한다. 여기서 그는 식민지 주민의 내부에 있는 '열등 콤플렉스'라는 집단 무의식을 정의한 정신분석학자 옥타브 마노니Octave Mannoni의 연구를 든다. 이러한 학문 지식에서 피식민자는 비호하고 교도해야 할 존재이며,[4] 감시하고 강제로라도 치료해야만 하는 질환을 가진 환자이기도 하다. 이 같은 학문 지식의 명명이 제도의 경계를 넘는다. 굳이 말하자면 오인으로 인한 경관의 신문은 이러한 학문 지식 속에서 수행된다. 파농의 거센 항의를 받은 경관의 "아랍인을 모르는구먼"이라는 변명에 담긴 신문의 근거는, 오인을 시인한 처음의 변명으로 환원되지 않는다. 거기에는 경계로써는 회피할 수 없는 폭력이 대기하고 있다.

그런데 『검은 피부, 하얀 가면』에서 파농은 신문에서 출발하여 주로 이러한 학문 지식의 문제로 마노니에 대한 비판을 전개하지만, 그와 동시에 "프랑스는 인종 차별적인 나라다"라는 서술도 등장한다. 거기서는 국가라는 문제가 부상할 것이다. 즉 굳이 말하자면 오인해도 상관없는 신문은 국가에 의해 행사된다. 여기서 말하는 국가는 학문 지식과 마찬가지로 주권적인 틀이나 법 제도로 환원되지 않는다. 마르티니크섬이 식민지가 아니라 프랑스 공화국 내에 위치하고 있음을 "잘 알"고 있는데도 불구하고 "인종 차별적인 나라"는 파농을 신문한다. 국가는 언제나 오인하는 것이다.

이는 또한 법 제도로 환원할 수 없는, 학문 지식과 국가가 유착하는 영역이 있음을 시사한다. 여기에 대해서는 5장에서 정신감정 혹은 보안처분과 관련해 다시금 검토하겠다. 미리 말해두자면 학문적인 진리와 국가의 유착 속에서 미셸 푸코Michel Foucault가 말한 "사법적 진리 생산의 초법적"[5] 폭력이 등장한다.

어쨌든 파농이 거세게 항의한 대상은 "○○로 오인되지 않도록 하라"는 어구로는 회피할 수 없는 문답무용의 폭력이 대기하는 신문공간이다. 중요한 것은 경찰이 늘어놓는 설명은 신문이 일어난 뒤에 사후적으로 등장하며 신문은 이미 파농에게 작동했다는 점이다.

여기서 다음과 같은 어구를 생각해보자. 만일 ○○라면 어쩔 수 없지만 나는 ○○가 아니다. 이것은 파농을 신문한 경찰의 변명이기도 하다. 만일 ○○라면 어쩔 수 없지만 당신은 ○○가 아니다. 하지만 이 ○○에는 경찰의 변명에 등장한 아랍인이라는 이름만 들어가는 것이 아니다. 거기서는 다른 ○○인이나 범죄자, 테러리스트, 정신 이상자, 공산주의자, 과격파 같은 영역이 소급적으로 확장된다. 마르티니크인은 아랍인이 아니다. 아랍인은 범죄자가 아니다. 범죄자는 빨갱이가 아니다…… 이 연쇄적인 확장에는 결코 처음부터 명확한 틀이 존재하지 않는다. 신문과 그것을 회피하는 행동에서 ○○은 소급적으로 확장되어간다.

혹은 신문을 당한 경험 때문에 앞질러서 "○○로 오인되지 않도록 하라"며 신문을 미리 회피하는 어구가 구성될 것이다. 아랍인으로 오인되지 않도록, 테러리스트로 오인되지 않도록, 정신 이상자로 오인되지 않도록…… 회피하는 말의 연쇄 속에서 신문이 앞질러서 이루어지고 일상이 구성된다. 거기서는 이 연쇄에 등장하는 수많은 ○○을 사전에 배제함으로써 성립하는 공동성이 부단히 확인되고 추인될 것이다. 신문을 통해 달성되는 것은 이렇게 연쇄하는 배제이자 이를 통해 성립하는 공동성이다. 이 공동성에는 문답무용의 폭력이 늘 대기하고 있다. 또한 오인되지 않도록 한다는 회피와 배제가 전제로 존재하는 이상, 언어 질서는 언제나 신문공간과 이어져 있다.

따라서 오인된다는 것은 문답무용의 폭력을 회피하던 언어 질서가 혼란을 일으키는 계기이기도 하다. 그리고 바로 이때 사람들은 그동안 회피하던 대기 중인 폭력을 지각한다. 중요한 것은 이 지각이지, 오인을 잘못이라고 비난하고 그것을 정정하는 일이 아니다. 바꿔 말하면 오인된다는 것은 아주 중요한 출발점이다. 이 출발점에서 시작돼야 하는 것은 자기 자신이 폭력에 노출되어 있다는 사실을 회피하기 위해 폭력에 노출돼도 상관없다고 치부되는 ○○를 소급적으로 발견하고 사전에 배제함으로써 성립하는 언어 질서에 근거한 공동성이 아니다. 그보다는 원래부터 폭력에 노출되어 있다는 데서부터 생기는 새로운 공동성이다. 오인되는 경험에서 요구되는 것은 배제의 선 긋기를 재확인하고 이미 수행된 신문을 추인하면서 이제부터는 오인되지 않도록 미리 신문을 회피하는 것이 아니라, 이러한 새로운 공동성을 향해 나아가는 일 아닐까?

2. "말씨가 좀 다른데"

1923년 간토대지진 때 오키나와에서 도쿄로 온 히가 슌초比嘉春潮와 그의 친구는 자경단의 신문을 받았다. 히가는 훗날『오키나와의 세월沖縄の歳月』에서 당시를 돌아보며 그 신문 광경을 기록한다. 다음은 그때 오간 대화를 뽑아서 구성한 것이다.

> 자경단: 조선인이지?
> 히가 슌초: 아니다.
> 자경단: 말씨가 좀 다른데.
> 히가 슌초: 당연하지. 나는 오키나와 사람이니까 자네들의 도쿄 사투리와는 다르지 않겠나.
> 친구: 무슨 소리야? 청일전쟁, 러일전쟁에서 공을 세운 오키나와인과 조선인을 똑같이 취급하다니 어찌된 일인가?[6]

히가와 친구는 오인되었다. "조선인이지?"라고. 이 신문에는 문답무용의 폭력이 대기하고 있다. 이러한 오인에 대해 히가는 "아니다"라고 설명한다. 하지만 설명은 받아들여지지 않는다. 히가와 친구를 신문한 자경단은 파농을 신문한 경관과는 다르다. 달리 표현하자면 거기에는 파농이 예감한, 문답무용으로 수행되는 경관의 신문이 있다고 할 수 있다.

히가와 친구의 설명이 받아들여지지 않는 이유는 "아니"라는 사실을 확인하거나 승인할 수 없기 때문이 아니다. 받아들여지지 않는 이유는 의미 내용의 옳고 그름 때문이 아니라 자경단이 "아니다"라는 히가의 발화를 말이라고 간주하지 않기 때문이다. 그들은 히가의 발화를 말이 아니라 발음이라는 동작으로 받아들인다. 이는 말하자면 신체 거동을 검사하는 신체검사이고, 이렇게 말이 거동이 되는 가운데 문답무용의 폭력이 고개를 내민다. 아니, 정확히 말하면 신체검사 속에서 신체는 이미 폭력에 노출되어 있다.

그러면 그 뒤에 이어지는 히가 슌초와 친구의 응답은 무엇인가? 히가는 말을 말로서 받아들이지 않고 거동 문제로 만드는 신문에 대해 오키나와는 일본 안에 있는 오키나와현이라며 지방 자치 제도를 주장하고, 친구는 징병제라는 제도적인 동일성을 바탕으로 오키나와와 식민지 지배를 받는 조선의 차이를 주장한다. 그리고 결과적으로 그들은 학살을 피한다.

여기에는 확실히 국가의 일부인 오키나와현과 식민지 조선의 차이와 관련된 인지가 있을 것이다. 하지만 문답무용의 폭력이 작동하기 직전의 아슬아슬한 순간에 벌어지고 있는 일은 오키나와와 조선의 차이와 관련된 사실 확인의 결여가 아니다. 경계를 오인하고 있는 것이 아니라는 말이다. 폭력은 경계를 오인하고 있었다는 데에서 작동한 것이 아니라, 말이 말로서 받아들여지지 않는 임계에서 작동하고 있다. 그리고 무엇보다 중요한 것은 히가나 친구가 신체검사를 받는 시점에서 이미 폭력에 노출되어 있다는 점이다.

그들은 아슬아슬하게 학살을 피하지만, 이는 사실을 오인한 것이 확인되었다는 문제가 아니라 신체 거동이 된 발화를 히가와 친구가 필사적으로 말의 영역으로 되돌리려고 한 결과다. 바꿔 말하면 신문공간에서는 발화 내용의 옳고 그름이 아니라 발화 자체가 허용되느냐 여부가 문제고, 문답무용의 폭력은 누구를 말해도 되는 주체로 인정하는가라는 발화 자체의 전제와 관련된다.

확실히 자경단과의 대화에서는 오인되는 오키나와인과 표적이 되는 조선인이라는 구분이 떠오를 것이다. 그리고 상황이 돌아가는 추이는 이 오인이 정정되는 전개로 보일지도 모른다. 기실 히가와 친구는 '조선인이 아니다'라고 주장해서 폭력을 회피했다. 또 그러면서 근대 주권 내부에 오키나와가 있다는 사실에 근거해 식민지 조선과의 차이를 주장한다. 하지만 그들이 감지한 문답무용의 폭력은 이 차이로 회피할 수 있는 것이었을까? "아니다"라는 히가의 발화 내용 자체가 죽여도 되는 존재를 보여주는 거동이 되는 지점에서 폭력이 이미 작동하고 있는 것이지, "아니다"라는 사실을 오인했기 때문에 폭력이 잘못 행사된 것이 아니다. 히가와 친구는 이를 폭력에 노출된 신체 감각으로서 지각하고 있었을 터이다.

간토대지진 때 '오인된' 오키나와인은 많았으리라고 여겨진다. 가령 메도루마 슌目取真俊은 2000년 4월 9일에 이시하라 신타로石原慎太郎가 육상 자위대 앞에서 했던 '삼국인' 발언에서 "재해에 대한 구급 처치뿐 아니라 치안 유지 역시 여러분의 중대한 목적이라 생각하고 수행해"[7]달라고 한 것에 대해 "표준어를 잘하지 못하는 오키나와인이 조선인으로 오인되어 죽을 뻔했다"는 할머니 이야기를 떠올린다.[8] 이시하라의 발언이 간토대지진의 기억을 끄집어낸 셈이다. 여기서 드러나는 것은 오키나와현과 식민지 조선은 다르다는 사실이 아니다. 문제는 주권 제도와 관련된 사실 관계가 아니라, 발화에서 입을 움직이는 방식이 문답무용으로 문제시된다는 점이다.

그렇기 때문에 전쟁 전 오키나와에서는 오키나와어를 교정하려는 교사가 "대지진 때 표준어를 못한다는 이유만으로 많은 조선인들이 죽임을 당했다. 자네들도 오인되어 죽임을 당하는 일이 없도록 해라"[9]는 발언을 하게 된다. 거듭 말하는데, 여기서 말하는 표준어는 오키나와현과 관련된 올바른 지식의 문제가 아니다. 거동의 문제다. 말이 말로 들리지 않고 발화 주체가 발화 주체로 인정받지 못하는 사태가 바로 신문공간이다. 이러한 신문공간은 서장에서도 언급한 "오키나와어로 담화하는 자는 간첩으로 간주하고 처형한다"[10]는 오키나와전투의 군명과도 분명 겹쳐질 것이다. 거기서 말은 죽여 마땅한 적의 거동이 되고, 많은 주민들은 문답무용으로 죽임을 당했다.*

---

* 1879년에 류큐번을 오키나와현으로 병합한 일본 정부는 동화 정책을 쓰며 학교에서 오키나와어 사용을 금지하고 표준어 교육을 실시했다. 1944년 3월에 편성되어 오키나와 각지에 배치된 일본군 제32군은 "군, 관, 민 공생공사"를 내세우는 한편 주민을 총동원하여 비행장을 건설하거나 벙커를 구축하며 미국과의 전쟁을 대비했다. 동시에 일본군은 오키나와 주민의 황국 사상이나 국체 관념이 희박하다고 보고 그들을 불신하면서 방첩에 주의를 기울였는데, 본문에 나오듯 1945년에는 오키나와어로 이야기하는 주민을 간첩으로 간주하여 처형한다는 지시를 내리기도 했다. 1945년 3월 하순부터 6월 하순에 걸쳐 오키나와 본섬과 주변 섬들에서 일본군과 미군의 전투가 벌

히가와 친구가 감지한 폭력은 단순한 오인이 아니다. 바꿔 말하면 폭력은 오인되는 사람과 표적이 되는 사람의 구분 속에서 작동하리라고 예정된 것이 아니다. 간토대지진 때 히가와 친구를 오인한 폭력은 오키나와전투의 주민 학살로 귀결되는 폭력이었다. 이뿐만 아니라 다음에 논의하듯 오인된다는 문제는 오키나와 근대에 처음부터 계속 존재하고 있었다. 그렇기 때문에 중요한 것은 오인했음을 지적하고 폭력을 회피하는 일이 아니다. 옆에서 전개되는 폭력을 이미 남의 일이 아닌 폭력으로서 감지하는 곳에서부터 말을 재개하지 않으면 안된다.

3. '개성'

서장에서 썼듯 류큐사를 정립하려 했던 이하 후유는 초기 대표작 『고류큐』에서 오키나와를 역사 주체로 그려내려 하면서 '개성'이라는 말을 그 역사의 축으로 놓았다. 하지만 그 뒤에 "개성을 표현할 자기 자신의 언어가 없다"[11]고 쓰기도 했다. 거기에는 **오인된다**는 문제가 있었다.

'류큐사'를 정면에서 논한 『고류큐』에 실린 「류큐사의 추세琉球史の趨勢」에서 이하는 자기 역사를 우선 일본과 오키나와의 공통성을 늘리는

어지면서 오키나와 주민의 약 4분의 1인 12만 명이 목숨을 잃었다. 여기에는 일본군에 의해 학살당하거나 간첩으로 간주되어 처형당한 주민들, 이른바 '집단 자결'로 인해 목숨을 잃은 주민들도 다수 포함된다.

것이라고 정의했다.

　나는 오키나와인이 이 **일치하는 부분**을 크게 발휘하는 것이 곧 오키나
와인을 유력한 일본 제국의 일원으로 만들어줄 것이라고 생각합니다.[12]
(강조는 원문)

이어서 이하는 이렇게 말한다.

　지금 말씀드렸듯 일치하는 점을 발휘하는 것은 본디 필요한 일이지
만, 일치하지 않는 점을 발휘하게 하는 것 또한 필요할지 모릅니다.[13]

일치하지 않는 점이 바로 이하가 '개성'이라 이름 붙인 영역이다. 하
지만 '개성'도 일본과 대립하는 것으로서 설정되어 있지는 않다.

　**하늘은 오키나와인이 아닌 다른 사람을 통해서는 결코 발현할 수 없는 자
기를 오키나와인을 통해 발현시킵니다.** (……) 오키나와인이 일본 제국에
서 차지하는 위치도 이로써 정해진다고 생각합니다. (……) 일본국에는
무수한 개성이 있습니다. 또 무수한 새로운 개성이 생겨나고 있습니다.
이렇듯 갖가지 다른 개성을 가진 인민을 통합할 여유가 있는 국민이 곧
대국민입니다.[14] (강조는 원문)

이하는 오키나와의 주체성을 '개성'이라는 말로 표현했다. 오키나
와 근대는 '개성'이 소생하는 과정인 셈이다. 그 '개성'은 일본이 아니
다. 하지만 그것은 일본 제국의 일부이기도 하다는 것이다. 이하의 신

중하고도 복잡한 표현을 단일 민족 국가냐 다민족 제국이냐 같은 식의 유형으로 정리해서는 안 된다. 요점은 지극히 신중하고 또 복잡하게 뒤얽힌 이하의 표현에 있고, 이러한 표현을 써서 이하가 주장하는 '개성'에는 그의 다양한 신체 감각이 흘러 들어가 있다는 사실이다.

먼저 '개성'은 결코 일본 바깥의 것이 아니다. 즉 오키나와는 타이완이나 조선처럼 제국 일본의 식민지가 아니라는 사실이 움직이기 어려운 전제가 되고 있다. 굳이 말하자면 '개성'은 식민지로 오인되는 것을 회피하려는 가운데 구성된다.

오인의 배경에는 청일전쟁부터 타이완 영유 그리고 그 뒤에 이어지는 일본군의 타이완 무력 진압이 있을 것이다. 하지만 이하에게 이는 지리적으로 가까운 곳에서 일어난 사건에 그치지 않는다. 청일전쟁 때 오키나와에 있던 일본군 관계자와 경찰 그리고 일본에서 오키나와로 온 상인들은 자경단을 만들어 오키나와 주민을 청나라를 추종한다며 무작정 죽이려 했다.[15] 말하자면 이 시기 오키나와는 계엄상태였고, 당시 중학생이던 이하는 그 소용돌이 속에 있었다. 이하는 신문공간을 경험한 것이다. 『고류큐』는 청일전쟁 직후의 상황을 다음과 같이 기록한다.

누구도 대세에 맞설 수는 없다. 자멸을 원하지 않는 사람은 대세를 따라야만 한다. 한 사람이 일본화하고 두 사람이 일본화하다 마침내 청일전쟁이 마무리될 무렵에는 일찍이 메이지 정부를 욕하던 사람들의 입에서 제국 만세 소리를 듣게 되었다.[16]

이 서술에는 군과 자경단이 문답무용으로 휘두르는 폭력에 노출되어 겁을 먹은 이하의 신체가 숨어 있다. 그것은 오인될 수도 있다는 공포이기도 할 것이다. 이하는 '개성'을 설정하여, 오키나와를 주권 내부에 둠으로써 식민지로 오인되는 것을 회피하고자 한다. 그야말로 앞서 언급한 히가 슌초의 친구가 말했듯 "청일전쟁, 러일전쟁에서 공을 세운 오키나와인과 조선인을 똑같이 취급하다니 어찌된 일"이냐는 것이다. 즉 '개성'은 폭력에 노출되는 것을 회피하면서 구성된 말이고, 바꿔 말하면 오키나와 역사는 문답무용의 폭력에 노출된 신문공간 안에서 시작됐다. 확실히 이하가 쓴 오키나와 역사는 일본의 근대 주권 내부에서 정립된다. 하지만 거기서 읽어내야 할 것은 일본의 내부냐 외부냐의 문제가 아니라, 이하의 '개성'이 신문공간 안에 있는 말이라는 점이다. 이것이 중요하다.

굳이 말하자면 이하는 파농이나 히가와 마찬가지로 오인에 대해 "아니다"라고 반론하며 잘못을 정정하는 것으로는 자신이 노출되어 있는 문답무용의 폭력을 회피할 수 없다는 사실도 깨닫고 있었다. 이하의 신중한 표현은 자경단에 대한 히가와 친구의 응답과 마찬가지로 말을 해도 말로 인정받지 못하는 임계상태를 말의 영역으로 되돌려놓고자 하는 필사적인 시도의 궤적이 아닐까? 여기서 말은 외침이 된다. "제국 만세"라고.

하지만 역시 회피할 수는 없다. 거듭 말하지만, 『고류큐』를 간행하고 13년이 지난 1924년에 이하는 "개성을 표현할 자기 자신의 언어"가 없는 사태에 이른다. 거기서부터 시작되는 이하의 말은 매우 착종되어 있지만,[17] 중요한 것은 이하가 오인된다는 문제를 회피와는 다른 형태로 다시 설정할 수밖에 없어졌다는 점이다. 이는 신문공간에서 시작되는 오키나와의 새로운 역사와도 관련된다.

'개성'이 정지하고, 말이 말로 인정받지 못하며, 회피하려던 폭력이 자신의 문제로 감지되는 가운데 새로운 움직임이 생겨난다. 이하에게 그것은 '남도인'과 '임금 노예'라는 두 가지 단어로 등장했다. '남도인'은 이제까지 '개성'이라는 말로 그리던 류큐에서는 주변에 놓여 있던 아마미奄美에 관한 물음과 관계있고, '임금 노예'는 오키나와에서 나간 이민이 많이 거주하는 하와이의 이민 노동자와 관련해서 등장한다.

'남도인'에 대해서는 이제까지 야나기타 구니오柳田國男와의 관계를 통해 설명되곤 했지만, 이하의 '남도인'을 생각할 때는 아마미와의 관계를 다시 설정하는 일이 매우 중요하다.[18] 이하는 그전까지 아마미를 류큐의 주변으로 다뤘다. 하지만 '남도인'이라는 말로 오키나와와 아마미가 근대 속에서 함께 폭력에 노출되어 있다는 공동성을 발견한다. 아마미제도의 섬들은 류큐, 사쓰마薩摩, 일본의 영토와 관련된 귀속 문제에 줄곧 농락당했다. 하지만 이하가 발견한 섬들은 영토로 이야기되는 지도 위의 장소가 아니다. 이 섬들은 신문공간 내부에서 새롭게 시작되는 역사의 기점이다. '개성'이 오인된다는 것에 대한 두려움, 즉 "오인되지 않도록 하라"는 말을 축으로 하여 설정된 역사라면, 새로 시작되는 역사로 향하는 이하의 모색은 오인에 휘말리면서 그것을 자신의 역사로서 떠맡는다.

휘말리고 떠맡는 가운데 발견되는 이러한 공동성을 '임금 노예'라는 또 하나의 단어와 관련해서도 검토해보아야 한다. 이하에게 '노예'라는 말은 오키나와 근대를 생각하는 데에 아주 중요한 말이었다. 즉 이하는 류큐처분*에서 시작되는 근대를 "일종의 노예 해방"이라고 이야기했다.[19] 바꿔 말하면 '노예'로부터 해방되는 데에 '개성'의 부활을 포개고, 거기에 오키나와 역사를 설정했다고 할 수 있다. 하지만 "개성을 표현할 자기 자신의 언어"가 없다고 중얼거리고 나서 이하는 오키나와에서 나가 하와이에서 거주하는 오키나와인을 보고 '임금 노예'라는 말을 쓴다. 말하자면 이하는 새로운 '노예'를 발견한 셈이다. 그리고 그 노예는 자본주의의 '임금 노예'다.

이하가 말한 '임금 노예'를 그가 "개성을 표현할 자기 자신의 언어"가 없다고 중얼거리던 1920년대 이후의 오키나와 상황과 포개어놓고 생각할 필요가 있을 것이다. 1920년대에 오키나와에는 경제 위기가 닥친다. 그것은 오키나와 근대화를 지탱하던 제당업의 붕괴이자 자본을 축으로 한 제국의 재편과도 관련된 문제였다. 이 같은 위기 속에서 사람들은 오키나와를 나가는 것에서 살아남을 길을 찾을 수밖에 없어진다. 그리고 오키나와를 나간 사람들을 기다리고 있던 것은 차별이자, 오키나와에서 온 노동력을 저임금 노동력으로 포섭하려 하는 자본이었다.

우선 지적할 수 있는 것은 오키나와가 이 시기에 노동력으로서 자본에 포섭되어갔다는 사실이고, 이하는 이를 새롭게 재설정한 '임금 노예'라는 말로 제시했다. 굳이 말하자면 '임금 노예'는 폭력에 노출되는 것과 신체가 자본에 포섭되어 유민으로 살아남는 것이 겹쳐지는 지점에 놓여 있다. 단 이하는 '임금 노예'와 '남도인'을 겹쳐놓고 논하지는 않았다. 바꿔 말하면 신문공간 속에서 이하를 읽는 것은 이 둘의 연

---

* 일본 정부가 무력을 동원해 류큐왕국을 일본에 병합한 과정. 1871년에 류큐왕국을 가고시마현 관할 아래에 놓았던 일본 정부는 이듬해인 1872년에 류큐번을 설치하고 류큐왕을 류큐번왕으로 봉했다. 이어 1875년에는 류큐에 청과의 조공 책봉 관계를 철폐할 것을 명했으며, 1879년에 강제로 류큐번을 폐지하고 오키나와현을 설치했다.

결을 어떻게 발견하느냐의 문제이기도 하다.

4. 사전배제

서장에서도 썼듯 신문공간은 법을 초월한 국가 통치의 문제이고, 카를 슈미트가 말한 '예외상태'를 비롯해 참조할 만한 주권이나 국가 관련 논의가 존재한다. 하지만 이 책에서는 이를 통치 형태로 논하지 않고 신문공간 내부에서 어떠한 말이 개시되는가에 축을 두고 살펴보려 한다. 왜냐하면 통치 형태의 문제로 만들어버리는 순간, 논하는 말이 신문공간 바깥으로 뛰쳐나가기 때문이다. 그런 말은 파농이 말한 앎이 아니다. 또 이하의 말과도 다르다. 이 차이는 종장에서 집중적으로 검토하겠지만, 이 책에서는 어디까지나 신문공간에서 말이 정지하고 또 시작되는 정류라는 위치에서 논의를 제기할 생각이다.

신문공간에서 재개할 말의 소재를 더 확실히 명시하기 위해 여기서는 주디스 버틀러가 검열과 관련해 전개한 '사전배제' 논의를 검토하겠다. 주디스 버틀러는 동성애에 관한 군대 내 검열 문제를 다루면서 검열이 "발화가 아니라 거동"과 관련되어 있다는 데에 주목하여 검열이라는 영역에서 두 가지 맥락을 본다. 하나는 발화의 옳고 그름을 판정하는 검열 제도이고 다른 하나는 발화 주체로 인정하느냐 마느냐에 관한 검열이다. 즉 말이 말로서 등장하려면 법 제도가 발화 주체를 승인해야 한다. 바꿔 말하면 법에 근거한 심판에서 옳고 그름을 따지는 검열과 발화 주체의 존재 가능성 자체를 문제 삼는 검열이 존재한다는 뜻이다. 후자는 전자의 전제가 되는데, 버틀러는 장 라플랑슈Jean

Laplanche와 장 베르트랑 퐁탈리스Jean-Bertrand Pontalis가 이야기한 정신분석학의 '사전배제foreclosure'를 염두에 두면서 이 같은 전제로서의 검열로 인해 발화 가능성을 빼앗기는 사태를 검토했다.[20]

이는 발화 주체의 전제일 뿐 아니라, 이러한 배제 속에서 발화는 말을 하고 있는데도 발화로 인정받지 못하고 그냥 신체 동작이 된다. 배제는 법에 근거한 심판을 통해서가 아니라 심판이 존재하지 않는 가운데 이루어지고, 따라서 문답무용의 추방으로 존재한다. 이러한 배제가 고개를 드는 가운데 "발화 가능성이 사전배제되어 있을 때 주체가 느끼는, 위험에 노출돼 있다는at risk 감각"[21]이 신체에 대전帶電되기 시작한다. 말을 하고 있는데도 말을 하지 않는다고 간주되는 것은 "위험에 노출되는" 일이다. 이것이 신문공간이다.

여기서 신문공간의 의미를 더 명확히 하기 위해 '사전배제'에 대한 몇 가지 주석을 달아두겠다. 우선 중요한 것은 배제가 법 제도 내부냐 외부냐를 구분하는 문제가 아니라, 배제한다는 동적인 과정이 법 자체를 만들어내는 "생산적"[22]인 과정이라는 점이다. 즉 검열은 권력이 개인의 자유를 박탈하는 것이라기보다 이를테면 "권력의 생산 형태"이며, 법에 따른 지배라기보다는 법 자체를 만들어내는 생산이다. 이를 버틀러는 "형성적인 권력formative power"[23]이라고 설명하는데, 이때 권력은 시민과 관련된 법 제도가 아니라 "어떤 종류의 시민을 생존 가능하게 하고 다른 시민을 생존 불가능하게 하기 위해 기능"[24]함으로써 법 자체를 생산한다. 즉 '위험에 노출된다'는 것은 그저 법 바깥으로 추방된다는 것이 아니라 법 자체의 존립 기반이자 법의 전제를 만들어내고 법 자체를 생산하는 것으로서 이해해야만 한다.[25]

여기서 근대 주권의 전제를 구성하는 폭력이 모습을 드러낼 것이다. 버틀러도 미셸 푸코에 근거하여 "현대의 권력은 성격상 더 이상 주권적이지 않다"고 말했다.[26] 이는 확실히 서장에서 언급한 '국가의 비합법성'이나 '예외상태'와 관련된 문제이기도 하지만, 앞에서 썼듯 지금 여기서 중요한 것은 통치 형태를 논하는 일이 아니다. 그것은 버틀러가 "주권적이지 않다"고 쓰고 나서 권력의 논점을 말을 둘러싼 수행성에 재설정한 것과도 겹쳐진다.

주의 깊게 보아야 할 것은 우선 파농이나 히가 그리고 이하가 감지한 폭력이다. 오인을 시인한 경관이 처음에 한 변명처럼 폭력이 제도적 구분에 따라 작동하는 것이 아니라는 점에 초점을 맞추어야 한다. 바꿔 말하면 이러한 폭력에서 오인되어 폭력에 노출되는 사람과 진짜 표적이라는 법 제도적 구분은 언제나 무효화되고 있으며, 그렇기 때문에 그것은 법에 대해 생산적이다.

경계에 한없이 다가선 이 지점에서 작동하는 폭력을 지각하는 것이 무엇보다 중요하다. 즉 파농의 집요한 항의나 히가와 이하의 필사적인 제도 회귀는 법적인 이해를 넘어 "위험에 노출된다"고 감지했기 때문인데, 이러한 지각은 오인이 아니라 신문공간에 대기하는 주권을 초월한 폭력의 작동과 관련된 '안다'는 행위의 문제다.

그런데 버틀러가 말한 "권력의 생산 형태"를 신문공간으로 설정한다면, 말이 말로서 등장할 수 없게 되는 것과 그럼에도 말의 영역을 확보하려고 하는 것이 교착된 상태에 권력을 다시 설정하게 된다. 이는 글자 그대로 말의 재개와 관련될 뿐 아니라 종장에서 전개할 앎의 문제이기도 하다.

앞서 언급한 라플랑슈와 퐁탈리스의 글에서 인용한 정신분석학 개념인 '사전배제'에서 강조되는 것은 말하자면 언어 질서와 관련된 상징계 외부로의 배제이고, 거기서는 프로이트 Sigmund Freud보다 라캉 Jacques Lacan의 논의가 중시된다.[27] 즉 버틀러가 비판적으로 지적하듯 라플랑슈와 퐁탈리스의 논의에서 '사전배제'는 "떠오르거나 기억되거나 의식 속에 들어올 수도 없는" 상태에서[28] 상징계 외부로 배제되어 있어야만 한다.

하지만 버틀러는 '사전배제'가 만들어내는 근원적인 '절단선 bar'을 움직이기 힘든 구조로서가 아니라 동적인 것으로 이해하려 한다. 즉 이를 "계속적인 역학 continuing dynamic으로 생각해야 한다"는 말이다. 이때 배제는 "주체가 살아가는 내내 계속해서 주체를 구조화"하며, "게다가 이 구조화는 결코 완전하지 않다."[29] 말의 소재를 확보해야 할 곳은 바로 여기다. 그와 동시에 이렇게 확보될 말은 기존 언어질서로의 회귀라는 문제도 끌어안게 될 것이다.

여기에 이르러 "권력의 생산 형태"란 재개해야 할 말의 소재와도 관련된 물음이었음이 분명해진다. 앞질러 가자면 신문공간이란 주체를 구조화하는 장인 동시에 그러한 구조화에 균열을 내며 계속해서 권력을 새로 만드는 장이기도 하다. 버틀러에 입각해서 말하면, '사전배제'가 만들어내는 근원적인 '절단선'이 움직이기 힘든 구조로서 존재하는 것이 아니라 "계속적인 역학"으로 등장하는 장이 바로 신문공간이다. 거기서 사전에 배제된 사람들은 라플랑슈와 퐁탈리스가 말하는 "의식 속에 들어올 수도 없는" 존재로서가 아니라 다양한 얼굴 혹은 목소리를 가지고 신문공간에 등장한다. 그렇기 때문에 신문공간은 실로 "권력의 생산 형태"이지만, 그와 동시에 기존 주체들은 이 다양한 얼굴을 가진 사람들이나 다성적인 목소리를 둘러싸고 끊임없는 물음을 맞닥뜨리게 된다. 거기서 요청되는 앎의 모습은 이러한 양의성과 맞설 수 있어야 한다. 하지만 구조화에 균열을 낸다면 우선은 진압 대상이 될 것이다.

만약 주체가 불가능한 형태로 이야기한다면, 즉 발화나 주체의 발화로 간주할 수 없는 형태로 이야기한다면, 그러한 발화는 값이 깎이고 discounted 주체의 생존 가능성은 의문시된다. 이러한 발화 불가능한 것의 침입이 가져오는 결과는 **자기 자신이 산산조각이 나는**falling apart 감각에서부터 형사상 혹은 정신의학상의 감금을 보장하는 국가의 개입에까지 이를 것이다.[30]

"산산조각이 나는" 신체 감각과 국가의 개입이 말의 재개를 따라다닌다. 그리고 이때 국가는 근대 주권을 기반으로 한 법 제도를 가리키지 않는다. 그보다는 법을 생산하는 동시에 문답무용의 폭력과 감금을 행사하는 국가다. 버틀러가 지적하듯 이 국가는 "형사상 혹은 정신의학상의 감금," 즉 이른바 보안처분이라 불리는 통치로 구체화되는 동시에 계엄상태와도 관련된다. 이는 또한 미셸 푸코가 "초법적"이라고 한, 법적 심판 직전에 이루어지는 정신감정 문제이기도 하다.[31] 이 문제는 4장과 5장에서 다시금 검토하겠지만, 신문공간에서 시작되는 말은 **"산산조각이 나는"** 감각과 더불어 문답무용의 폭력을 대기시켜놓은 국가의 개입과도 대치하면서 재개될 것이다. 지금이야말로 오인을 다른 방식으로 다시 설정해야 한다.

5. 예감하다

앞에서 썼듯 신문공간에서 생기는 오인의 요점은 잘못 봤다는 것이 아니라 배제되던 이들이 얼굴을 가지고 등장한다는 데에 있다. 즉 이는 '사전배제'가 이미 결정된 구조가 아니라 "계속적인 역학"으로 등장하고, 문답무용의 폭력이 얼굴을 내미는 신문공간에서 기존의 주체가 불안정해지며 다시 만들어지는 장면이기도 하다. 거기서는 산산조각이 나는 신체 감각과 함께 국가의 폭력 진압이 전면에 등장한다.

앞에서 말한 파농이나 히가 슌초, 이하 후유 또한 오인이 결코 단순히 잘못 본 것이 아님을 감지하고 있다. 문제는 잘못 볼 일 없는 올바른 지식의 보급이 아니다. 중요한 것은 말이 말로서 받아들여지지 않고 있음을 위험에 노출되면서 감지한다는 점이다. 이것이 바로 기존의 주체와 권력을 향한 물음이 시작되는 기점이 되는 지각이고, 요청되는 앎의 모습이 출발하는 지점이다. 이는 폭력에 노출되어 말이 정지하는 가운데 "스스로 **사물**이 되는" 압도적인 수동성이 능동성으로 탈바꿈하는 기점이기도 하다.

이제까지 살펴봤듯 오인된다는 인식은 나는 ○○가 아니다라는 올바른 지식에 호소하면 회피할 수 있으리라는 믿음에 근거한다. 원래는 폭력을 당할 만한 사람이 아니고, 만일 폭력을 당한다면 그건 오인이라는 것이다. 하지만 문답무용의 폭력은 아직은 등장하지 않았다 해도 이미 대기 중이다. 거듭 말하는데, 오인에서 중요한 것은 잘못 봤다는 점이 아니라 사전배제되어 있던 사람들이 "의식 속에 들어올 수도 없는" 장소에서 부상하여 얼굴을 가지고 등장한다는 데에 있다. 이는 '사전배제'가 문답무용의 폭력과 함께 현재화하는 단초이기도 할 것이다. 그렇기 때문에 폭력은 ○○가 아니라는 것으로는 원래 회피할 수 없다.

지금 필요한 것은 오인이라면서 위험에 노출되는 사태를 회피하는 것이 아니라 파탄해가는 상황 속에서 시작될 미래의 단초로서 그것을 받아들이는 일 아닐까? 이때 받아들인다는 것은 아직 등장하지는 않았지만 자신이 거기에 노출되어 있음을 감지하고 있는 대기 중인 폭력에 미리 **방어태세를 취하는** 일 아닐까? 방어태세를 취함으로써, 폭력에 노출되어도 상관없다고 여겨지는 ○○를 소급적으로 발견해나가며 성립하는 공동성과는 다른 미래를 향해 움직일 수 있지 않을까? "스스로 **사물**이 되는" 것이 이러한 방어태세의 시작이 아닐까?

방어태세를 취할 때는 아직 눈앞에 등장하지 않았지만 대기 중인 폭력을 감지할 필요가 있다. 파농이나 히가, 이하를 봐도 알 수 있듯, 신문공간에서 오인되는 사태에서 이러한 감지는 이미 시작되고 있지 않을까? 대기 중인 폭력을 미리 감지하고 방어태세를 취할 때 문답무용의 폭력에 노출된다는 수동성은 능동성으로 탈바꿈하기 시작하고, 그러한 의미에서 앞질러서 방어태세를 취하는 행위가 성립시키는 폭력의 감지는 아주 중요하다. 오인된다는 것을 이러한 탈바꿈의 시작이 되는 지각으로 다시 파악해야 한다.

"아직 존재하지 않는 것을 '예감'한다." 제사에 쓴 이 문장은 들뢰즈Gilles Deleuze와 가타리Félix Guattari가 전쟁기계를 논하면서 '예감하다pressentir'라는 동사를 피에르 클라스트르Pierre Clastres의『국가에 대항하는 사회La Société contre l'Etat』[32]와 관련지어 검토하는 부분이다. 즉 예감한다는 것은 폭력을 미리 느끼고anticiper 뿌리치는conjurer 행위와 관련된 지각이다. 지금 대기 중인 폭력을 앞질러서 지각하는 것을 '예감하다'라는 동사로서 생각하겠다. 즉 오인된다는 수동성을 예감한다는 능동성으로 다시 파악해야만 한다.

그런데 미리 뿌리치는 것은 지배와 그에 대한 저항이라는 구도와는 다르다. 지배와 저항이라는 말이 작용에 대한 반작용 같은 역학 관계라면, 아직 등장하지 않은 폭력을 미리 감지하고 그것을 뿌리치는 행위는 작용과 반작용이 아직 생기지 않았기 때문에 역학 관계로 환원되지 않는다. 바꿔 말하면 압도적인 문답무용의 폭력을 앞에 두고 작용/반작용으로는 저항이 불가능할지라도, 폭력을 앞질러서 예감하는 것은 다른 가능성을 포함하고 있다.

파농은 『대지의 저주받은 사람들』에서 무장 투쟁의 시작을 "모든 공격에 반박하기 위해 방어태세를 취하던 농민 대중이 갑자기 죽음의 위험에 노출되어 있음을 느끼고 식민주의 군대에 맹렬히 저항하겠다는 결의를 굳힌다"고 묘사한다. 그리고 "투창으로 아니, 그보다 더 자주 돌이나 막대기로 무장하고 인민은 민족 해방을 목표로 일제히 반란에 돌입한다."[33] 파농이 말하는 '방어태세를 취하는sur la défensive' 신체는 저항 직전에 있으면서도 모든 공격을 앞지른다. 그것은 그저 저항의 준비 단계가 아니라 대기 중인 폭력을 감지하고 앞지르는 지각과 관련된 행위다. 거기에는 역시 지배와 저항으로는 환원되지 않는 영역이 있을 것이다. 이 부분이 『대지의 저주받은 사람들』에 등장하는 파농의 폭력 논의와도 밀접한 관계가 있음은 말할 필요도 없다. 즉 파농에게 폭력의 영역은 저항과 더불어 방어태세를 취하는 신체를 포함하는 것이었다.

만일 저항이라는 말을 축으로 이러한 폭력 영역을 이해한다면, 그것은 지배와 저항이라는 힘 관계로 귀결되는 문제로 여겨질지 모른다. 『대지의 저주받은 사람들』이 왕왕 압도적인 폭력적 지배 속에서 대항폭력을 강하게 주장하는 책으로 읽히는 것도 사실이다. 하지만 여기서는 이 폭력 영역에 신문공간 내부에서 **사물**로 변한 신체에서 시작되는, 방어태세를 취하는 과정을 접속시키겠다. 거기서는 예감한다는 동사가 지각을 담당한다. 이러한 지각이 앞질러서 감지한 폭력은 이길 가망이 없는 압도적인 지배 형태가 아니다. 또 방어태세를 취하는 것도 단지 무기를 들기 위한 준비 단계가 아니다. 제사에서 인용한 들뢰즈와 가타리의 글이 지적하듯 "아직 존재하지 않는 것을 '예감'" 함으로써 "존재하고 있는 것과는 다른 형태"가 앞질러서 감지되고, 방어태세를 취하는 데서부터 지배의 반작용으로서의 저항이 아니라 상황을 앞질러서 구성해나가는 능동적인 전개가 시작된다. 이때 폭력은 무기의 문제가 아니라 상황을 구성해나가기 위한 지각의 문제가 된다. 그렇기 때문에 방어태세를 취하는 것을 전투 준비라고 착각한다면 다음과 같은 파농의 말을 놓치게 될 것이다. 파농은 "폭력이란 애초에 무엇인가?"라는 물음에 다음과 같이 답했다.

> 폭력이란 애초에 무엇인가? (……) 자신들의 해방은 힘으로만 이루어질 수 있고 그 외에는 있을 수 없다고 보는 직감이다.[34]

여기서 폭력은 역학 관계의 문제가 아니라 다른 미래를 열어나갈 힘에 대한 지각이다. 그리고 이 힘에 대한 지각은 방어태세를 취하는 신체 감각과 함께 있다.

하지만 그렇다고 방어태세를 취하는 것과 저항이 무관하지는 않다. 둘은 떼려야 뗄 수 없이 겹쳐져 있으며, 굳이 말하자면 방어태세를 취하는 데에서 발견되는 저항은 지배에 앞서서 존재한다. 저항은 지배로 정의되지 않는다. 또한 방어태세를 취하는 농민 대중의 저항이라고 할 때는, 방어태세를 취하는 신체의 연루를 통한 집합성과 저항을 담당하는 농민이라는 집단적인 행위자 둘 중 어느 한쪽으로는 환원할 수 없는 중층성이 중요해진다. 신문이라는 영역에서 말을 개시하려면 이러한 중층성을 확보해야만 한다. 이 문제가 서장에서 이야기한 대항하기와 거슬러 올라가기라는 문제와도 겹쳐진다는 점은 쉽게 이해할 수 있을 것이다.

방어태세를 취하는 것은 지각이자 현실을 자신의 힘으로 바꿀 수 있음을 아는 일이다. 이 지각은 역시 말을 낳을 것이다. 그리고 말은 신문공간에서 타자와의 만남을 낳는다. 즉 ○○가 아니라며 오인되지 않게끔 회피하던 타자와 재회한다.

대기 중인 폭력을 예감하고 앞질러서 방어태세를 취하며 자신의 힘으로 신문공간을 바꿀 수 있음을 지각할 때, 사전배제된 말 없는 영역에서 분명 말이 시작된다. 그때는 ○○를 소급적으로 배제함으로써 성립하던 공동성과는 다른 미래가 시작될 것이다. 그 미래는 ○○라 여겨지던 영역에서 모습을 드러내는 다른 타자와 함께 있다.

6. 시작: 인간이기

이 같은 시작에서 발견할 수 있는 타자와의 관계는 파농이 말한 '인간'과도 관련된다. 신문공간 속에서 스스로 **사물**이 된 지점에서 파농은 '인간이기'를 시작한다. "나는 인간이기를, 인간이기만을 바랐다."[35] 이는 보편적인 휴머니즘이나 법적 권리를 이야기하는 것이 아니다. '인간이기'는 **사물**에서 인간이 된다는 선언이고, 말은 여기서 재개된다. 중요한 것은 "절대적으로 타인에 대해 존재하는 것"을 담당하는 말이다. 이는 신문공간에서 무엇을 말로 간주하느냐를 둘러싼 항쟁을 개시하는 일이기도 하다. 신문에 대한 단순한 반론이 아니라, 기존의 말과 그것이 사전배제하던 영역 사이의 항쟁이다. 말 바깥으로 사전배제된 영역이 말을 주장하는 것이기 때문에 이러한 개시는 일단 외침이나 몸짓 혹은 폭력으로 받아들여지지만, 그것은 역시 말이다.

파농은 '인간이기'라는 선언을 개인의 자립이 아니라 "노예가 되고 린치에 희생된" 이들의 연결을 "내 몸에 떠맡는" 것으로 그린다.[36] 즉 신문을 받고 문답무용의 폭력에 노출된 파농은 마르티니크인이라는 이유로 신문을 회피하겠다는 불가능한 희망을 품지 않고, 신문에 노출되어 있는 복수複數의 신체들과의 연결을 **떠맡는다**.

예감이라는 지각에서 생기는 연결은 개별도 아니거니와 개별이 모인 집단도 아닌 집합성이다. 그것은 **사물**이 된 신체가 자신의 신체에 물음을 던지면서 말과의 관계성을 다시금 획득하는 과정이며, 그와 동시에 배제되어 있던 타자를 떠맡는 과정이다. 신체가 말을 재획득하고 그 말을 통해 연루해나가는 것이 바로 '인간이기'다. "오오, 내 몸이여, 나를 영원히 질문하는 인간이 되게 해주기를."[37] 이것이 『검은 피부, 하얀 가면』의 마지막 문장이다. 예감이라는 지각에서 생겨나는 신체의 연루에 대해서는 다음 장에서 다시금 논의하겠지만, 『검은 피부, 하얀 가면』 마지막 부분은 『대지의 저주받은 사람들』 1장에서 폭력을 논하는 부분 서두에 나오는 다음 문장들로 이어진다.

그것(탈식민화 — 인용자)은 새로운 인간이 가져온 고유한 리듬을, 새로운 언어를, 새로운 인간성을 부여한다. 탈식민화란 글자 그대로 새로운 인간성을 존재에 부여한다.[38]

무장 투쟁을 주장하는 이 장이 새로운 언어, 새로운 인간성을 존재(**사물**)에 부여하는 데서 시작하고 있음을 간과해서는 안 된다. 무장 투쟁은 "새로운 인간의 창조"이며, 투쟁 내부에는 서장에서 말한 버틀러의 "인간이라는 새로운 사고를 낳는 방"[39]이 확보되어 있어야 한다. 폭력적 저항 내부에서 **사물**이던 존재가 말과의 관계를 (재)획득하고, 방어태세를 취하던 신체들이 연루된다. 이러한 연루가 담지하는 집합성이 바로 '인간이기'다.

예감이라는 지각에서 시작되는 집합성에 대해서는 다음 장 이후에도 검토하겠지만, 이 집합성(혹은 새로운 사회성이라고 해도 좋겠다)은 ○○를 소급적으로 배제해나가는 사회가 전제하던 시공간 자체를 횡단할 것이다. 예감이란 자신이 있는 곳이 아니라 옆에서 일어나는 일이지만 이미 남의 일이 아니라는 지각과 관련된다. 이는 자신이 있는 장소와 그 옆의 장소라는 공간적 경계와 그 경계를 전제로 구성되던 지금까지의 시간과 앞으로의 시간이라는 연속이 동시에 별개의 것이 되는 사태다. 미래에 대한 전조로서 폭력을 예감하는 것은 이미 폭력에 노출되어 있던 과거가 눈앞에 현전하는 일이기도 하다.

이러한 시공간의 횡단성이 바로 파농이 말한 "노예가 되고 린치에 희생된" 이들을 떠맡는다는 것이고, 기존의 경계에서는 만날 일이 없다고 치부되던 이들은 거기에서 연결된다. 이는 새로운 공간과 시간을 만들어내는 일이며 새로운 장이 생겨나는 것이기도 하다. 신문공간에서 예감이라는 지각과 함께 시작되는 것은 이러한 장을 생성하는 행위다.

2장　유착*하다: 휘말리다/떠맡다

> 나는 그저 사물성choséité 속에 갇혀서 여기-지금ici-maintenant 있는 것이 아니다. 나는 다른 곳을 위해 또 다른 사물을 위해 존재한다.[1] ── 프란츠 파농

> 정치 활동이란 신체를 일찍이 할당된 장소에서 다른 장소로 옮기며 그 장소의 운명을 바꾸는 활동이다. 정치 활동은 지금까지 보이는 장을 가지지 못했던 이들을 보이게 하고, 소리만이 있었던 곳에서 담론이 들리게 하며, 소리로만 들리던 것을 담론으로 듣게 한다.[2] ── 자크 랑시에르

1. 방어태세의 어려움

학생 시절에 거의 매해 상영회를 하던 다큐멘터리 영화 중에 오가와 신스케小川紳介의 오가와 프로덕션이 제작한 산리즈카三里塚 투쟁**

---

* 유착流着이란 어디에 정착하느냐가 아니라 이탈한다는 것을, 그리고 이러한 이탈 속에서 미래를 상상하는 것을 중요시하기 위해 저자가 설정한 말이다. 정주는 어딘가에 흘러가 닿은 결과이지만 거기에는 또다시 흘러갈 수 있다는 예감이 있고, 어디에 거주하느냐와 관계없이 이탈은 계속된다. 유착이란 "머물면서 하는 출향"이며, 바깥의 힘에 휘말려 들어가는 동시에 그것을 떠맡는 것이기에 거기서는 수동성이 능동성과 겹쳐진다.

다큐멘터리 시리즈가 있다. 요 몇 해 사이에 그 영화가 DVD로 나와서 편하게 볼 수 있게 됐다.[3] 그중 하나인 〈산리즈카의 여름三里塚の夏〉(1968)에는 농민(청년행동대)들이 무장 투쟁에 결기할 것인가를 두고 토론하는 장면이 있다.

대화가 깨지고 기동대의 폭력으로 공항 건설을 위한 용지 강제 측량이 진행되는 가운데, 즉 문답무용의 폭력이 일상의 질서를 구성하는 가운데, 반대 운동은 무슨 말을 해도 소용없는 상황으로 내몰린다. 말하자면 말의 정지가 상황을 지배하는 셈이다. 하지만 농민들이 낫을 들고 죽창으로 무장하는 것을 논의하는 장에서는 매우 풍요로운 언어 공간이 생겨나고 있었음을 이 다큐멘터리는 포착하고 있다.

> 왜 돌을 들거나 각목을 들거나 하는지에 대해 이야기를 나눈 거지. 기동대가 들어오고 공단이 오니까, 그냥 열 받아서 그러는 거냐고. 물론 그것도 있지. 그건 당연하지만, 그뿐이 아니라 우리는 정말로 반대 동맹다운, 반대 동맹이라는 게 공항 반대 투쟁을 하는 그런 동맹이잖아? 그래 그 동맹의 의사를, 들어오는 공단이나 기동대, 뭐 정부의 앞잡이 노릇을 하는 놈들에게 우리의 결의를 보여주는 동시에 말이야, 역시 조건찬성파라든지 주위에서 우리를 보고 있는 인간들에게 **우리의 태도를 확실히 보여준다**는 거지.[4] (청년행동대 〈산리즈카의 여름〉, 강조는 인용자)

여기서 '태도'를 보여준다는 것은 그저 무장한 기동대와 무기를 들

** 지바현 나리타시 산리즈카와 시바야마의 농민들을 중심으로 새로운 국제공항(지금의 나리타 국제공항) 건설에 반대한 운동.

고 대치하는 것으로 직결되지 않는다. 말이 정지하고 폭력이 고개를 내미는 상황에서 농민들은 돌이나 각목을 든다는 태도를 통해, 바꿔 말하면 말 바로 앞에 있는 영역에서 자신들의 의사를 보여주려고 한다. 즉 압도적인 폭력 앞에서 말이 정지하는 상황에서 말 바로 앞에 자신들의 태도라는 영역을 확보하려 했던 것이다. 이들은 방어태세를 취하고 있다.

방어태세를 취하는 이 사람들이 이야기하는 것은 죽음을 무릅쓰고 결기하는 용기가 아니다. 〈산리즈카의 여름〉이 얼굴 표정이나 손동작 혹은 시선의 방향과 함께 생생히 비추는 것은 죽일지도 모르고 죽임을 당할지도 모른다는 두려움이고, 이렇게 겁에 질린 겁쟁이들이 풍부한 말로 이야기하기 시작하는 광경이다. 또한 말과 함께 매일 쓰는 농기구 혹은 매일 걸어 다니는 농로가, 그리고 이러한 구체적인 사물들로 구성되어 있는 일상의 생활 공간 자체가 투쟁 속에서 다른 의미를 띠기 시작한다. 무장이란 역시 무기의 문제가 아니다. 당연한 풍경이 투쟁의 공간으로 바뀌는 일이다. 매일 쓰던 농로가 바리케이드가 되고, 농기구가 다른 의미를 지니기 시작한다. 〈산리즈카의 여름〉이 포착한 태도는 일상이 다른 의미를 띠기 시작하는 징후적인 동태의 총체다.

그것은 우선 브리콜라주라고 할 수 있을 법한 전개이지만, 어찌 됐든 그 장에서 살아가는 사람들도 포함해 매일의 일상적인 풍경이 달라진다. 또 이러한 탈바꿈 속에서는 하나하나의 행위나 개별 사물에 의미를 부여하는 말의 역할이 매우 중요하다. 굳이 말하자면 기동대의 침입을 예감하며 그것을 **저지한다**는 동사 속에서 농로는 다른 의미를 띠기 시작하는데, 거기서는 농로라는 명사보다 저지한다는 동사가 중요해진다. 이때 농로는 던질 수 있는 돌이 놓여 있고 철사로 둘러쳐진 장소로 등장한다. 오가와 프로덕션의 다큐멘터리는 이러한 말들이 오가는 모습을 훌륭히 포착하고 있다. 거기에는 분명 말의 정지가 아니라 시작이 있다.

농로 혹은 농기구라는 평범한 명사에서 저지한다는 동사를 축으로 한 세계로 향하는 전개에서 중요한 것은 동사 자체가 아니다. 동사와 함께 상황이 수행적으로 탈바꿈하고, 말이 그러한 탈바꿈을 어떻게든 포착하려고 발버둥치고 있다는 점이 중요하다. 그것은 말하자면 동사를 따라다니는 부사적인 영역이라고 할 수 있다. 즉 동사가 보여주는 움직임은 움직임 자체라기보다는 움직임을 형용하는 부사적인 상황으로 등장한다. 혹은 그것은 명사로 정의되던 일상 여기저기에서 **움직임 이전의 움직임**이 생겨나기 시작하는 일인지도 모른다.[5] 태도를 보여준다는 것은 개인의 입장 문제가 아니라 아직 확실히 등장하지는 않은 움직임을 예감하면서 그 움직임을 말로 포착하려고 발버둥치는 가운데 모습을 드러내는 새로운 장과 관련된다.

이러한 동사로의 전개와 함께 생겨나는, 동사를 따라다니는 부사적인 영역은 이 책 후반부에서 논의할 예정인 **장**이나 **확보하다**라는 말과도 관련되지만, 어쨌든 폭력이 고개를 들며 말이 정지하는 상황 속에서 시작되는 말은 주어와 술어로 준비된다기보다 서로 겹쳐지는 복수의 움직임 이전의 움직임을 어떻게든 말에 붙잡아두려고 하는 전개다.

자신들이 아닌 타자가 이야기되는 것도 이러한 시작 속에서다. 〈산리즈카의 여름〉에서 타자는 우선 전학련全学連(전일본학생자치회총연합), 학생, 베트남, 일본 농민 같은 명칭으로 불리지만, 중요한 것은 문답무용의 폭력이 지배하는 가운데 방어태세를 취하기 시작한 사람

들이 이러한 타자들을 찾아내고 연결을 발견했다는 점이다. 1장에서
도 썼듯 방어태세를 취하는 것은 역시 지각이고, 지금까지의 시공간
을 횡단적으로 탈바꿈시켜나가는 행위의 시작이다.

하지만 1970년대 후반에 산리즈카 투쟁과 만난 내게 산리즈카의 무
장은 〈산리즈카의 여름〉에 나오는 겁쟁이들의 풍요로운 말이 아니었
던 것 같다. 또 그 뒤 〈제2요새 사람들第二砦の人々〉(1971)로 향하는 오
가와 프로덕션이 찍은 무장도 점차 말을 잃어갔다는 생각이 든다.[6] 거
기서 무장은 역시 무기의 문제이고, 무기를 들 용기가 칭송을 받는다.
또 이러한 무장 옆에는 투쟁을 위한 정통성을 더 보편적으로 정의하려
고 하는 말들이 있다. 확실히 다양한 말들이 있었지만, 많은 경우 어느
쪽이 정치적으로 옳은가라는 다툼으로 흘러갔다.

〈산리즈카의 여름〉이 포착한 명사에서 동사로의 전개 그리고 움직
임 이전의 움직임이라는 부사적 영역의 등장은 1장에서 말한 방어태
세와 함께 있다. 방어태세를 취한다는 것은 개인의 신체와 관련된 문
제가 아니라 상황을 생성하는 움직임이다. 하지만 무기를 들 용기와
올바른 정치를 해설하는 사람들 사이에서 계속 방어태세를 취하기에
는 어려움이 따를 것이다. 바꿔 말하면 이 어려움은 신문공간 속에서
폭력을 예감하면서 시작되는 타자와의 만남과 거기서 생기는 풍요로
운 말의 소재를 어떻게 확보할까라는 물음이기도 하다.

확보해야 할 말의 소재는 우선 무기와 해설이라는 두 가지 전개 사
이에 끼어 있다고 할 수 있다. 후자인 해설은 ○○임을 근거로 덮쳐 오
는 문답무용의 폭력에 대해 더욱 보편적으로 ○○가 아님을 정의하고
설명하는 앎이기도 하다. 즉 ○○가 아니라 보편적 정당성을 획득한
투쟁하는 자들로서 저항의 정당성을 설명하는 것이다. 하지만 문답무

용의 폭력은 정당성을 다투는 법정에서 대기하고 있는 것이 아니다. 또 보편적 정당성으로 정의된 투쟁하는 자들은 역시 명사적이다. 거기에는 〈산리즈카의 여름〉이 포착한, 동사에서 생겨나는 브리콜라주적인 혹은 부사적인 탈바꿈은 존재하지 않는다.

보편적 해설이 문답무용의 폭력에 대한 저항으로 보이는 이유는 올바른 해설이 사회를 구성하는 절차를 전제하기 때문이다. 그리고 이러한 절차는 대부분의 경우 언급되지 않은 채 보편적인 설명의 전제로서 당연시된다. 하지만 지금 상정하는 것은 신문공간이다. 거듭 말하지만 그것은 예외적인 상황이 아니라 이미 존재하고 있다. 이 사실을 무시한다면 보편적이고 올바른 해설은 폭력에 노출된 영역을 다시금 회피하게 될 것이다. 회피를 거듭할 것이 아니라 타자와의 연결과 자신의 탈바꿈을 계속해서 확보하는 말의 소재가 중요하다.

또한 무기와 해설이라는 두 가지 전개에서 전자는 폭력이 무기의 문제가 되어버리는 사태다. 하지만 이미 말했다시피 방어태세를 취하는 것은 무장을 준비하는 일이 아니다. 무기의 문제로 함몰되는 것과 올바른 설명이 사회를 만든다고 전제하는 것은 공범 관계다. 올바른 설명과 그 기능 부전에서 무언의 폭력 영역이 생기는 것이다. 이는 곧 문답무용의 폭력이 상황을 지배하는 것이 말의 무효화로 직결되는 사태다. 거기서는 말과 말이 아닌 영역의 구분이 명확히 유지되고 추인된다. 또한 신문공간을 예외화하고 무시함으로써 말은 올바름을 유지하며, 동시에 문답무용의 폭력에는 말 없는 무장으로 대치할 수밖에 없어진다. 문답무용의 폭력을 예외화하고 무시하는 올바른 설명이 사회를 짊어지지도 않거니와 폭력을 무기의 문제로 만들지도 않는 영역이 바로 신문공간에서 말이 위치하는 곳 아닐까? 예감이라는 말로 제시하고자 했던 것은 이러한 말의 영역이다. 이 장에서는 그 소재所在를 확보하는 것 그리고 거기서 시작되는 미래에 대해 생각해보겠다.

말없이 사물이 된 당사자를 대변하는 지식인도 아니지만 그렇다고 무언의 결기도 아닌 말의 영역을 확보하기 위해서는 〈산리즈카의 여름〉이 보여주는 겁쟁이들이 담당하는 말의 소재를 생각해야만 한다. 미래는 무장도 아니며, 올바른 해설자에게 맡길 수도 없는 것이다. 하지만 겁쟁이들의 말은 올바른 설명과 무언의 폭력 사이에 끼어 있다. 아니, 구분되지 않고 겹쳐져서 존재한다고 말하는 편이 좋을지도 모른다. 따라서 요는 각각의 맥락으로 구분하는 작업의 이론적 정당성을 주장하거나 올바른 설명과 무언의 폭력을 비난하는 것이 아니라, 신문공간 내부에서 방어태세를 취하는 겁쟁이들의 말의 소재를 확보하는 것이다.

이는 그저 방어태세를 유지하는 것이 아니라 방어태세를 취한다는 동사를 따라다니듯이 생겨나는 움직임 이전의 움직임, 즉 부사적 영역을 확보하는 일이며, 주어와 서술어로 곧장 정리할 수 없는 전개를 말로써 붙잡는 일이다. 소재라는 장소적인 표현에는 이러한 복수의 전개가 담겨 있다. 1장에 썼듯 방어태세와 저항은 무관하지 않다. 둘은 떼어내기 어렵게 겹쳐져 있으며, 방어태세를 취함으로써 생기는 영역은 틀림없이 저항과 함께 있다.

방어태세에서 발견할 수 있는 저항은 지배보다 앞서 존재한다. 저항은 지배로 정의되지 않는다. 이러한 저항에서는 방어태세가 만들어내는 복수의 움직임 이전의 움직임의 다발이, 바꿔 말하면 신체적 연루를 통한 집합성이나 저항하는 농민으로 등장하는 집단적인 행위자 둘 중 어느 한쪽으로는 환원할 수 없는 중층성이 중요하다. 이 중층성은 역시 저항 내부에 방어태세를 취하는 이들의 말의 소재를 확보함으로써 실현되지 않을까?

이 장에서는 1장에서 검토한 예감한다는 동사를 따라다니는 부사적인 영역을 어떻게 말로 포착할 것인가를 생각해보겠다. 그리고 그 연장선 위에서 다시금 **확보한다**는 것을 전망해보려 한다.

2. 휘말리다: 이미 남의 일이 아니다

앞서 말했듯 방어태세를 취한다는 것은 상식적으로 떠올리곤 하는 개인적인 동작이 아니다. 이는 개인의 탈바꿈인 동시에 새로운 관계성을 만들어내는 일이기도 하다. 이때 관계성은 가령 앞에서도 말했듯 복수의 움직임 이전의 움직임으로 구성된다. 즉 일상을 구성하는 사물이나 풍경이 탈바꿈하여 등장한다. 그리고 지금까지 논의한 내용에 입각하면 이는 신문공간 속에서 오인되지 않도록 회피하던 타자와 재회하는 일이기도 하다. 사물이나 풍경의 탈바꿈과 함께 시작되는 이 재회는 오인되지 않도록 ○○를 소급적으로 늘어놓던 세계와는 다른 미래와 관련되며, 군이 말하자면 겁쟁이들의 말의 소재를 확보한다는 것은 이러한 미래를 붙잡으려 하는 것이다.

앞에서 언급한 〈산리즈카의 여름〉에 등장하는 무장에 대한 논의에서도 기동대와 대치하는 전학련과 자신들의 관계에 대한 부분이 거듭 등장한다. 군이 말하자면 기동대에 린치를 당해 다친 사람들 옆에서 농민들은 그 폭력이 남의 일이 아니라고 여기며 점차 방어태세를 취하기 시작한다. 거기서는 역시 새로운 관계가 생겨나고 있다고 할 수 있겠다. 1장에서 썼듯 대기 중인 폭력을 예감하고 방어태세를 취하는 것은 사전배제돼 있던 영역에서 부상하는 타자와의 관계를 떠맡는 일이기도 하다. 즉 폭력을 예감하고 방어태세를 취한다는 것은 "노예가 되고 린치에 희생된" 사람들을 떠맡는 일이고, 기존의 시공간적 구분에서는 관계없다고 여겨지던 사람들이 연결되며 새로운 공간과 시간을 만들어내는 일이다.

이제 시공간의 탈바꿈을 동반한 관계 생성을 다음과 같은 어구로 바꾸어보자. "옆에서 일어나는 일이지만 이미 남의 일이 아니다." 옆에서 일어나는 일이고, 그것이 나를 덮치는 것은 오인일지도 모른다. 하지만 더 이상 ○○가 아니라는 말로는 벗어날 수 없으며, 따라서 남의 일이 아니다. 즉 옆에서 일어나는 일이 '옆'을 정의하는 경계를 넘어 내 장소로 침입하는 사태임이 점차 명확해지는 가운데, 그것을 더 이상 회피할 수도 없을뿐더러 그것이 이미 남의 일이 아님을 지각하게 된다. 이는 1장에서 이야기한 이하가 '개성'을 정지시키는 사태이며, 또 파농이 '마르티니크인과 아랍인은 다르다'는 경관의 변명을 들으면서 "어, 검둥이다"라는 착색에는 "무슨 짓을 해도 소용이 없"다고 느끼기 시작하는 사태이기도 하다.

먼저 이 어구가 함의하는 시간과 공간이란 어떠한 것인가를 생각해야 한다. 내 일이 아닌데도 내 일처럼 느낀다는 것. 이는 어떤 의미에서 개인이라 불리는 영역의 위기다. 그뿐만 아니라 **이미** 남의 일이 아니니까, 전부터 줄곧 나에게 들러붙어 있었음이 점차 분명해지는 과거 소급적인 시간을 이 위기는 낳는다. 이러한 과거 소급성은 동시에 이제까지의 과거의 연장선 위에 미래를 상정하는 일을 어렵게 만들고 전혀 다른 미래의 도래를 예감하게 한다. 과거와 미래는 시계열적인 질서를 잃고, 내가 사는 세계가 나도 포함하여 탈바꿈하는 가운데 현재가 새롭게 떠오른다. 이는 붕괴하는 느낌과 새로운 미래에 대한 희망이 뒤섞인 사태라고 할 수 있다. 안다는 행위는 이러한 사태 속에서 다시 설정되어야 한다.

나는 지금까지 "옆에서 일어나는 일이지만 이미 남의 일이 아니다"라는 붕괴하는 느낌 속에서 오키나와를 사고할 수 있는 가능성을 생각하려 했다. 가령 '전장의 기억'은 과거의 오키나와라는 한정된 지리적 장소와 관련된 것이 아니다. 나는 『전장의 기억戰場の記憶』[7]에서 오키나와전투에 대한 기억으로 정리되어 있는 말들이 과거라는 시간이나 특정된 장소를 성립시키는 질서를 깨부수면서 내 바로 옆으로 육박해 오는 것에 대해 사고하려 했다. 전장은 계속되고, 다양한 양태를 띠면서 평시의 일상으로 확장된다. 기억이란 이러한 계속과 확장을 사고하는 회로다.

혹은 이하 후유의 글을 읽으면서 기존 시공간의 붕괴나 위기를 감지하는 힘이 이하 안에서 작동하고 있음을 깨달았다. 예컨대 이미 썼다시피 그가 오키나와는 조선이나 타이완이 아니라고 이야기할 때, 거기에는 옆에서 일어나고 있는 식민지 지배라는 사건을 자신의 일처럼 느끼고 있는 이하가 있다. 오키나와는 조선이나 타이완이 아니라는 이하의 주장은 배타적인 내셔널리즘이나 제국 내의 계층화된 차별 구조를 반영한다기보다, 이곳은 식민지이고 너는 피식민자라고 말하는 문답무용의 숨겨진 정언 명령을 부각시키는 동시에 그 안에서 겁에 떨며 어떻게든 폭력을 회피하고자 하는 겁쟁이의 몸짓이다.

이하의 이 말 또한 그가 살아간 시대나 오키나와라는 지리적 장소를 빠져나와 내 바로 옆에까지 온다. 그가 감지한 폭력은 지금도 계속되고 있으며, 그것을 구분된 시기나 지리적 범위에 가둬놓을 수는 없다. 오키나와를 사고한다는 것은 역시 이 계속과 확장을 사고하는 일이다.

"옆에서 일어나는 일이지만 이미 남의 일이 아니다"라는 어구는 또한 오키나와가 연구 대상으로 설정되는 가운데 줄곧 느끼던 의심과도 관계가 있다. 그것은 이하의 경우처럼 자기 언급적인 오키나와학이라기보다는 대상으로 이야기되는 오키나와와 관련해 생기는 의심이다. 거기서는 오키나와가 이야기되면 될수록 저기서 일어나는 사태에 휘말리고 싶지 않다는 몸짓이 드러나고 만다. 이렇게 휘말리는 것을 회피하려고 하는 **안다**는 행위는 알아야 할 대상을 대상으로 고정하고 외재화한다. 이러한 앎은 학문적 진실로 정당화된 문답무용의 시선으로 몸짓과 태도를 착색한다. 그것은 서장에서 말한 신문공간과 가까이 있다. 또 대상을 착색하면서 이야기하는 사람은 대상에 휘말릴 일 없는 분석자로서 등장한다.

안다는 행위가, 분석자가 사는 세계와 알아야 할 대상의 세계를 구분하여 자신이 휘말릴 일 없는 대상을 구성한다는 문제는, 가령 지금까지 인류학과 관련해 논의되곤 했다.[8] 즉 우리와는 다른 타자를 안다는 인류학의 전제와 관련된 문제다. 많은 경우 이 구분은 식민주의 혹은 권력적인 지배와 피지배 관계로 등장할 것이다.[9] 같은 문제는 '오키나와 문제'를 이야기하는 행위나 연대를 지향하는 운동 속에도 있다. 아무리 양심적으로 오키나와의 피해를 이야기하더라도 거기서는 오키나와처럼 되고 싶지는 않다는 숨은 메시지가 들려온다.

그렇기 때문에 다른 지각 그리고 다른 앎을 만들어내야만 한다고 생각했다. 그 출발점이 "옆에서 일어나는 일이지만 이미 남의 일이 아니

다"이다. 이 어구가 가지고 있는 시공간적 질서의 붕괴와 함께 안다는 행위를 재설정하자. 이 어구가 담고 있는 것은 말하자면 대상을 안다는 행위가 그 대상에 휘말리는 일이기도 하다는 신체 감각이다. 『전장의 기억』과 『폭력의 예감暴力の予感』 그리고 『유착의 사상流着の思想』에서는 이러한 감각이 대전된 사고를 새로운 연루의 가능성으로 생각해보려고 했다. 또 이 장의 표제에 등장하는 '유착'이란 휘말리고 그것을 회피하는 것이 아니라 떠맡는 과정을 의미한다. 그 과정에서 또 다른 지각과 또 다른 앎을 찾으려 했을 때, 단서는 언제나 프란츠 파농 안에 있었다.

3. 떠맡는 것의 어려움: 사후성이라는 문제

그런데 "옆에서 일어나는 일이지만 이미 남의 일이 아니다"라는 어구에 있는, 휘말리고 떠맡는 수동성과 능동성이 뒤섞인 관계 생성 속에서 안다는 행위를 생각할 때, "옆에서 일어나는" 일을 어떻게 볼 것인가가 문제가 된다. 즉 1장에서는 폭력을 앞질러서 뿌리친다는 데에서 예감한다는 지각을 생각했지만, 폭력은 이미 옆에서 행사되고 있고 거기에는 상처나 아픔과 관련한 담론 공간이 우선 전제로 존재한다. 즉 안다는 행위는 어디까지나 폭력이 일어난 **뒤**라는 사후성을 띤다. 폭력을 앞지르는 예감이라는 지각은 폭력의 흔적을 뒤늦게 아는 일이기도 하다.

『혁명의 사회학Sociologie d'une Révolution』에 수록된 「의학과 식민주의Médecine et Colonialisme」에서 파농은 알제리에서 고문에 관여한 어느 의사의 경험을 인용한다. "어떤 신문이든 우선 고문자와 피고문자의 관계의 재판再版으로서 경험된다."[10] 신문은 말을 하고 있는데도 말하고 있다고 간주되지 않고 말이 거동이 되는 사태인 것만이 아니다. 여기서 파농이 지적하는 신문은 과거에 있었던 폭력의 흔적을 되살려 다시금 행사하는 것이기도 하다. 폭력이 일어난 뒤에는 말이 그 폭력의 '재판으로서' 경험된다.

거꾸로 말하면 일상적인 말은 이러한 폭력의 재판을 회피하게끔 만들어져 있다. 이때 회피는 ○○가 아니라는 사실을 근거로 한 회피와 무관하지는 않지만 똑같지도 않다. 그것은 이미 신체에 새겨진 상처와 관련되며, 우선은 이른바 트라우마적인 경험의 '회피'로서 이해할 수 있을지 모른다.[11] 즉 이는 고문이라는 견디기 힘든 경험의 반복과 관련된 말을 신중하게 피하면서 구성되는 언어 질서이자 폭력의 흔적에 대한 부인이다.

따라서 신문은 폭력이 새긴 흔적을 상기시켜 말을 혼란에 빠뜨리는 사태이기도 하다. 그것은 아무렇지 않게 이름을 묻는 일일 수도 있고, "어디에 사는가?"라는 질문일지도 모른다. 또 반드시 경찰이 담당하는 것도 아니다. 그럼에도 불구하고 "이름이나 살던 동네 이름을 이야기하기를 주저하는"[12] 사람에게 그것은 "고문자와 피고문자의 관계의 재판으로서 경험된다." 즉 신문은 문답무용의 폭력을 예감하게 할 뿐 아니라 폭력의 흔적을 회피함으로써 성립하던 말의 질서에 혼란을 가져와 자신의 신체가 이미 아픔을 끌어안고 있는 신체임을 재확인시킨다. 가령 이하에게 신문공간은 피식민자로 오인되는 것뿐만이 아니라 청일전쟁 때 주민 습격을 기도한 자경단의 폭력과 마주친 상처와도 관계있다고 할 수 있겠다.

군이 말하자면 신문공간은 지금 대기 중인 폭력과 관계있을 뿐 아니라 이미 행사된 폭력의 흔적에서도 구성된다. 이 둘을 잇는 관계성이 바로 "옆에서 일어나는 일이지만 이미 남의 일이 아니다"라는 어구다. 하지만 앞에서도 말했듯 "옆에서 일어나는 일"을 아는 행위는 어디까지나 폭력이 일어난 뒤라는 사후성을 띤다. 그리고 이 상처와 관련된 회피가 종종 트라우마와의 관계 속에서 논의되는 것처럼, 상처와 관련된 말의 혼란은 우선 개인의 증상으로 이해될 것이다. 파농이 정신의학의 임상에서 만난 것은 이러한 병의 영역이었다.

여기서 문답무용의 폭력이 대두하는 가운데 말이 정지하는 것과 폭력의 흔적이 혼란스러운 말과 함께 얼굴을 내미는 것 둘 다를 전제로 신문공간 속에서 말을 재개한다는 것에 대해 다시금 생각해보자. 즉 신문공간의 폭력과 언어가 길항하는 지점에는 방어태세를 취하는 신체와 함께 트라우마적인 경험으로 개인화되고 증상으로 진단된 신체가 존재한다. 혹은 폭력을 사전에 뿌리치려고 하는 신체와 폭력이 이미 행사된 뒤의 상처 입은 신체라고 해도 좋다. 후자는 파농에게는 우선 정신의학의 임상에서 마주하는 환자로서 개인화된다. 파농이 "내 몸에 떠맡는" 것으로서 그린 "노예가 되고 린치에 희생된" 사람들은 파농이 임상이라는 장에서 만나는 개인화된 환자이기도 했다.

환자로 다루어지는 사람 등 뒤에는 상처 입은 사람들과 죽임 당한 사람들이 가득하다. 하지만 파농은 이들을 노예제나 린치의 '희생자'라는 일반적인 명칭으로 정리하려 하지 않는다. 왜냐하면 아무리 양심적인 의도가 거기에 있다 한들 견디기 힘든 흔적에 그저 이름을 붙이는 것은 폭력의 '재판'이며, 신문공간이 지탱하는 공동성은 이미 행사된 폭력의 흔적을 한정된 집단에 에워싸고 예외화함으로써 성립하기 때문이다. 파농이 하려고 하는 것은 폭력의 흔적을 명명하는 것이 아니라 어디까지나 옆에 있는 사람으로서 상처 입은 신체를 "내 몸에 떠맡는" 일이고, 그렇기 때문에 파농은 임상이라는 장에 계속 서려고 했다. 이 임상이라는 장에서 환자라는 존재는 신문공간에서 말을 재개하는 기점으로 설정돼 있다. 따라서 파농이 "노예가 되고 린치에 희생된" 사람들을 떠맡는다고 할 때 이는 곧잘 희생자를 근거로 한 항의나 고발로 향하는 것이 아니라, "고문자와 피고문자의 관계의 재판"을 경험하는 가운데 말이 혼란되고 병에 걸리는 사람들을 "내 몸에 떠맡는" 것이다. 바꿔 말하면 그것은 옆에 있는 개인화된 아픔을 이미 남의 일이 아닌 사태로서 방어태세를 취하며 사후적으로 아는 일이다.

2011년 11월 18일과 19일 이틀 동안 오키나와 기노완宜野湾시에서 일본병원·지역정신의료학회가 열렸다. 거기서는 오키나와전투와 정신 의료의 관계가 중심 주제로 다루어졌는데, 오키나와전투 트라우마라는 말도 정신의학 용어로 이야기되었다. 오키나와전투와 정신 의료 혹은 PTSD(외상 후 스트레스 장애)의 관계는 예전부터 지적됐지만, 요즘 들어 의학적으로도 정면에서 검토되기 시작한 것이다. 이 학회에서도 발표했고 오키나와전투 트라우마의 치료와 연구를 계속하고 있는 아리쓰카 료지蟻塚亮二에 따르면, PTSD 증상에서 트라우마를 가지고 있는 체험자는 말할 수 없다기보다는 "정해진 노선을 달리는 열차처럼"[13] 명확히 말한다고 한다. 즉 말하는 것이 말할 수 없는 것의 가장자리를 조심스럽게 두르고 있으며, 명확한 말은 그와 동시에 말할 수 없는 것을 비유적으로 보여주는 증상이다.

앞서 언급한 트라우마나 PTSD 연구에서는 이렇게 가장자리를 두르는 것을 의학 용어로 '회피'라 부른다.[14] 메도루마 슌의 소설 『물방울水滴』[15](1997)에도 증언을 들려주는 강연회에서 명확히 말할 수 있는 오키나와 전쟁 체험과 누구에게도 말할 수 없이 간직하고 있는 전쟁 체험을 동시에 가지고 있는 도쿠쇼德正라는 인물이 등장하는데, 도쿠쇼가 강연회에서 하는 이야기도 '회피'라 부를 수 있을지 모른다. 그리고 이는 공적인 장에서 이야기되는 오키나와전투의 증언이 되고, 역사 연구에서 사실을 확인하는 자료로 쓰이기도 한다.

아리쓰카가 드는 증상의 예를 읽고 놀란 이유는 그가 트라우마 증상의 예로 거론하는 이야기가 내가 오키나와전투를 연구할 때 쓴 증언과 매우 닮았기 때문이다. 역사 연구에서는 명확히 이야기된 말을 사료로 쓰고, 같은 이야기를 트라우마 치료에서는 '회피' 증상의 예로 다룬다. 안다는 행위가 문제가 되는 것은 이 사실과 증상 사이에서다.

여기서 명확히 이야기된 사실만을 안다는 것은 '회피'를 사실로 추인하는 일이다. 혹은 거기에 숨어 있는 상처를 사실로서 드러내고 언어화하는 것이 안다는 행위라면, 그것은 파농이 말한 고문의 재판을 의미할 것이다. 이 둘의 관계는 결국 신문공간에서 말과 폭력이 이루는 구도와 딱 일치하는데, 이는 신문공간에 대한 무의식적인 추인이기도 하다. 또한 증상으로서 아는 행위에서는 환자 혹은 환자들이라는 타자화가 작동할 것이다. 지금 여기서 곧장 타자화를 비난하거나 치료가 불필요하다는 이야기를 하려는 것은 결코 아니다. 개인의 치료가 신문공간과는 다른 사회를 만든다는 맥락과 이어져야 한다는 점을 생각하려는 것이다.

문답무용의 폭력이 담당하는 신문공간은 폭력의 흔적을 사후적으로 에워싸서 개인 혹은 한정된 집단의 아픔으로 구획함으로써 질서를 유지한다. 이것이 "옆에서 일어나는 일"을 둘러싼 언어 질서이며, 폭력이 일어난 뒤라는 사후성을 구성한다. 휘말리고 떠맡는다는 것은 고문의 재판을 야기하는 신문의 폭력성에 대한 해설도 아니거니와 진실을 위해서는 약간의 폭력성은 어쩔 수 없다는 식으로 되레 뻔뻔하게 나가는 것도 아니며 환자로서 치료하는 것만도 아니다. "옆에서 일어나는 일"에 휘말려 그것을 "이미 남의 일이 아닌" 것으로 떠맡으려면 신문도 아니고 남의 일도 아닌 곳에 안다는 행위를 확보해야 한다.

앞에서 썼듯 신문공간이 끌어안고 있는 것은 스스로 사물이 되어 방어태세를 취하는 신체와 사물로 취급되는 아픔을 품은 신체다. 이 둘의 관계가 바로 파농이 말한 "내 몸에 떠맡는다"와 관련된다. 1장에서 살펴본, 경관이 신문을 하며 늘어놓는 변명인 '마르티니크인과 아랍인'이라는 구분은 이 두 신체의 연결을 분단하는 것이라고도 할 수 있다. 그리하여 말을 하고 있는데도 말하고 있다고 간주되지 않는 신문공간의 경험을 방어태세를 취하는 신체와 상처 입은 신체 둘로 구분한 뒤에 방어태세를 취하는 신체에는 그러지 않아도 된다고 설명하고 아픔을 품은 신체에 대해서는 증상화하여 개인이나 집단으로 에워싼다. 방어태세를 취하는 신체와 상처 입은 신체의 분단은 지리적 경계나 인종 구분을 통해서도 유지되고 자연화된다. 그것이 저 "마르티니크인과 아랍인이 다르다는 건 우리도 잘 알지요"[16]라는 경관의 변명이기도 할 것이다. 예감이라는 지각에서 생겨나는 연결과 말을 이 자연화된 구분과 관련해서 다시 검토하지 않으면 안 된다. 아픔과 관련된 이러한 자연화된 구분을 넘어서는 지각으로서 폭력의 예감을 검토해야만 한다.

아프다고 느꼈을 때 그것은 누구의 아픔인가? 옆에 있는 아픔을 이미 남의 일이 아닌 사태로서 안다는 것은 구분을 통해 유지되던 회피의 정지이자 회피함으로써 성립되던 질서의 붕괴이기도 하다. 남의 일이라며 회피하던 아픔을 지각하는 것은 역시 구획되어 있던 자신의 토대가 무너지며 남의 일이라고 생각하던 사태에 휘말리는 수동적인 전개일 것이다. 그리고 자신의 말이 혼란을 일으키는 일이기도 하다. "내 몸에 떠맡는다"는 파농의 말은 휘말림으로써 생기는 자신의 혼란을 타자의 아픔과 함께 능동적으로 떠맡는 것을 의미한다. 이는 아픔과 관련된 언어 공간을 떠맡는 일이지, 아픔에 곧장 이름을 붙이거나 이미 있는 언어 공간을 그대로 자연화하는 것이 아니다.

따라서 떠맡는다는 것은 당장 어떻게 하면 좋을지 알 수 없는 이 어려움을 끌어안는 일이기도 하다. 아픔에 휘말리고 그것을 떠맡는 것을 안다는 행위와 관련해서 생각할 때, 우선은 이 어려움을 그냥 지나치지 않는 것이 중요하다. 필요한 것은 답이 아니다. 요는 휘말리고 떠맡는다는 동사 속에서 생겨나는 부사적 상황을 말로 붙잡는 것이고, 굳이 말하자면 말을 계속해서 붙잡고 있기 위한 장의 논리가 요구된다. 앞서 말한 방어태세의 어려움 그리고 폭력의 흔적과 관련된 사후성을 떠맡는 것의 어려움을 이론적인 답으로 해소할 것이 아니라 이 장 속에 끌어안아야 한다. 중요한 것은 이러한 장을 어떻게 확보하는가다. 이제 확보한다는 말을 장의 논리[17]로 다시 정의해두자.

파농에게 확보라는 문제는 임상과 밀접한 관계가 있었던 것으로 보인다. 계속해서 임상에 섰던 파농에게 임상이라는 장은 신문공간 속에서 "옆에서 일어나는 일"에 계속 휘말리며 그것을 떠맡는 장이었다. 『검은 피부, 하얀 가면』「서문」에서 "이 책은 임상 연구다"[18]라고 했던 파농은 이 책 마지막의 결론 부분에서 다음과 같이 쓴다.

내가 연구한 상황은 보다시피 고전적인 것이 아니다. 과학적인 객관성은 내게는 금지돼 있었다. 왜냐하면 소외된 자, 신경증 환자는 내 형제이자 누이이고 아버지였기 때문이다.[19]

'형제' '누이'라는 가족적인 연결 속에서 이야기되는 친밀성을 여기서는 남의 일이 아니라는 문맥으로 받아들이려 한다. 요점은 "과학적인 객관성"이 금지된 장소가 바로 임상이라는 장이었다는 점이고, 거기서 요구되는 것은 환자로서 개인화된 타자를 스스로 사물이 되어 방어태세를 취하고 있는 신체와 함께 다른 세계에서 다시 그려내는 말이다. 이는 방어태세를 취하고 떠맡는 어려움을 객관적으로 해결하는 것이 아니라 어려움에서 생기는 움직임 이전의 움직임을 말로 포착하려는 것이며, 이러한 말들이 임상이라는 장을 담당한다. 이 말들이 바로 파농에게는 정신분석 혹은 정신의학의 문제, 즉 앎의 문제였다.

파농의 임상이라는 문제는 확보하기와 관련해 종장에서 다시금 검토하겠지만, 서장에도 썼듯이 이러한 임상의 문제는『검은 피부, 하얀 가면』에 그치지 않고 해방 투쟁 한가운데에서 집필된『대지의 저주받은 사람들』까지 관통한다.[20]『대지의 저주받은 사람들』의 5장「식민지 전쟁과 정신 질환」은 실로 이러한 말을 재개하고자 하는 모색의 기록이었다. 거기서 파농이 그려내는 식민지 상황이란 신문이나 고문, 문답무용의 폭력처럼 그야말로 신문공간의 확대라는 특징을 가지고 있다.

파농에게 확보한다는 문제는 임상과 깊은 관계가 있었다. 다시 말하지만 예감하다, 휘말리다, 떠맡다 같은 동사에서 확보하다라는 동사로의 전개가 의미하는 인식론적인 의의는 크다. 앞에서 다시 정의했듯 확보한다는 것은 대상을 해설하거나 올바른 답을 끌어낼 때 사용되는 이론이 아니라 장을 만들어내는 논리이고, 조직론이나 운동론의 맥락 속에 있는 말이다. 파농에게 임상이란 안다는 행위가 장의 논리라는 맥락으로 전환되는 것을 명시하는 말과 다름없었다.

4. 다른 장소로: 다초점적 확장주의

그런데 옆에 있는 사람이 아직 아무 일도 일어나지 않은 평온한 일상 속에서 "세계는 바꿀 수 있다"고 중얼거린다면 거기서 무엇을 듣게 될까? 있을 수 없는 망상이라고 일축해야 하나? 아니면 남몰래 준비하고 있는 투쟁에 대한 자신만만한 말이라 생각하고 동의해야 하나? 어느 쪽이든 우선은 냉정한 역학 계산이 전제가 될 테고, 그 계산 결과 속에서 이 중얼거림은 리얼리티를 갖게 된다.

하지만 휘말리고 떠맡는 것은 망상을 물리치는 상식적인 판단이나 계획된 투쟁에 대한 지지 표명이 아니다. 우선은 거기서 타자가 이미 방어태세를 취하고 있다는 사실과 함께 이 "세계는 바꿀 수 있다"는 말을 받아들일 필요가 있다. 바꿔 말하면 "세계는 바꿀 수 있다"는 말은 신체 감각을 수반하지 않는 이상 이해할 수 없는 말이고, 따라서 안다는 것은 알고자 하는 행위자 자신에게 이러한 신체 감각이 대전되는 것, 즉 그 자신이 방어태세를 취하기 시작하는 것을 뜻한다. 이때 이 행위자는 휘말린다.

안다는 행위가 어떻게 방어태세로 이어지는지를 법칙으로 설명할 수는 없다. 그것은 이론적인 필연도 아니거니와 계획적으로 일어나는 일도 아닐 것이다. 또 방어태세를 취한다고 해서 그렇게 방어태세를 취하는 사람들에게서 발견되는 미래가 똑같은 세계임이 보장되는 것도 아니며, 그것이 아픔이나 고통 같은 신체 감각을 공유하는 공감의 공동체로 이어지지도 않는다. 중요한 것은 다른 미래를 예감한다는 지각의 양태이고, 이러한 양태로서의 안다는 행위 속에서 각자가 앎의 대상에 휘말리고 또 그것을 떠맡는다는 사실이다. 이는 세계가 잠정적인 존재임을 발견하는 가운데 생기는 미래에 대한 예감 속에서 사람들이 연루해나가는 과정으로, 각자가 예감 속에서 어떠한 미래를 발견하느냐는 그와는 별개의 문제다. 미래의 모델이 일치하기 때문이 아니라 지금의 세계를 잠정적인 존재로서 부조하는 지각 속에서 사람들은 연루한다.

미래에 대한 예감을 연루하는 과정으로 계속 유지하기 위해서는 어떤 종류의 공동 작업이나 그러한 공동 작업을 진행하기 위한 앎이 필요하다. 거기서 요점은 방어태세와 함께 있는 안다는 행위를 계속해서 확보해나가는 것이다. 또 여기서 확보한다고 할 때는 공동 작업을 미래상의 일치나 강령적인 일치로 치환하지 않는 일이 중요하다고 생각한다. 거듭 말하지만 휘말리고 떠맡는 것과 단일한 공동체가 만들어지는 것은 다르다.

이 점과 관련해서는 앞서 언급한 정신 질환이라는 영역의 문제가 중요하다. 방어태세를 취한다는 것은 현재 상황에서 이탈하는 일이며 지금의 질서 속에서 구성된 개인이 이탈과 동시에 융해하기 시작하는 것이기도 하다. 질서는 이러한 융해를 금지하고 병으로 격리할 것이며, 발화되는 말을 증상으로서만 의미화하고 문답무용으로 조치할 것이다. 따라서 방어태세를 취한다는 것은 사전에 배제되고 격리되며 폭력을 당하는 일이다. 또 휘말리고 떠맡는 것은 자기 내부에서 폭력을 당할 근거를 발견하게 되는 일이기도 할 것이다. 이렇게 폭력은 예감되고, 사람들은 바꿀 수 있는 세계를 향해 움직이기 시작한다.

하지만 어떻게? 혹은 단적으로 말해 거기에는 어떠한 조직 혹은 운동 형태가 등장하는가? 이 물음이 바로 앞에서 말한 확보의 문제이고 장의 논리일 뿐 아니라 파농의 임상과 관련된 문제이기도 하다.

1960년대 후반에 서독 하이델베르크대학 의학부 정신과의 조수와 환자를 중심으로 생겨난 사회주의환자동맹(SPK, Sozialistisches Patientenkollektiv)은 자본주의로 인한 소외를 병이라는 말로 재설정하려 했다.[21] 1970년대 초에 SPK는 서독 적군을 일방적으로 응원하여 이를 둘러싼 끔찍한 탄압 상황에 자발적으로 휘말리는 바람에 '과격파'로 압살되었다. "우리도 과격파다." SPK가 남긴 문서에는 다초점적 확장주의(MFE, Multifokaler Expansionismus)라는 말이 있다. 이는 '정신병'이 체현하는 금지 영역을 사람들이 모이는 장소(난로)로 바꾸는 운동인데, 초점이라는 말에는 금지와 난로라는 두 가지 의미가 겹쳐져 있다.[22]

금지와 난로가 겹쳐지는 초점은 추상적인 개념이 아니다. 이는 SPK 자체가 장이라는 문제에 연연했던 것과도 관계가 있다. SPK를 동시대 속에서 받아들인 오쿠노 로스케奥野路介는 이를 일본 학생 운동과 대비하면서 다음과 같이 썼다.

SPK의 '환자'들이 지금 있는 장소, SPK 운동의 현장은 그들의 직장이자 생활의 장, 즉 항간 그 자체다. 게다가 이 항간은 그곳으로 흩어질 수 있을 망명지가 아니었다. 그들은 거기서 도망치거나 숨을 수도 없고, 거기서 만들어진 요구(이론)는 양보할 수가 없다.[23]

이 같은 장이기 때문에 "자신들의 장을 빼앗기거나 자신들의 요구가 공격을 받았을 때는 힘을 써서라도 대항해야만 했다."[24] 이 장 앞부분에서 이야기한 산리즈카 농민의 '태도'로서의 무장을, '요구'를 지키고자 하는 이 '대항'에 포개놓아도 틀리지 않을 것이다. 이러한 초점=장에는 배제나 폭력을 당하는 수동성과 자발적으로 난로에 모여드는 능동성이 뒤섞여 있다. 동시에 난로라는 장소가 그 장소 밖으로 나가서는 안 된다는 금지 영역을 새롭게 만들어낸다면, 그러한 금지 또한 난로로 바꾸어나가게 된다.

주의해야 할 것은 난로와 금지가 지그재그로 겹쳐지면서 전개되는 이 과정이, 금지 영역이 새롭게 만들어지는 것을 금지하지는 않는다는 점이다. 난로의 일반적인 모델은 존재하지 않는다. 바람직한 모델을 전제한 다음 그러한 모델에서 벗어난 새로운 금지의 등장을 금지한다면, 그것은 일종의 통제이기도 하다. SPK라는 다초점적 확장주의의 요점은 이상향을 만들기 위해 계획하거나 통제하는 것이 아니라, 금지 영역을 사람들이 모여드는 난로로서 부단히 확장해나가는 과정에 놓여 있다. 금지와 난로가 반복되면서 초점은 복수가 되어 확장된다.

이렇게 금지와 난로가 반복되는 확장이 바로 휘말리고 떠맡는다는 것 아닐까? 휘말리고 떠맡는다는 것은 다초점적 확장주의에서 금지가 난로가 되며 수동성과 능동성이 불가분하게 겹쳐지는 전개다. 거기서는 방어태세를 취하는 데서 시작한 관계성이 장의 생성과 확장으로 등장한다. 즉 금지된 장소에서 시작되는 난로에 "세계는 바꿀 수 있다"고 중얼거리면서 모여드는 사람들은 역시 방어태세를 취하고 있다.

"옆에서 일어나는 일이지만 이미 남의 일이 아니다"라는 어구에 담긴, 휘말리고 떠맡는 데서 생기는 관계성이 여기서는 장의 생성이라는 말로 표현된다. 즉 방어태세를 취한다는 것은 장이 고정되어 전체 영역의 부분이 되는 일에서 계속해서 비켜나는 전개로 등장한다. 그 것은 제사에서 인용한 랑시에르Jacques Rancière의 말처럼 "신체를 일찍이 할당된 장소에서 다른 장소로 옮기며 그 장소의 운명을 바꾸는 활동"으로서 계속된다. 다초점이 되는 것, 그리고 계속해서 확장하는 것은 운명을 바꾸는 활동이다.

1971년 6월 24일, SPK의 거처였던 로르바허Rohrbacher 거리 12번지[25]에 자동 소총으로 무장한 경찰관이 들이닥쳐 멤버들을 체포했다. 그 뒤 사복 경찰 50명과 자동 소총으로 무장한 300명의 경찰관이 최종 진압하기 직전에 이들은 다초점적 확장주의와 함께 다음과 같은 말을 남기고 사라졌다.[26]

> 포위당하는 날엔 달아나주지
> 우리는 모두 살아남을 거야
> 어디로 가든지 갈 곳은 있어
> 우리 동지들은 의리가 있거든
> 너희들도 먹고살잖아
> 그 덕에 우리도 먹고살 거야
>
> 우리가 사는 곳은 게릴라전

장소가 없으면 이층을 올리고

이층이 무리라면 지하를 파지

기존 세계는 중얼거림을 금지하고 방어태세를 취한 사람들을 병자로 처리하거나 범죄자로 조치한다. 난로는 금지된 영역이 되며, 거기서 생겨나는 말들은 신문공간 속에서 거동이 되고 증상이 된다. 하지만 휘말리고 떠맡으면서 방어태세를 취한 사람들은 난로에 모여들어 말하기 시작하고, 말함으로써 계속해서 방어태세를 취한다. 이들은 또 신문공간 속에서 폭력을 예감하며 새로운 타자를 찾을 것이다. 이리하여 장은 다초점적으로 확장될 터이다.

앎이라는 문제를 물어야 할 곳은 바로 여기다.[27] 앎이란 지식의 양이나 교육 커리큘럼 문제 혹은 연구 영역의 학술적 의의 같은 문제가 아니다. 앎은 개인을 전제로 한 소유물이 아니다. 그것은 난로에 모여드는 사람들 사이에서 오가는 집단적인 말의 문제다. 확보한다는 것은 이러한 말을 통해 사람들이 계속해서 방어태세를 취하는 것이며, 방어태세와 관련된 조직적이고 운동론적인 물음이다. 다시 말하지만 이는 파농이 임상에서 줄곧 안고 있었던 물음이다.

5. 바뀔 가능성이 있는 현재를 위해

2011년 3월 11일 이후 널리 읽히기 시작한 레베카 솔닛Rebecca Solnit 의 『이 폐허를 응시하라』(원제 A Paradise Built in Hell을 그대로 옮기면 '지옥에 세워진 낙원'이 된다)는 샌프란시스코 대지진(1906), 핼리팩스

폭발 사고(1917), 멕시코시티 대지진(1985), 뉴욕 세계무역센터 붕괴
(2001), 허리케인 카트리나로 인한 뉴올리언스 대홍수(2005)를 구체
적으로 검토한다. 이뿐만 아니라 간토대지진과 리먼쇼크에 대한 언급
도 있다.

솔닛의 『이 폐허를 응시하라』와 관련해 여기서는 이 책을 읽음으로
써 획득해야 할 앎이란 무엇인지를 명시하고자 한다. 즉 '예감하다'
'방어태세를 취하다' '휘말리다' '떠맡다' 같은 동사들 속에서 모습을
드러내는 '확보하다'라는 조직론, 운동론을 이 책에 대한 주석으로 써
넣겠다. 결론부터 말하면 이 책이 읽는 사람들에게 요청하는 전제는
안다는 행위의 행위자가 가진 신체성에 관한 반성적인 물음이다. 이
러한 물음을 통해 안다는 행위의 수행적 의미가 분명히 드러나고 앎이
장을 생성하는 동력원으로 작동하기 시작하리라고 나는 생각한다. 그
렇기 때문에 이 전제를 현재화하려는 것이다.

"바뀔 가능성이 있는 현재a transformative present."[28] 솔닛의 『이 폐허
를 응시하라』에 등장하는 말이다. 이 책을 읽는다는 것은 이러한 현재
를 획득하기 위한 단서를 손에 넣는 일이다. 복원해야 할 현재, 재건해
야 할 현재, 애도해야 할 현재가 상황을 뒤덮으며 3·11 이후의 '도호
쿠東北'를 언급하는 감상적인 수식어들이 공동체의 정회원 자격에 대
한 증명인 것처럼 만연하고, '닛폰'을 비롯한 수식어의 만연이 야기하
기 시작한 사고 정지 속에서 모든 것이 망각되려 하는 지금, 필요한 것
은 후안무치하게 시치미를 떼고 있는 현 상황에 대한 분노이자 새로운
미래에 대한 기쁨이 아닐까? 2011년 3월 11일로부터 7년이 지난 지금,
이 책을 읽는 의의는 여기에 있다.[29]

'도호쿠'의 구제와 재건을 모두가 이야기한다. 그것은 이미 자연화

된 일 같다. 재해라 불리는 사태에서는 구제와 재건이라는 코드가 다수파가 된다. 거꾸로 말하면 구제와 재건을 사고 정지 속에서 자연화함으로써 이 나라의 다수파가 더욱 공고하게 형성된다고 할 수 있다. 하지만 솔닛은 의연히 말한다.

주는 사람과 청하는 사람은 두 개의 다른 그룹이 되고, 받을 권리가 있음을 일단 증명하라고 요구하는 사람에게 먹을 것을 받는 데에서는 기쁨이나 단결은 생겨나지 않는다.[30]

여기서 말하는 기쁨과 단결은 앞서 언급한 "바뀔 가능성이 있는 현재"와 관련된다. 솔닛이 원조가 필요하지 않다고 말하는 것은 결코 아니다. 문제는 원조를 성립시키는 구제와 관련된 규범이나 제도가 무엇을 바깥으로 밀어내고 있는가이며, 다름 아닌 이 외부로의 임계에서 새롭게 바뀔 수 있는 가능성이 모습을 드러낸다. 구제 대상은 아무것도 할 수 없는 곤궁한 사람들이 아니다. 거기서는 무언가가 만들어지고 생겨나고 있다.

가장 먼저 확인해야만 할 것은 기존 세계가 이상은 아니라는 사실이다. 하지만 그 세계의 질서 속에서 살아남지 않으면 안 된다. 이러한 삶이 각인해온 역사에서 기존 질서가 붕괴하는 것이 비참하다는 한마디로 정리될 리 없을 것이다. 거기서는 붕괴와 함께 지금까지의 삶에 대한 물음이 반성적으로 제기되는 동시에 기존 질서 속에서 각인해온 역사와는 다른 미래가 떠오를지도 모른다. 그 단서를 놓치지 않는 것, 이것이 솔닛 논의의 가장 중요한 근간을 이룬다. 하지만 동정이나 구제 혹은 연민의 눈물은 바뀔 수 있는 가능성을 놓치게 한다. 다시 말하지만 원조가 필요 없다는 말이 아니다. 가능성의 단서를 비참이나 구제 같은 말로 유기하지 말라는 말이다.

2011년 연말, 언론이 하나같이 도호쿠의 비참함과 재건을 보도하는 가운데, 고등학생들이 피난소 생활을 되돌아보는 기사가 실렸다.

실은 지금 기억나는 지진 경험은 밤중에 다 같이 모여서 논 것밖에 없다.[31]

그는 줄곧 '즐거웠다'고 한다. 물론 거기에 슬픔이나 비참이라는 말이 아니고서는 표현할 수 없는 사건이 없다는 뜻이 아니다. 또 이러한 즐거움이 앞에서 말한 회피, 즉 일종의 심적인 방어 기제와 무관한 것도 아니다. 하지만 지진 속에서 처음으로 생겨난 관계성이 존재한다는 것, 그리고 그가 그것을 즐겁다고 표현한 것은 확실하다. 앎의 문제는 바로 이 말을 어떻게 받아들일 것인가라는 어려운 물음에서 출발한다.

하지만 취재한 기자는 기사 표제에 다음과 같은 해설을 붙였다. "평범한 생활이 재개되기를 손꼽아 기다린다." 굳이 도식화하자면 평범한 생활에서 이탈한 데 따른 즐거움이 평범한 생활로 돌아가기를 학수고대하는 목소리로 바꿔치기되고 있는 셈이다. 게다가 선의와 동정으로. 이 기자는 자신이 무엇을 지워버렸는지 모를 것이다. 그리고 이러한 선의로 가득한 무의식적인 바꿔치기는 사회 문제를 해설하는 양심적 지식인이나 연구자가 흔히 하는 일이기도 하다.

"옆에서 일어나는 일이지만 이미 남의 일이 아니다." 앞에서 썼듯이 어구에서 과거나 미래는 시계열적인 질서를 잃어버리고, 개인과 그를 둘러싼 질서 둘 다를 휩쓴 위기가 현세화하는 동태 속에서 새로운 미래를 향한 가능성이 열린다. 그것은 확실히 붕괴감과 희망이 뒤섞인 사태라고 할 수 있다. 이러한 사태는 일상에서 개인이 융해되는 일이기는 하지만, 그와 동시에 어느 날 갑자기 덮쳐 오는 전면적인 붕괴에서 시작되는 일이기도 하다. 붕괴에 휘말린다는 것은 수동적일 뿐 아니라 능동적인 시작이기도 하며, 붕괴가 보여주는 폐허란 구제 대상이거나 재건할 장소가 아니라 방어태세를 취한 사람들이 모이기 시작하는 장 아닐까? 폐허는 재건하는 것이 아니다. 거기서부터 새롭게 시작되는 것이다. 그리고 그 일은 이미 시작됐을지도 모른다.

솔닛은 비상사태를 무언가가 생겨나는 사태로 보려고 한다. 비상사태emergency는 해결해야 할 대상이 아니라 무언가가 나타나는emerge 장이다.[32] 하지만 동시에 많은 경우 압도적인 붕괴를 앞두고 사람들은 당황해서 어쩔 줄 몰라 하며 한시라도 빨리 질서가 회복되기를 바랄 것이다. 또한 회복이나 재건 같은 이름 아래 금지와 격리 그리고 문답 무용의 폭력이 등장한다. 예컨대 주지하다시피 2000년 4월 9일 육상자위대 네리마練馬 주둔지에서 열린 창대 기념 행사에서 이시하라 신타로 도쿄 도지사는 다음과 같이 훈시했다. 이미 1장이나 다른 곳에서 여러 번 지적한 내용이지만, 여기서 다시 전문을 인용하겠다.

오늘날 도쿄를 보면 불법 입국한 많은 삼국인三国人,* 외국인이 아주 흉악한 범죄를 되풀이하고 있습니다. 이제 도쿄의 범죄 형태는 과거와

---

* 제3국의 국민이라는 뜻으로, 원래는 패전 이후에 일본에 남은 조선인, 중국인 등 구식민지 출신자들을 일컫던 차별적인 용어.

는 달라졌어요. 이런 상황에서 대단히 큰 재해가 일어나는 날에는 엄청나게 큰 소요 사건조차 상정되는 실정입니다. 이런 일에 대처하기 위해서는 우리 경찰의 힘만으로는 한계가 있어요. 그렇기 때문에 그럴 때 여러분들이 출동하셔서 재해 구급 처치뿐 아니라 치안 유지 역시 여러분의 중대한 목적이라 생각하고 수행해주시기를 기대합니다.[33]

큰 재해라는 비상사태를 우선 소요로서 이야기하고, 소요를 '삼국인' '외국인' 대 '일본인'의 대립으로 치환한 뒤 '일본인'을 지키는 치안 유지군으로서 자위대의 출동을 기대하는 이시하라의 발언에서 비상사태는 한시라도 빨리 질서를 회복하지 않으면 안 되는 사태로서 등장한다. 질서가 붕괴하는 비상사태를 문답무용의 폭력을 행사해서라도 수습해야 할 사태로 설정하고 질서 회복을 지향하는 것이다. 또 비상사태가 일어났다고 간주되는 장소는 질서가 붕괴한 위험 지역으로 격리하고 출입을 금지하는 것이 이러한 질서 회복의 전제가 될 것이다. 이리하여 비상사태는 휩쓸리고 싶지 않은 장소에 한정되고 에워싸인다. 하지만 에워싸인 영역은 해결해야만 하는 상태인 것이 아니다. 또 있어서는 안 되는 금지된 장소이거나 이시하라 말처럼 소요가 일어나는 장소도 아니다.

'문턱閾, liminality.'[34] 솔닛은 기존 질서가 형태를 잃고 소진되는 불확실한 영역을 이렇게 부른다. 이 영역에서는 무슨 일이 일어날지 알 수 없다. 혹은 무슨 일이 이미 벌어졌는지 알 수 없다. 그렇기 때문에 무슨 일이든 가능하다. "무슨 일이 일어날지 모른다는 재해의 경고는 무슨 일이든 가능하다는 혁명의 가르침과 그렇게 동떨어져 있지 않다."[35] 비상사태란 에워싸야 할 위험 지대도 아니거니와 문답무용의 힘으로 한시라도 빨리 질서를 회복해야만 하는 혼란이나 대립도 아니다. 그것은 자기 자신의 융해와 함께 세계가 잠정적인 존재로 떠오르는 사태이고, 이때 요구되는 지각은 문턱에 머물며 무슨 일이 일어날지 모른다는 불안을 견디면서 거기서 살짝 엿볼 수 있는 미래를 예감하는 일 아닐까? 방어태세를 취한다는 말로 보여주려고 했던 것도 세계의 소멸과 새로운 시작이 교차하는 이 정류다.

하지만 이시하라는 이 정류를 단숨에 통과하자고 선동하고, 개인의 융해와 세계의 잠정성을 단번에 배타주의적인 공동체로 회수하려고 한다. 이 선동에는 문답무용의 폭력이 대기하고 있으면서 사람들에게 "우리는 ○○가 아니다"라고 말하게 한다. 이것이 바로 신문공간이 만들어내는 질서다. 하지만 솔닛에게 개인의 융해는 누구라도 될 수 있다는 사파티스타Zapatista의 슬로건이기도 하다. "우리는 모두 마르코스다."[36] 방어태세와 함께 이야기되는 이 슬로건은 휘말리고 떠맡는 것을 의미하지, 동질적인 공동체로 환원하자는 것이 아니다. 이러한 연루는 결코 배타주의적인 공동체에서 정지하지 않을 것이다. 이리하여 사람들은 "바뀔 가능성이 있는 현재"를 손에 넣는다.

사람들은 자발적으로 금지 구역에 들어가 방어태세를 취하며 난로 주위에 모여 폐허 속에서 다른 미래를 발견하려고 할 것이다. 그곳은 사람들이 모일 난로다. 다시 말하지만 금지 영역은 방어태세를 취한 사람들이 모여드는 난로가 생기는 장소이기도 하다. 솔닛은 1906년 4월 18일 샌프란시스코 대지진 발생 직후를 흡사 거기에 있었던 것처럼 그려낸다.

집을 잃어버린 사람들이 텐트나 문짝, 셔터, 지붕으로 임시변통해서

만든 괴상한 가설 주방이 마을 곳곳에 출현하면 태평한 기분이 퍼져나
갔다. 달빛이 비추는 긴 밤에는 어느 텐트에선가 기타나 만돌린 연주 소
리가 들려왔다.[37]

이것은 역시 모닥불을 둘러싼 낯익은 풍경이다. 솔닛은 이를 "모이
는 장소the gathering place"라고 부르기도 한다. 그리고 뒤늦게 찾아온
치안 유지군이 솔닛이 그리는 기시감이 드는 샌프란시스코 풍경을 방
재라는 이름으로 태워 없앤다. 당시 샌프란시스코 시장은 경찰과 군
대에 폭도를 죽여도 된다는 허가를 내렸다. 그 결과 사람들은 이동하
라는 명령을 받고, 금지 사항을 따르지 않는 사람은 폭도라 간주되어
문답무용으로 사살되었다.[38] 이것이 바로 이시하라가 준비하던 것이
며, 그 준비 태세는 지금도 계속되고 있다.

지금 여기서 재해를 긍정하려는 것도 아니고 이러한 모닥불 풍경이
어쩐지 평화적이며 싸움이 없는 유토피아라고 말하려는 것도 아니다.
요점은 어디서부터 사고를 시작할 것인가이며, 갑작스러운 휩쓸림을
"바뀔 가능성이 있는 현재"로서, 다시 말해 금지를 난로로서 계속 확
보하는 것이다.

금지를 이야기하는 말이 기능 부전에 빠지는 가운데 지금 국가에 남
은 수단은 한정적이다. 이시하라의 악몽은 현실이 될지도 모른다. 대
립 구조가 생기고 문답무용의 폭력이 등장할 수도 있다. 하지만 "우리
는 모두 마르코스다." 혹은 SPK를 따라 이렇게 말해도 좋겠다. "우리
는 모두 과격파다." 거기에는 파농이 말한 "노예가 되고 린치에 희생
된" 사람들의 연결을 "내 몸에 떠맡는" 앎, 글자 그대로 임상에서 길
어 올린 앎이 작동하고 있지 않을까?

솔닛은 폐허 한복판에서 "사람들은 무엇을 해야 할지 알고 있다"고 단언한다.[39] 하지만 '모이는 장소'를 다초점적으로 확장하기 위해서는 이 단언을 파농이 줄곧 머물렀던 말과 폭력이 길항하는 지점에서 다시금 검토해야 할 것이다. 즉 신문공간에서 시작되는 말의 재개를 장으로서 확보하는 일이 지금 필요하다.

모닥불 풍경을 계속 유지하는 것을 방어태세를 취하는 사람들의 협동 작업으로 사고하고 수행하자. 이는 난로나 '모이는 장소'를 계속적으로 재현하는 시도이고, 바뀔 가능성이 있는 현재를 자기 자신도 휘말리면서 사고하는 협동의 장을 만들어내는 일이다. 확보란 이를 가리킨다. 폭력이 고개를 들고 비상사태가 일상이 되는 가운데 요구되는 것은 이 확보다. 장의 논리에.

2부

오키나와에서

3장 계엄상태로서의 오키나와

더 이상 말은 필요 없다
하얀 어둠을 불쑥 찢고 드러나는 것이야말로
참된 현실이니까 바라보는 눈이여
바라본 그대로 곧장 승인하라.[1]
—신조 다케카즈

1. 오키나와전투와 신문공간

프로이센 헌법을 참조한 전전戰前의 대일본제국 헌법은 14조에서 계엄을 규정하며 "천황은 계엄을 선고한다"고 명시한다. 계엄령은 여기서 성립하는데 그뿐이 아니다. 주지하다시피 간토대지진 때 도쿄, 가나가와, 사이타마, 지바에 등장한 계엄은 대일본제국 헌법 14조에 있는 "천황은 계엄을 선고한다"에 근거한 것이 아니라 8조 "천황은 공공의 안전을 유지하거나 재액을 피하기 위해 긴급한 필요에 의거해 (……) 법률을 대신할 칙령을 발포한다"에 근거한다. 이 "긴급한 필요"에 따른 칙령으로 계엄령이 적용되었다. 이러한 계엄령은 행정상의 법 운용 정지라 간주되어 행정계엄이라 불렸는데, 이는 헌법에 계엄령 규정이 없는 현행 헌법 아래에서 자위대의 치안 출동이나 유사법제有事法制*의 주변사태법,** 나아가서는 대규모 지진 대책 특별조치법의 '계엄 선언'과 가깝다고 할 수 있다. 국익을 근거로 등장하는 특별 조치법 등도 법 정지를 전제하고 있으므로, 거칠게 말하면 계엄상태의 일종이라 생각할 수 있을 것이다. 계엄과 관련된 법 제도는 지금도 이미 존재하고 있다.

그런데 전전의 계엄령 2조 2항에는 "합위지경合圍地境은 적의 합위 혹은 공격 그 외의 사변이 있을 시 경계할 지역을 구획하여 합위 구역으로 한다"고 되어 있다. 즉 계엄령은 적에 포위되는 경우에 발령되는데, 오키나와전투 때는 이 합위지경 계엄이 끝까지 발령되지 않았다. 따라서 오에 시노부大江志乃夫가 지적하듯 "오키나와에서 일본군이 전장의 작전 행동상 필요에 따라 취한 초법적인 비상조치는 계엄 선고가 이루어지지 않았기 때문에 전부 군 사령관의 월권행위이자 불법 행위"였다.[2] 하지만 동시에 기타 히로아키北博昭가 말하듯 전시 입법은 "그 목적이 계엄령과 유사한 법으로 계엄령의 권리 제한과 관련된 조항을 개별적으로 입법한 것이나 마찬가지"라면,[3] 계엄령을 계엄 선고만으로는 생각할 수 없다고도 할 수 있다.

하지만 여기서 생각하려는 것은 오키나와의 전시 행정과 군의 관계도 아니거니와 그 법적, 제도적 근거도 아니다. 중요한 것은 오키나와전투가 계엄상태로서 수행되었다는 점이다. 오키나와전투는 미일 양

---

* 타국의 무력 공격 등 유사시 자위대의 출동에 법적 근거를 부여하는 동시에 정부, 지방 공공 단체 등에는 필요한 조치를 취할 책무가 있으며 국민은 협력해야 함을 규정한 법제.

** 방치할 경우 일본의 평화와 안전에 중대한 영향을 줄 우려가 있는 '주변사태'가 발생할 때 자위대가 미군에 제공할 수 있는 급수나 급유, 수송, 의료 지원 등 후방 지원 내용을 정한 법률로 1999년에 통과되었다.

국의 군대가 충돌하는 전장을 말하는 것도 아니거니와 단지 국내의 지상전인 것도 아니다. 전장에 대한 이러한 인식은 전장을 영토와 관련된 군사 행동으로 축소해버린다. 이 장에서는 오키나와전투를 군대가 서로 충돌하는 전장이 아니라 계엄상태로서 생각하려고 한다. 미리 말해두자면 계엄상태는 전투 개시와 함께 시작되는 것도 아니거니와 전투가 끝난다고 종결되지도 않는다. 그런 의미에서 전쟁은 계속된다.

그러면 계엄상태를 생각한다는 것은 어떤 것일까? 계엄령을 관통하고 있는 것은 '공공의 안전' '사회 질서'라는 규범적인 목적이다. 계엄령의 밑바탕에 존재하는 공공이나 질서 같은 규범은 대체 무엇일까? 독재에서 법이 갖는 의미를 이야기한 카를 슈미트의 논의에 입각하여 김항이 지적했듯, "문제는 어디까지나 계엄령이 아무리 부분적으로 적용될지라도 그것을 포고함으로써 통상 법규를 정지하고 규범의 지배를 유지하는 것이 목적이 됐다는 점이다. 바꿔 말하면 법과 규범이 한없이 거리를 좁히는 사태에 주목해야 한다."[4] 여기서 김항이 말한 계엄령의 규범이란 법이 지키려고 하는 규범이고, 중요한 것은 이 규범의 실현이 '법규의 정지,' 즉 법 바깥의 힘으로 수행된다는 점이다. 다시 말해 '공공의 안전'은 안전이라는 공적 규범을 규정하는 법에 의거해서가 아니라 법을 초월한 문답무용의 폭력으로 수행되며, 거꾸로 말하면 폭력은 규범 유지로서 정당화된다. 이 폭력이 바로 국가다.

"국가의 활동, 역할 그리고 장소는 법 혹은 법적 규정을 훨씬 넘어선다."[5] 국가가 법적 정통성에 근거하는 것이 아니라 자기 활동의 정통성에 대한 근거를 만들어내는 사태를 국가의 평상적인 상태로서 생각하려고 한 니코스 폴란차스는 이렇게 해서 만들어진 근거를 국가의 '비합법성'이라 불렀다. 계엄상태란 법이 뒤로 물러나며 사법 판단을 대신해 문답무용의 폭력과 '공공의 안전'과 관련된 일상 규범이 직결되는 사태다. 따라서 법적으로 계엄상태를 정하는 것 자체가 일종의 자기모순을 내포하게 된다. 즉 계엄상태는 국가가 규범이라기보다, 법적 판단으로 행사되던 국가 폭력과 규범이 중첩되고 혼동되는 것이다. 이는 사법적으로 한정된 것처럼 보이던 신문이라는 영역이 일상 세계로 확대되는 일이기도 하리라. 중요한 것은 신문이 사법 판단의 근거가 되는 법정 증언이나 조서와 관련되는 것이 아니라 문답무용의 폭력이 고개를 드는 가운데 규범과 직결된 발화로 등장한다는 점이다. 신문공간. 여기에 국가의 '비합법성'으로서 계엄령이 갖는 의미가 있으며, 이것이 바로 계엄상태의 요점이다.

앞에서 썼듯 오키나와전투는 계엄상태이기도 했다. 여기서 요점은 국가의 '비합법성'과 만연하는 문답무용의 폭력이다. 주지하다시피 오키나와전투에서는 많은 주민들이 '스파이'라는 명목으로 일본군에게 문답무용으로 학살됐는데, 이 장에서는 오키나와전투에서 일어난 이 같은 폭력을 계엄상태의 폭력으로 생각하고자 한다. 이러한 폭력은 결코 시기 구분과 지리적 구분으로 묶어낸 오키나와전투에 한정되지 않는다. 논의를 앞질러 가자면 확대되는 신문공간 속에서 오키나와전투를 생각하려는 것이다.

역사적 배경으로 류큐왕국이라는 독자적인 국가 형태를 가지고 있는 오키나와에서 근대는 무장 경찰에 의한 병합이라는 형태로 시작됐다. 이 점에서 보면 오키나와 근대는 근대 일본의 식민지 지배가 시작되는 것과 함께 있다고 할 수 있다. 하지만 그 뒤 제도적인 동일화가 진행되어 일본 내의 한 지방인 오키나와현이 된다. 오키나와는 식민지인가, 아니면 국내의 한 지역인가? 오키나와 근대를 생각할 때는 늘 이러한 식민지와 국내의 한 현이라는 위치 사이에서 흔들리는 오키나와라는 장소가 있다. 오인되는 것이다.

그뿐만 아니라 1945년 이후의 전후 오키나와를 생각할 경우, 1972년까지 이어지는 미국의 오키나와 통치가 이 문제를 복잡하게 만든다. 미국의 오키나와 통치의 법적 특징은 주권은 일본에 있지만 통치는 미국이 한다는 점이었다. 이는 '잠재 주권'이라 불리는 복잡하고 기괴한 통치인데, 미국이 오키나와를 군사적 거점으로 자유롭게 사용하기 위해 전략적 신탁 통치를 대신해 내놓은 것이다. 즉 미크로네시아에서 볼 수 있는 전략적 신탁 통치가 냉전하에서 실현 불가능해지면서 오키나와에서 실질적으로 자유롭게 기지를 사용하기 위해 등장한 것이 '잠재 주권'이었다. 그러면 1972년에 일본에 복귀한 뒤로는 글자 그대로 일본의 한 현이 됐다고 할 수 있는가? 1972년 이후의 오키나와를 보면 미군 기지의 존속과 관련해 미일지위협정, 미일밀약, 다양한 특별조치법 같은 특별한 통치가 이루어졌다. 그리고 지금은 새로운 기지 건설과 관련해 형사특별법이라고 하는 예외 조치가 등장했다.

이러한 오키나와 근현대를 어떻게 생각하면 좋을까? 전전에는 제국 일본의 식민지 지배를 받았나? 전후의 미군 통치는 일본 제국과 무관한가? 그리고 현재 일본 내의 오키나와는? 오키나와가 끊임없이 근대 주권의 가장자리 혹은 예외라는 위치에 놓여 있었다는 점을 생각해야 한다. 혹은 항상 예외화되어왔다고 해도 좋을지 모른다. 계엄상태란 이러한 주권의 예외화라는 영역과 관련된 역사성이기도 하다.

근대 주권의 예외화는 무엇보다 식민주의 문제라고 할 수 있다. 특히 제국 일본에서 오키나와를 생각할 때 식민지가 된 타이완이나 조선, 중국 동북부 안에서 오키나와를 생각할 필요가 있을 것이다. 하지만 동시에 예외화는 이른바 국가 자체와 관련된 문제이기도 하다. 앞에서 썼듯 니코스 풀란차스는 이를 '국가의 비합법성'이라는 말로 표현했는데, 서장에서도 언급했다시피 그것은 카를 슈미트의 '예외상태'나 안토니오 네그리·마이클 하트가 새로운 제국에 대해 논의하면서 제기한 법적 질서를 초월한 제국이라는 통치 형태의 문제이기도 할 것이다.

하지만 이러한 주권이나 국가와 관련된 논의 자체를 정치하게 펼치는 것은 이 장의 과제가 아니다. 중요한 것은 식민주의라는 형태로 나타나는 제도화된 무법 상태라고 할 수 있는 통치가 국내로 간주되던 영역에서도 계엄상태로서 등장할 수 있으며, 이러한 식민주의적인 점령과 계엄상태가 맞닿게 되는 통치가 바로 전후 세계에 지속되는 폭력의 문제가 아닐까라는 점이다. 그리고 실로 이러한 영역과 관련된 역사를 어떻게 생각할 것인가가 오키나와 근현대가 안고 있는 계엄상태라는 물음이 아닐까? 그런 의미에서 오키나와전투는 오늘날까지 이어지는 물음이기도 하다.

이러한 계엄상태를 생각할 때는 계엄령을 제도적인 것으로 이해하거나 점령이나 식민주의 혹은 제국과 관련된 지배 형태의 유형으로 검토하기보다는, 그것이 통치의 전제로서 존재하고 있다는 점에 주목해야 한다. 즉 계엄상태는 예외로서 한정된 부분의 문제가 아니라 통치 자체의 존립 요건과 관련된다. 바꿔 말하면 오키나와에서 현재화하는 폭력은 이 나라 통치 자체의 문제다.

1장에서 버틀러의 '사전배제'에 관한 논의를 참조하여 신문공간을 검토했듯, 계엄상태는 법 제도로 환원되지 않는 국가의 문제이며 이 배제라는 동적 과정이 법 자체를 만들어내는 "생산적"인 과정이다. 그렇기 때문에 법 제도로 환원할 수 없고, "어떤 종류의 시민을 생존 가능하게 하고 다른 시민을 생존 불가능하게 하기 위해 기능"[6]함으로써 법 자체를 생산한다. 거꾸로 말하면 만일 계엄상태를 제도로 이해한다면 이 신문공간의 동적인 과정을 놓치게 될 것이다. 이러한 신문공간이 오키나와 근현대를 뒤덮고 있다. 거기서는 문답무용의 폭력에 노출되면서 부단히 생존이 문제시된다.

바로 그렇기 때문에 오키나와전투는 시기로 구분되는 연표상의 사건이 아니다. 이러한 계엄상태, 즉 신문공간이 노골적으로 현재화한 것이 오키나와전투이며, 이는 글자 그대로 오키나와 근대를 꿰뚫고 오키나와전투 '후'인 오늘날까지 이어지는 사건이다.[7] 따라서 다름 아닌 오키나와에서 이제까지 논의한 파농에게서 볼 수 있는 새로운 미래와 앎의 시작을 묻게 된다. 그 미래는 문답무용의 폭력이 만연하는 이 세계의 미래와도 깊이 관련될 것이다. 그리고 이 세계의 미래는 결코 설명적으로 제시된 일반성이나 보편성 혹은 글로벌한 정의正義로는 정의되지 않는다. 미래는 2장에서 논의한 "옆에서 일어나는 일이지만 이미 남의 일이 아니다"라는 어구 속에서 연루하며 다초점적으로 확장해나가는 과정 속에 있다.

2. 방첩

우시지마 미쓰루牛島滿를 사령관으로 1944년 3월에 설립된 제32군이 오키나와에서 펼친 통치의 기축은 방첩이었다. 다마키 사네아키玉 木真哲가 실증적으로 또 설득력 있게 보여주었듯이,[8] 오키나와전투에 서 일본군과 주민의 관계는 방첩을 축으로 구성되었다고 할 수 있다. 이는 또한 전장에서 주민을 스파이로 취급하거나 학살한 것과 연결된 다. 법이 정지하고 문답무용으로 폭력이 행사되는 계엄상태는 우선 이 같은 스파이 취급과 학살에서 확인할 수 있다.

그런데 방첩은 이른바 평시의 일상적인 질서와도 밀접하게 관련돼 있었다. 가령 오키나와전투 연구에서는 잘 알려진, 제32군 사령부에 서 내려온 "오키나와어로 담화하는 자는 간첩으로 간주하고 처형한 다"는 군명을 생각할 때, 거기에는 오키나와어를 둘러싼 일상생활의 질서가 겹쳐져 있다. 주목할 점은 1930년대부터 1940년대에 걸쳐 전 개된 생활 개선이라는 실천이다. 거기서 개선 대상으로 언급된 것은 오키나와어를 비롯해 맨발, 장송 의례, 산신サンシン,* 복장 등 일상생 활의 모든 부분에 걸쳐 있었고, 이것들은 불식해야 할 오키나와 풍속 이나 문화라고 주장되었다. 일상적이고 사적인, 가정적인 영역의 실 천들이 생활 개선의 대상으로 집중적으로 거론된 것이다.

생활 개선에는 매우 다양한 측면이 있다. 먼저 생활 개선은 1930년 대 후반 익찬체제翼贊体制** 구축을 담당한 국민정신총동원운동에서 활 발하게 채택된 운동이다. 또한 같은 시기에 지사였던 후치가미 후사 타로淵上房太郎가 '오키나와문화 말살론'을 내걸며 오키나와어 박멸을

---

* 오키나와와 아마미의 현악기.
** 중일전쟁이 장기화됨에 따라 1940년에 국민을 획일적으로 조직화하여 전쟁에 동원 하기 위한 관제 국민 통제 조직인 대정익찬회大政翼贊会가 만들어지는데, 이를 중심 으로 한 정치 체제를 가리킨다.

주장했던 것과도 겹쳐진다. 생활 개선이 익찬문화운동과 겹쳐지면서 오키나와어로 발화하는 것 자체가 이단시되고 박멸 대상이 되어갔다.

하지만 익찬체제 속에서 오키나와문화가 억압되었다는 이해만으로는 압도적으로 불충분하다. 왜냐하면 오키나와 사람들이 생활 개선이라는 실천에 포개어놓은 미래는 익찬체제로의 동원만이 아니었을 것이기 때문이다. 생활 개선을 생각할 경우, 그것이 오키나와뿐 아니라 많은 오키나와 출신자가 거주하는 오사카나 당시 남양군도라 불리던 미크로네시아의 오키나와인 커뮤니티와 조직에서도 전개됐다는 점이 중요하다. 그리고 오키나와라는 지리적 범위를 넘어선 생활 개선의 횡단적인 확대는 이 운동이 1920년대부터 시작되는 오키나와 경제 위기와 깊은 관계가 있음을 의미한다. 즉 1장에서 이하 후유의 '임금 노예'와 관련해서 썼듯, 사람들이 오키나와를 나가서 살 수밖에 없는 상황이 거기에 있었다.

가령 후치가미 지사가 '방언 박멸'을 내건 1940년 1월에 민예 운동을 하던 야나기 무네요시柳宗悅 등 일본민예협회 회원들이 오키나와를 방문했을 때 일어난 '오키나와 방언 논쟁'을 생각해보자. 야나기 등은 '방언 박멸'에 이의를 제기하며 오키나와어의 문화적인 가치를 주장했다. 이러한 주장을 계기로 오키나와의 『류큐신보琉球新報』『오키나와 일보沖縄日報』『오키나와 아사히沖縄朝日』 같은 신문 매체와 민예협회가 간행하는 잡지 『월간 민예月刊民芸』에서 논쟁이 벌어진다. 이 논쟁에서 부각된 것은 야나기 등의 민예협회가 오키나와어를 어디까지나 문화의 문제로 취급하려 했던 반면, 오키나와어 일소를 이야기하던 이들이 지향한 것은 문화적인 의미에서 일본이나 일본어의 가치가 아니라는 점이다. 즉 '오키나와 방언 논쟁'에서 오키나와어 불식을 주장하던 이들이 그리던 미래는 향토 오키나와에서 이탈하는 것이었다. 오키나와에서는 미래를 그릴 수가 없고, 오사카나 남양군도 등지에서 살아갈 수밖에 없다. 그러한 미래에서는 오키나와어를 불식하고 일본어를 손에 넣을 필요가 있다는 것이다.[9]

이하 후유는 살기 위해 오키나와를 나간 사람들을 '임금 노예'라 불렀다. 그리고 오키나와어 불식은 이 유랑하는 삶 속에서 이야기되었다. 오키나와전투에서 오키나와어를 사용하는 사람을 스파이로 간주했던 방첩은 제32군이 갑자기 시작한 일도 아니거니와 일반적인 동화나 황민화에 그치는 것도 아니다. 거기에는 유랑하는 삶에서 오키나와어를 '박멸'하고자 했던 역사가 있다. 이러한 의미에서 방첩을 근거로 행사된 문답무용의 폭력, 즉 계엄상태는 평시의 일상 세계와 무관하지 않다. 여기서 일상이란 굳이 말하자면 자본 속에서 살아갈 수밖에 없는 '임금 노예'의 일상이기도 하다. 이를 전제로 놓고 오키나와전투를 이러한 일상 세계의 질서가 계엄상태로 현재화한 사태라고 생각해보자. 결론부터 말하면 거기에는 언어 행위가 문답무용의 폭력으로 넘어가는 신문공간의 전개가 있다.

1960년대 후반부터 오키나와전투와 관련된 경험에 대한 조직적인 구술 청취 작업이 이루어졌다. 이렇게 모인 증언은 가령 『오키나와현사 제9권 오키나와전투 기록 1沖繩県史 第九巻 沖縄戦記録 1』(琉球政府, 1971)이나 『오키나와현사 제10권 오키나와전투 기록 2』(沖縄県教育委員会, 1974)로 간행되었다. 그전에도 오키나와전투와 관련된 많은 증언들이 수기 등의 형태로 나오고 있었지만, 이 조직적인 구술 청취 작업의 한 가지 특징은 일본군의 주민 학살이 등장했다는 점이다. 이 작

업과 동시에 간행된 것이 『이것이 일본군이다 — 오키나와전투의 잔학 행위これが日本軍だ —沖縄戦における残虐行為』(沖縄県教職員組合·戦争犯罪追及委員会, 1972)다. 이 책은 오키나와현 교직원회의 제안으로 결성된 전쟁범죄추궁위원회가 펴낸 증언집이다. 물론 여기서 말하는 전쟁 범죄란 일본군의 전쟁 범죄다. 당시에 이 작업에 관여한 시마 쓰요시嶋津与志는 다음과 같이 조사 활동을 회상한다.

위원회의 조사 활동이 시작되자 반향이 컸다. 매일같이 전화가 걸려 와 지금까지 어둠에 묻혀 있던 수많은 학살 사건의 목격자가 나타났다.[10]

이외에도 다음에 인용할 『일본군을 고발한다日本軍を告発する』(沖縄県労働組合協議会, 1972)가 있다. 굳이 말하자면 오키나와전투라는 계엄 상태는 조직적인 구술 청취 작업 속에서 상기되고 말로 이야기되기 시작했던 것이다. 이러한 증언을 통해 오키나와어뿐 아니라 이민 경험이나 갖가지 사소한 행동이 스파이의 근거가 되어 문답무용으로 살해되었음을 알 수 있다. 이러한 학살 광경을 본 사람들이 이야기하는 것은 일본군에 대한 원한이다. 하지만 거기에는 군대뿐 아니라 "나는 일본인을 미워합니다"라는 식으로 일본인 혹은 일본이라는 존재에 대한 격렬한 분노가 동반된다.[11] 여기서는 무엇이 상기되고 또 분노의 대상이 되고 있을까? 물론 직접적으로는 부당한 학살이다. 하지만 그뿐일까? 이 책에 수록된 증언 가운데 다음과 같은 것에 주목해보자. 증언이 이야기하고 있는 것은 오키나와전투의 전장에 대한 기억이 아니다. 아니, 정확하게 말하면 전장이 아닌 기억이 전장의 기억으로서 이야기되고 있다.

"대지진 때 표준어를 못한다는 이유만으로 많은 조선인들이 죽임을 당했다. 자네들도 오인되어 죽임을 당하는 일이 없도록 해라."[12] 전전에 오키나와에서 오키나와어를 교정하려던 교사가 간토대지진을 언급하면서 교실에서 한 말이다. 1장에서도 신문공간과 관련해 인용한 말인데,『일본군을 고발한다』에서 학생 시절 이 말을 들은 사람은 그것을 오키나와전투에서 일본군이 한 잔학 행위와 관련된 기억으로 이야기한다. 이 사람은 살기 위해 오키나와에서 오사카로 흘러갔다. 거기서는 앞에서 말한 유랑하는 삶과 간토대지진 당시의 학살 그리고 오키나와전투에서 있었던 방첩과 학살이 하나로 연결된 기억으로서 상기되고 있다.

이 연결은 대체 무엇일까? 계엄상태라는 말로 생각해보고 싶은 문제는 우선 이것이다. 또 이렇게 확장해서 생각하기 위해서는 계엄상태를 학살이라는 처참한 장면에 한정된 것이 아니라 평시 상황에까지 확대되는 신문공간으로서 설정해야 할 것이다.

3. 신문에 대한 기억

신문이라는 점에서 계엄상태를 생각하면 제도적으로 구분된 시공간과는 다른 폭력의 양태가 떠오른다. "자네들도 오인되어 죽임을 당하는 일이 없도록 해라." 교사의 이 말을 들은 사람들은 자신의 발화 행위에서 사전배제해야만 하는 발화의 존재를 자기 내부에서 확인할 것이다. 그리고 그 발화를 간직하고 있는 신체에는 1장에서 언급한 버틀러의 "발화 가능성이 사전배제되어 있을 때 주체가 느끼는, 위험에 노출되어 있다는 감각"[13]이 분명히 대전돼 있다. 그러한 의미에서 교사의 발언은 신문이며, 발화를 사전에 눌러 감춘 신체는 따라서 지금도 계속되는 계엄상태를 감지하는 신체이기도 할 것이다.

폭력은 오인이 정정된 뒤에 정의되는 것이 아니다. 오인될지도 모르는 신체는 이미 신문을 받고 있으며, 문답무용으로 죽임을 당할 수도 있다고 느끼는 시점에서 폭력은 이미 작동하고 있다. 굳이 말하자면 신문공간은 간토대지진, 오키나와의 교실, 전장을 관통한다. 다시 말해 위험에 노출되어 있는 신체는 우선 지리적으로나 시간적으로 구분된 공간을 잇닿아 있는 신문공간으로 감지한다. 중요한 것은 "오인되지 않도록 하라"는 말을 들은 이 사람이 오키나와전투를 다음과 같은 말로 상기한다는 점이다.

종전을 알리는 옥음 방송을 들은 그날, 많은 일본인들은 패배의 허탈함과 동시에 안도의 기쁨에 젖었을 것이다. 하지만 내가 보기에 가장 기뻐한 사람은 줄곧 학대받던 조선인 그리고 오키나와 출신들이었던 것 같다.[14]

여기에 나오는 "오키나와 출신들"과 "조선인"의 "기쁨"이 겹쳐지는 이유는 피억압자들이 느끼는 해방의 기쁨 때문만이 아니라 '사전배제'로 인해 계속해서 위험에 노출되던 신체가 겹쳐졌기 때문이 아닐까? 이는 처음에는 오인되지 않게끔 회피하려 하던 타자를 자신의 연장선상에서 발견하는 일이며, 전장의 기억을 상기하는 가운데 신문공간이 새기던 상처가 다른 주체화를 향한 과정의 단초로 바뀌는 일 아닐까?[15] 하지만 전쟁은 계속된다.

4. 전쟁은 계속된다[16]

　시작과 끝으로 구획되고 지리적으로 에워싸인 전장에 한정된 전쟁
이 아니라 일상 세계에 군사적 폭력이 항시 존재하는 사태를 전후 세
계의 냉전이라고 생각해보자. 일상 세계에 계속 존재하는 폭력은 어
떠한 통치와 관계가 있을까? 이 통치가 바로 냉전의 군사적 폭력 문제
가 아닐까? 논의를 앞질러 가자면, 이 문제를 생각하기 위해서는 통치
형태에 대한 논의가 아니라 우선 폭력을 감지하는 힘이 필요하다.

　1948년 미국은 오키나와를 요새화하기로 결정했고 이듬해부터 거
대한 기지 건설 관련 예산이 편성된다. 오키나와의 요새화는 일본 본
토에서 미군이 철수하기 시작하는 시기와 겹쳐지면서 진행되었으며,
1950년대를 거쳐 오키나와는 '기지 섬'이 되었다. 이 '기지 섬'은 곧장
한반도를 향한 출격 기지로 기능하는 동시에 중화인민공화국을 향한
출격 기지이기도 했고 나아가서는 베트남을 비롯한 동남아시아에 대
해서도 최전선 기지로 가동되기 시작한다.

　팀 오브라이언Tim O'Brien의 소설 『그들이 가지고 다닌 것들The
Things They Carried』(1990)에는 오키나와라고 명시되지는 않지만 베트
남이라는 전장의 연장선 위에 오키나와 미군 기지가 등장한다. 부상
을 당하면 곧장 병원으로 후송되는데,[17] 오키나와전투 후에 건설된 오
키나와 미군 기지는 동아시아에서 가장 큰 군 병원 시설이 있는 곳이
기도 했다. 베트남전쟁에 군인으로 종군한 오브라이언은 오키나와 미

군 기지를 베트남 정글의 배후에 있는 전선 기지로 그린다. 전장은 지도 위의 베트남에 머물러 있지도 않을뿐더러 오키나와의 기지는 일본에 잠재적인 주권이 있다고 간주되던 오키나와 내부에 존재하는 것도 아니었다. 오브라이언에게 오키나와 기지는 전장과 잇닿은 장소에 있다.

기지는 국가의 국경으로 에워싸인 지도 내부에 기입되지 않는다. 그것은 이미 국가라는 경계나 국가 주권을 넘어서서 존재하고 있지 않은가? 기지에 대한 오브라이언의 감지력은 기지를 지리적으로 에워싸인 국가 내부에 그림으로써 무엇을 부인하는가라는 문제를 부각시키고 있지 않을까?

물론 오브라이언의 이러한 상상력은 전후 냉전을 구성한 글로벌한 군사주의의 전개와 무관하지 않다. 하지만 성급하게 글로벌한 전개라고 생각해버리기 전에 검토해야 할 것은 군사적 폭력의 거점인 기지라는 존재가 주권을 영토적으로 표현한 지도 위의 국경이라는 틀 내부에 포함될 수 있는가라는 문제다. 혹은 이는 군사적 폭력이 갖는 의미를 과연 정치학에서 논의되는 주권이나 그것을 단위로 구성되는 국제관계로 이해할 수 있겠는가라는 물음이기도 하다. 군사적 폭력이라는 존재 자체가, 이러한 내부와 외부를 구성하는 경계를 통해 그려지는 세계를 다른 것으로 바꾸는 힘이 아닐까? 기지란 그러한 힘 자체의 존재 양태 아닐까?

군사적 폭력의 경계와 관련하여 다뤄볼 문제가 하나 더 있다. 기지를 지리적으로 에워싸고 있는 울타리fence라는 경계다. 기지의 안과 밖은 우선 이 울타리로 구분된다. 여기서 몇 가지 사태를 상상해보자. 길거리에 나온 전차와 울타리 안에 있는 전차는 다른가?

나오미 클라인Naomi Klein의 책『쇼크 독트린The Shock Doctrine』을 다큐멘터리로 만든 영화[18]를 보고 깨달은 것이 있다. 독트린의 사례로 등장하는 칠레, 아르헨티나, 소련, 동유럽(혹은 책에서는 논의되지만 다큐멘터리에는 등장하지 않은 인도네시아나 중국을 여기 넣어도 상관없다)의 모든 영상이 시각적으로 비슷하다는 사실이다. 즉 길거리에 전차가 있다. 지금 이 전차가 어느 나라 전차인가는 문제가 아니다. 또 길거리에 군대가 배치된 이러한 상태는 계엄령이 선포되었다고 말할 수 있을 것이다.

하지만 이 다큐멘터리가 포착한 광경을 국적이나 제도적인 문제로 환원하기 전에 우선 이 전차의 존재에 주목해보자. 이 전차와 울타리 안에 놓인 전차는 별개의 것인가? 혹은 이렇게 바꾸어 말해도 좋다. 본디 국가의 비합법성을 표현하는 계엄령은 법령적인 선언이 아니라 전차가 길거리에 나올 때부터 시작되는 것 아닐까? 혹은 길거리의 전차는 나를 지켜주는 존재인가, 아니면 진압하는 존재인가? 기지 내부에 놓인 전차에서 도출해야 하는 것은 이러한 물음이 아닐까? 군사적 폭력을 동서 냉전 지도에 색깔로 표시하거나 국제 관계 속에서 논하기 이전에, 또한 곧장 글로벌한 군사주의라는 말을 해버리기 전에, 지금도 계속되는 길거리 위의 전차라는 광경을 우선은 주시해야 한다.

훈련을 이유로 기지 주변을 선회하는 군용 헬기를 상상해보자. 머리 위를 선회하는 헬기는 팔레스타인에서 문답무용으로 사람들을 머리 위에서 공격하는 저 헬기와는 다른가? 만일 그 헬기가 자신을 공격하지는 않는다고 생각된다면, 그 근거는 무엇인가? 울타리 내부에 주둔하는 존재는 자국이나 동맹군의 군대라는 주권적 존재에 근거한 분류나 명명이, 전차는 나를 진압하는 계엄 부대가 될 수 없으며 군용 헬기가 머리 위에서 공격하는 일은 절대로 있을 수 없다는 근거가 정말 될 수 있을까?

걸프전쟁 때, 오키나와 가데나嘉手納 기지 근처에 사는 마쓰다 마리 코松田真理子 씨는 "기지가 살아 있는 생물처럼 움직이고 있다"고 이야기했다.[19] 마쓰다 씨가 감지한 기지는 울타리 내부에 구획되어 갇혀 있지 않다. 또 기지 내 군사력의 움직임은 중동으로 향하는 일직선 벡터가 아니라 살아 있는 생물처럼 울타리를 빠져나와 마쓰다 씨의 일상을 침식한다.

오키나와가 전선 기지가 된 한국전쟁 때 가데나 기지에서는 몇 초에 한 대씩 F80 전투기, B26, B29 폭격기가 한반도를 향해 발진했는데, 그때 오키나와 사람들은 전쟁이 또 시작됐다며 식료품을 비축하기 시작했다.[20] 이 사람들도 마쓰다 씨와 마찬가지로 기지의 움직임을 감지했을 것이다. 머리 위를 날아가는 전투기를 자신들을 지켜주는 존재로 지각하지는 않았을 것이다. 그들은 오키나와전투의 기억을 상기하는 동시에 점령 상태를 구성하는 군사적 폭력 자체를 "살아 있는 생물"처럼 감지하지 않았을까? 그렇기 때문에 당시 오키나와를 통치하던 미국의 시츠Josef Robert Sheetz 장관은 주민들에게 "전쟁을 하고 있는 게 아니다. 경찰 활동을 하고 있는 것이다"라고 변명하지 않을 수 없었다.[21] 오키나와에 사는 사람들과 적은 다르다는 것은 알고 있다는 말이다. 하지만 사람들은 문답무용의 폭력이 오인하기 마련임을 이미 알고 있다. 방어태세를 취하고 있는 것이다.

냉전 중에 세계 지도 위에는 많은 기지들이 기입되었다. 특히 오키나와전투 이후 1972년까지 미국의 지배 아래에 있었던 오키나와에는 어마어마하게 많은 기지가 기입되었다. 이 기지를 주권적 영토 내부에 있는 울타리로 에워싸인 토지가 아니라 상주하는 군사적 폭력의 존재 양태로 생각할 때, 국경과 울타리라는 두 경계로 유지되던 일상 세계는 다른 면모를 띠게 되지 않을까? 오브라이언이나 마쓰다 씨의 감지력은 이러한 면모에 대한 것 아니었을까? 오키나와의 경우, 이는 1972년 이후 일본 주권 내부에 있는 것으로 간주되는 오키나와를 어떻게 생각할 것인가라는 문제이기도 하다. 기지는 지금도 거기에 있다. 그리고 전쟁은 계속된다.

5. 냉전

지금 말한 국경과 울타리에 관한 물음은 냉전에 한정되는 것도 아니거니와 전후 세계만의 문제도 아니다. 하지만 전후가 냉전의 구축을 통해 움직이기 시작했다면, 거기에는 우선 주권적 존재의 등장과 주권을 초월한 군사력이라는 이중의 전개가 있을 것이다. 아시아 태평양 지역에 주목하면, 제국 일본이 지배하던 지역에 자치나 주권을 구축하는 과정과 미국의 글로벌한 군사적 전개가 포개진다. 다른 한편으로 거기에는 소련을 축으로 한 코민포름이나 군사 동맹의 글로벌한 전개도 있을 것이다. 거칠게 말하면 전략적 신탁 통치, 병합, 독립 후의 군사 동맹 등, 자치나 주권 획득과 관련된 여러 형태들을 회로로 삼아 군사적 확장을 달성해나가는 제국이 냉전을 만들었다.

달리 표현하자면, 따라서 냉전에서 정치란 주권적 존재로 구성되는 정치 공간도 아니거니와 주권을 단위로 구성되는 국제 관계도 아니며 글로벌한 군사주의라고 말하면 그만인 문제도 아니다. 냉전에서 중요한 것은 우선 주권과 주권을 초월한 군사적 폭력이 겹쳐지는 곳에서 생겨나는 통치의 문제이고, 주의 깊게 바라보아야만 하는 것은 경계를 무효화하면서 작동하는 군사적 폭력이다. 통치와 군사적 폭력의 이 같은 양태야말로 국경과 울타리가 지탱하던 일상 세계가 다른 면모를 띠게 되는 것과 관계있지 않을까? 이러한 일상 속에서 기지는 "살아 있는 생물"처럼 움직인다. 폭력을 감지하는 힘이 요청되는 것은 바로 이때다.

그런데 오키나와의 경우, 미국 통치의 시작과 오키나와가 흡사 하나의 주권적 존재인 양 자치 조직이 구성되는 과정이 서로 겹친다. 물론 이는 불충분한 자치이고, 따라서 사람들 사이에 완전한 주권을 향한 희구를 낳지만, 주권적 존재와 주권을 초월한 통치는 오키나와에서 아주 명확히 융합되고 겹쳐진다고 할 수 있다. 그리고 오키나와가 '기지 섬'이 되어 한반도, 타이완, 동남아시아, 베트남에 대한 전선 기지로서 냉전을 담당하는 가운데, 완전한 주권을 향한 희구는 일본으로 복귀하기를 요구하는 조국 복귀 운동이라는 형태로 전개된다. 주권을 회복하고 미국 지배를 끝장내며 군대를 철수시키라는 것이다. 이 운동의 동인에는 분명 기지를 감지하는 힘이 있을 것이다. 그렇기 때문에 1972년 5월 15일에 오키나와가 미국 통치에서 벗어나 일본에 귀속되며 주권에 포함될 때, 그 감지력에 대해서는 더욱 첨예한 물음이 던져졌다. 즉 계속해서 감지되던 군사적 폭력은 과연 주권을 회복함으로써 소멸했는가?

1969년 말 '사토-닉슨회담'과 공동 성명으로 오키나와를 반환하는 정치 일정이 정식으로 정해졌다. 복귀에 군사적 폭력으로부터의 해방을 겹쳐놓던 사람들에게 이 회담과 공동 성명은 복귀에 배반당하리라

는 것이 명확해지는 사건이었다. 가령 가와미쓰 신이치川満信一는 「나의 오키나와, 원한의 24년わが沖縄·遺恨二十四年」(『전망展望』, 1970년 1월)에서 복귀가 현재 상황이 계속되는 것임을 명확히 보여준 '사토-닉슨 회담' 공동 성명을 "오키나와에는 앞으로도 핵 기지가 있을 뿐이고, 거기에 거주하는 100만 명의 사람들은 지금까지나 앞으로나 산 채로 사망자 명부 속의 머릿수로 간주될 따름이다"[22]라고 받아들인 뒤, "이미 배반당한 꿈의 단편에서 실낱같은 희망이라도 찾을 수는 없을까 흡사 지푸라기를 붙잡는 익사자처럼 줄곧 불면의 몸부림을 쳤다"[23]라고 썼다.

일단 절망이라는 말을 쓴다면, 가와미쓰 신이치의 절망은 일본이라는 주권으로 복귀하는 것에서 군사적 폭력으로부터의 탈출을 희구한 사람들이 복귀가 이루어지는 바로 그 순간에 배반당한다는 절망이다. 물론 거기서 복귀 후에도 주권은 불완전하다고 편의주의적으로 이해하면서 미군 기지를 주권 침해로 간주하는 사고가 우선 가능할지도 모른다. 하지만 가와미쓰의 절망은 주권에 탈출을 걸었던 사람들이 주권이 회복되는 바로 그때 주권의 정체를 깨달은 사태라고도 할 수 있을 것이다. 주권 회복이 주권하에 있는 법 제도로 환원할 수 없는 통치를 현재화한 것이다.

이는 또한 복귀를 통해 폭력에서 탈출할 것을 그리던 복귀 운동의 동인이었던 기지에 대한 감지력이 갈 곳을 잃고 떨어져 나와 벌거벗은 채로 확대되는 사태라고 할 수 있다. 이러한 사태는 주권을 회복하는 것이라고 상정되던 전후라는 시간의 붕괴이기도 했을 것이다. 전쟁은 끝나지는 않았지만 반드시 끝날 터이다. 이러한 마음이 복귀 운동을 지탱했고, 오키나와의 전후라는 시간을 구성해왔다. 하지만 전쟁은 끝나지 않는다는 사실이 명확해졌다. 분명 끝나리라는 마음과 함께 있던 전후라는 시간은 여기서 붕괴하기 시작한다. 그리고 가와미쓰는 붕괴 속에서 오키나와전투가 계속되고 있음을 감지한다.

시시각각 흘러 들어오는 사토-닉슨회담의 내용은 오키나와의 실낱 같은 희망에 대한 실마리조차 철저히 앗아 가서, 다시금 저 끔찍한 '철의 폭풍'의 조짐을 품은 악운이 되어 어둠의 무게를 가중시키는 듯했다.[24]

여기서 가와미쓰가 쓴 '철의 폭풍'은 오키나와전투를 가리킨다. 과거의 전쟁은 미래의 '전조'로서 지금 모습을 드러낸다. 기지에 대한 벌거벗은 감지력은 오키나와전투에서 살아남은 전후라는 시간의 붕괴이기도 했다. 전쟁은 계속된다.

다시 말하지만 문제는 기지라는 존재가 보여주는 폭력이 주권에 의한 것인가, 주권을 초월한 존재에 의한 글로벌한 군사주의인가가 아니다. 주권의 내부냐 외부냐가 문제가 아니라, 그 둘이 겹쳐 보이는 어느 쪽도 아닌 영역에서 폭력은 성립한다. 이 폭력이 바로 "어떤 종류의 시민을 생존 가능하게 하고 다른 시민을 생존 불가능하게 하기 위해 기능"[25]함으로써 법 자체를 생산하는 문답무용의 폭력이다. 이는 실로 신문공간과 관련된 폭력이며, 앞에서 다룬 오키나와전투의 전장과도 관련된 폭력이었다. 가와미쓰는 이러한 폭력을 감지한 것이다.

6. '그림자'로서의 삶

다음으로 오늘날에 이르기까지 계속해서 '기지 섬'인 오키나와와 관련된 소설을 다루며 소설이 가지고 있는 상상력을 통해 기지를 검토해보겠다. 먼저 다룰 것은 1954년에 『류다이 문학 琉大文学』 7호(1954년 11월)에 게재된 이케자와 소池沢聡의 「공허한 회상空疎な回想」이다. 이 소설은 기지를 호위하기 위해 고용된 지역 주민 '가드'를 그린다.

2001년 9월 11일 직후 오키나와 미군 기지가 경계 태세(컨디션 델타)에 들어갔을 때도 경비를 담당한 것은 지역 주민인 '가드'들이었다. 이들은 24시간 자신이 살아가는 장소를 향해 총을 겨누게 된 것이다. 굳이 말하자면 기지라는 존재는 주민이 자신의 일상에 총을 겨눌 때 현전하는 것 아닐까? 기지와 다른 장소를 구분하는 것은 물리적인 울타리가 아니다. 일상적으로 이루어지는 '가드'들의 경호 활동이 바로 그 경계를 유지한다. 바꿔 말하면 기지란 지도에 선으로 그을 수 있는 울타리의 내부가 아니라 경호 활동이라는 실천을 통해 일상 세계에 떠오르는 무언가다. 그리고 이 경계는 주민인 동시에 '가드'이기도 한 사람들 내부에 새겨진 경계이기도 할 것이다. '가드'는 주민들에게 총을 겨누고, 또 그 주민들이 '가드'이기도 하다.

이 소설에서 '가드'가 경계해야 할 대상이 되는 사람들은 '어둠'이나 '그림자'로만 그려진다. 그런데 '어둠'은 아니지만 '가드'들도 기지 내의 서치라이트에 비춰지는 존재였다. 굳이 말하자면 '어둠' 속에 있지 않고 조명에 비춰진 존재가 됐을 때 사람은 '가드'가 된다. "서치라이트는 나를 강제하거든. 꿈속에까지 침입하지."[26] 그리고 '그림자'에 지나지 않는 사람들과 조명에 비춰진 '가드'들이 접촉하는 장면에서 이루어지는 행위는 그저 카빈총 소리와 초연 냄새로만 그려진다. 거기에는 어떠한 언어적 교환도 없다. 행위자는 어디까지나 카빈총이다.

카빈총이 체현하는 문답무용의 폭력을 정당화하는 근거는 무엇인가? 소설은 '어둠' 속에서 징후적으로 감지되는 '그림자'가 살기 위해 물자를 훔치러 오는 사람들임을 시사하지만 명시적으로 서술하지는 않는다. 즉 살해당하는 대상은 그가 누구이며 무엇을 하고 있는지 확인되지 않은 상태에서 그저 표적이 된다. 적으로서가 아니라 '어둠' 속에 떠오르는 '그림자'로서.

여기서 굳이 몇 가지 물음을 제기해보자. 만일 절도 사건이라면 그에 대한 처벌은 사법적으로 이루어진다. 거기서는 행위의 사실 확인과 관련된 심의가 이루어질 것이다. 하지만 소설에서는 모든 언어 행위가 소멸하고, 살해당할 만한 대상임을 보여주는 징후로서 '그림자'만이 존재한다. 거기에는 언어 행위인 심의가 '그림자'를 본다는 것으로 넘어가는 사태가 있을 것이다. 이는 법이 정지하고 문답무용의 폭력이 상황을 지배하는 일이기도 하지 않을까?

'그림자'가 보여주는 것은, 절도라면 경범죄라거나 냉전하에서 공산주의자는 살해당해도 된다는 등 형량의 문제가 아니다. 누구인지를 따지는 심의 없이 폭력이 행사된다는 점이 바로 중요한 논점이다. 따라서 "○○이니까"라는 근거는 없고, "○○가 아니기" 때문에 회피할 수 있는 일도 아니다. 그저 '그림자'라는 이유만으로 죽임을 당한다. 거기서는 "○○이니까"라는 것은 사후적인 설명에 지나지 않는다. 그냥 "○○로 보인다"는 것이다.

거꾸로 말하면 누구냐는 물음이 언어적인 물음으로서 존재하는 것이 아니라 그저 거동을 판별하고 '그림자'를 알아차리는 것이 되면서 폭력이 행사된다. 그런 식으로 거동하는 사람 혹은 거동하는 것처럼 보이는 사람은 문답무용으로 죽임을 당하는 셈이다. 언어에서 거동으로의 이 같은 이행은 분명 간토대지진에서 오키나와전투로 이어지는 신문공간과 겹쳐지기도 할 것이다. 또 발화가 '거동'이라는 동작이 된다는 것은 발화자가 이야기를 들을 상대가 아니라 동작을 바라보고 판단을 내리면 그만인 대상물이 된다는 뜻이기도 하다.

서치라이트가 비추는 세계의 가장자리를 두르는 것은 그저 빛의 명암만이 아니다. '어둠' 속에서 떠오르는 '그림자'에 문답무용으로 카빈총이 계속 작동함으로써 그 세계는 존속한다. 밝은 세계의 주민은 ○○가 아니라고 해서 카빈총을 회피할 수는 없다는 사실을 이미 깨닫고 있지 않을까? 그리고 총이 향하는 '어둠'의 주민이기도 한 '가드'들은 누구보다도 빨리 이 폭력을 감지하는 이들이다. 그들은 '어둠' 속에서 떠오르는 '그림자'에 휘말리고 그것을 떠맡는다.

이러한 폭력이 대기하는 세계를 이 책에서는 신문공간이라고 불렀다. 카빈총이 담당하는 것은 무슨 말을 들었느냐가 아니라 무엇을 들어야 할 말로 간주하느냐다. 이는 전차가 길거리에 나오는 계엄상태이기도 하고, 기지라는 존재가 만들어내는 상황이기도 하다.

1967년에 『신오키나와 문학新沖繩文学』 4호에 게재된 오시로 다쓰히로大城立裕의 「칵테일파티カクテル・パーティー」 또한 울타리 안과 밖을 횡단하는 소설이다. 칵테일파티란 기지 내 미군 가족의 주택에서 열리는 파티인데, 주인공은 거기에 참석한다. 이미 많은 평론이 있는 작품이지만 여기서는 울타리라는 경계에 초점을 맞춰서 생각해보겠다.

주인공인 '나'는 과거에 게이트를 통과해 기지 안에 들어갔다가 헤맨 경험이 있다. 기지에서 헤매고 있을 때 예기치 않은 공포가 '나'를 엄습한다. 동시에 갈 곳을 잃은 불안감을 느낀다. "여기도 내가 사는 시 안이라는 의식을 다잡아보려 했지만 아무래도 무리였다."[27] '나'는 이러한 공포와 불안을 기지 안에 일하러 들어온 주민이 "도둑으로 오인되어" 헌병에게 잡힌 사건과 겹쳐놓고 이해한다. 이 예기치 않은 공포를 경험한 뒤로 '나'는 기지 주변에 접근하기도 두려워하게 된다.

단적으로 말해 '나'를 덮친 것은 오인된다는 공포이고, 아무리 항변한들 상대해주지 않는 문답무용의 폭력에 대한 공포다. "무슨 짓을 해도 소용이 없"[28]는 것이다. 또 이 공포는 군사적 폭력이라는 존재 자체가 만들어내는 공포다. 즉 굳이 말하자면 '그림자'가 되는 공포다. '그림자'가 되면 아무리 말로 설명해도 소용이 없다. 기지의 존재는 사람들에게 '그림자'가 되는 공포를 감지하게 한다.

이러한 공포를 끌어안은 채 '나'는 기지에서 열리는 칵테일파티에 참석하기 위해 기지 안으로 들어간다. '나'가 '그림자'가 되지 않고 살아남을 수 있는 수단은 초대해준 미군의 이름과 전화번호, 주소였다. 만일 누가 붙잡으면 미스터 밀러의 이름과 전화번호, 하우스 넘버를 대면 된다."[29] 공포 속에서 말은 내용이 아니라 그냥 부적이 된다. 그리고 부적이 되어주는 가장 중요한 말은 전화번호와 하우스 넘버다. 하지만 거기서는 부적이 도움이 되지 않는 상황이 이미 예감되고 있다고도 할 수 있다.

이 예감된 상황에서 '나'는 갈 곳을 잃고, "위험에 노출되어 있다는 감각"이 온몸에 대전될 것이다. 이는 주민이기도 한 '가드'의 경우도 마찬가지다. 기지가 존재하는 이상, 모든 사람들은 속에 잠재적인 위험성으로 '그림자'를 끌어안고 있다. 거기서 기지는 울타리로 구획되지 않는다.

7. 불완전한 죽음

기지의 존재로 부각되는 것은 울타리 안과 밖을 관통하는 위험에 노출되어 있다는 감각이다. 길거리에 나온 전차와 울타리 안의 전차는 역시 구별되지 않는다. 팀 오브라이언이 감지했듯, 기지는 국경을 넘어 확대되는 군사력인 동시에 울타리로도 가둬놓을 수 없는 "살아 있는 생물"이다. 앞부분에 인용했다시피 가와미쓰 신이치는 일본 복귀 후에도 기지가 존속한다는 데 대해 "산 채로 사망자 명부 속의 머릿수로 간주"된다고 썼다. 살아 있는 채로 이미 사망했다는 것이다. 이는 언제 카빈총에 맞을지 모르는 '그림자'로서 일상을 살아가는 일이기도 하다. 기지 속에서 체현되는 이러한 삶을 어떻게 생각하면 좋을까? 프란츠 파농은 식민지 상황에서의 삶에 대해 다음과 같이 썼다.

이 점에서는 저개발국 사람들이나 세계 각지의 불행한 사람들도 마찬가지인데, 원주민은 생명이라는 것을 어떤 근원적인 풍요성의 개화 내지는 발육이라고는 지각하지 않고, 주위에서 육박하는 죽음과의 끊임없는 투쟁이라고 지각한다……[30]

삶은 "육박하는 죽음"과의 투쟁 속에 존재하며, 사람들은 이를 지각한다. 이뿐만 아니라 파농은 "육박하는 죽음" 속에서 살아가는 것에 "불완전한 죽음"이라는 말을 부여하면서 그것은 "죽음을 앞둔 수동적인 자세"[31]라고 썼다. 기지와 함께 있는 삶은 죽임을 당하지는 않았지만 이미 죽었다고 생각해도 좋은 "불완전한 죽음" 아닐까?

주지하다시피 미셸 푸코는 근대 주권을 생정치biopolitique라는 개념으로 비판적으로 고찰했다. 즉 "죽게 하거나 살게 내버려두는" 낡은 통치 대신 "살게 하거나 죽음 속에 폐기하는 권력"이 등장했다는 말이다. 여기서 권력은 삶을 어떻게 정의할지를 두고 구축되며, "이제는 삶이나 삶이 전개하는 모든 국면을 권력이 장악"한다.[32] 생정치는 죽이는 것이 아니라 신체의 조련이나 관리 등을 통해 삶 자체를 권력의 문제로 떠오르게 했다. 네그리와 하트는 앞에서 말한 새로운 제국의 통치와 이 권력을 포개어놓고 고찰한다. 다만 여기서 주목하려는 것은 죽음이고, 푸코 자신의 말을 빌리자면 "죽음 속에 폐기하는" 통치의 문제다. 이는 과거의 낡은 권력으로 회귀한 것이 아니다. 여기서 죽음은 생사의 문제라기보다 오히려 인간을 대상으로 구축된 생정치의 임계에 위치하는 것 아닐까? 즉 "죽음은 권력의 한계이고 권력의 손에는 잡히지 않는 시점"이다.[33]

마크 드리스콜Mark Driscoll은 노동의 포획이라는 관점에서 제국 일본의 문예를 검토하면서 인간을 인간이 아니라 노동력이라는 사물로 포획하는 권력으로서 제국을 고찰했다. 그 과정에서 노동력으로서의 포획을 죽음과 관련된 통치와 포개면서 '네크로폴리틱스Necropolitics'라는 개념을 설정했다.[34] 이러한 통치에서 중요한 것은 사람을 어떻게 살리느냐가 아니라 어떻게 노동력으로 끝까지 쓸 것인가이고, 드리스콜은 제국 일본의 폭력성을 이 '네크로폴리틱스'에서 찾는다.[35] 즉 이러한 통치에서는 사람의 생사가 아니라 "사물이 된다"는 것이야말로 요점이다.

하지만 지금은 통치 형태를 정치하게 설명하기보다 문답무용의 폭력에 노출되면서 방어태세를 취하고 있는 사람들에게 논의를 집중하겠다. 드리스콜이 주목하는 '네크로폴리틱스'는 아킬레 음벰베Achille Mbembe가 주장한 개념인데,[36] 실로 푸코가 말한 생정치의 이면이라 할 수 있는 "죽음 속에 폐기"한다는 부분에 초점을 맞춘 것이다.[37] 음벰베의 논의에서 주목할 부분은 '네크로폴리틱스'에서의 탈출이나 저항과 관련된 주체화에 대한 논의다. 음벰베는 이러한 주체화를 언어 행위와 죽음 두 가지 방향에서 검토한다. 이때 그가 참조하는 것은 플랜테이션의 노예 노동과 관련된 폴 길로이Paul Gilroy의 논의다.

길로이는 노예의 주체성에서는 "담론에 대항하는anti-discursive 동시에 언어를 초월하는extra-linguistic 힘의 유동 ramification"이 중요하다면서, "거기에는 의사소통적 이성을 매개할 만한 발화의 문법적 통일은 없었다"고 쓴다.[38] 주체성에 대한 길로이의 지적은 전술한 버틀러의 '사전배제'에 대응할 것이다. 즉 그것은 말로 승인받지 못하는 발화이며, 거기서 발화는 '거동'이라는 동작으로서의 의미를 띠는 동시에 문답무용의 폭력이 행사되는 영역이 되기도 한다. 음벰베는 여기서 '네크로폴리틱스'에 대항하는 삶의 가능성을 보고자 했다.

하지만 이는 '어둠' 속에서 '그림자'가 떠오르는 사태이고, 따라서 우선은 카빈총의 표적이 되는 일 아닐까? 그러므로 음벰베가 말하는 주체성은 우선 죽음과 밀접히 관련되어 있다. 그리고 '네크로폴리틱스'란 문답무용의 폭력으로써 주체화를 '어둠' 속에 붙잡아두려는 정치이기도 할 것이다. 이 지점에서 저항 혹은 이탈은 죽음의 문제와 직결된다. 길로이는 노예 상태로부터의 해방과 자유 획득이 죽음으로의 전환으로 현실화한다고 썼는데,[39] 음벰베도 마찬가지로 저항과 자살의 경계가 애매해지는 자결이라고도 할 수 있는 사태가 바로 '네크로폴리틱스'라고 보며 죽음을 적극적으로 선택하는 것에서 해방을 검토하고자 한다. 이는 바꿔 말하면 "불완전한 죽음"을 완전한 죽음으로 바꾸는 시도이고, 파농이 말한 "죽음을 앞둔 수동적인 자세"에서 이탈하는 주체화일지도 모른다. 이 완전한 죽음에서 삶이 떠오를지도 모른다.

이 물음은 중요하다. 거기서는 죽음을 걸고 혹은 죽을 것을 알고서 결기하는 사태를 낭만화하지 않고 검토하는 작업이 요청된다. '네크로폴리틱스'에서 저항은 카빈총에 죽임을 당할 것이 예감되는 결기를 어떻게 생각할 것인가라는 물음과 함께 있다. 그리고 이 물음에 대해 음벰베처럼 단번에 자결로 향할 것이 아니라, 방어태세를 취한다는 동사를 어떻게든 설정해야만 한다.

8. 뛰어넘다

1969년 6월 20일, B52 전략 폭격기를 공격하기 위해 동료 몇 명과 함께 화염병으로 무장한 뒤 가데나 기지의 울타리를 뛰어넘어 기지에 침입한 마쓰시마 조기松島朝義는 그 직후에 감옥에서 「뛰어넘기 논리乗りこえの論理」를 썼다. 거기에는 다음과 같은 부분이 있다.

내게 죽음을 제기해준 작년 B52의 필연적인 추락 사고 현장에서 사고

한 내용은 이랬다. 국가 권력＝미일 양국 제국주의자가 힘으로 우리의 죽음을 빼앗으려 하는 데 맞서, 우리는 자립성 확보를 목표로 하는 변혁 측에서 자기 죽음은 자기가 처리하는 그러한 죽음을 각오하고, 탄압으로 인한 죽음 그 자체를 탈환해야만 하는 것 아닌가? 죽음 자체를 해방시키는 투쟁이 곧 삶을 쟁취하지 않는가?[40]

여기에 등장하는 B52 추락 사고는 1968년 11월 19일 동트기 전에 이륙에 실패한 B52 전략 폭격기가 가데나 기지에 추락하여 큰 폭발을 일으키는 바람에 일대가 불바다가 된 사건을 가리킨다. 거대한 B52 전략 폭격기는 당시 오키나와가 베트남 전장과 직결되어 있음을 보여주는 동시에 핵전쟁의 최전선에 있음을 보여주는 아이콘이기도 했다. 이 큰 폭발을 보고 마쓰시마는 "자기 죽음은 자기가 처리"한다는 각오를 다진다. 즉 B52 추락 사고는 마쓰시마에게 이미 자신이 죽임을 당했음을 확인하는 사건이었다. 마쓰시마가 "탄압으로 인한 죽음 그 자체를 탈환해야만" 한다면서 "죽음 자체를 해방시키는 투쟁이 곧 삶을 쟁취"한다고 할 때, 앞에서 본 파농의 "불완전한 죽음"에서 어떻게 이탈하는가라는 물음이 부상할 것이다.

울타리로 돌진하는 것은 능동적으로 '그림자'가 되는 일이었다. 따라서 문답무용으로 카빈총의 표적이 되는 일이기도 했다. 자각적으로 선택한 '그림자'＝죽음에 대해 마쓰시마는 "나 자신을 위한 죽음＝자유＝자유로운 죽음＝정치적인 죽음"[41]이라고 이어 썼다. 그는 '그림자'와 죽음이 연결되기 직전, 즉 표적이 되는 것 바로 앞에 '자유'와 '정치'를 끼워 넣으려고 하는 것처럼 보이기도 한다. 이는 역시 결사의 각오라기보다 "죽음을 앞둔 수동적인 자세"(파농)에서 다른 삶으로의 도약이 아닐까?

중요한 것은 죽음 자체도 아니거니와 마쓰시마가 다행히 살아남았다는 사실도 아니다. 서치라이트에 수동적으로 비춰지는 것이 아니라 '어둠'을 빠져나와 구태여 '그림자'로 등장할 때 무슨 일이 벌어지고 있었느냐가 중요하다. 이는 마쓰시마뿐 아니라 다른 사람들 그리고 '가드'에 대해서도 제기해야 할 물음이다. 이러한 물음과 함께 '그림자'의 세계가 가지고 있는 가능성을 사고할 것. 기지를 생각한다는 것은 이러한 영위를 담당할 수 있는 말을 찾는 일이리라. 이는 5장에서 이야기할, 단독 결기를 사후적으로 상기하는 일과도 관련된다.

서치라이트에 비춰지는 압도적인 수동성이 능동적으로 선택되는 순간을 주의 깊게 바라보면서 마지막으로 아주 미시적인 논의를 하겠다. 마쓰시마가 살아남은 직후에 감옥에서 쓴 「뛰어넘기 논리」에는 "뛰어넘어야 하는 것은 자기이고, 뛰어넘어져야 하는 것은 철망이다"라는 문장이 몇 번이나 등장한다. 즉 울타리의 철망은 금지 구역을 표시하는 존재가 아니라 뛰어넘어야 할 대상물로서 존재한다.

자기를 뛰어넘는 실천, 즉 마쓰시마가 '자유'와 '정치'라고 표현한 도약은 확실히 뛰어넘는 행위를 통해 수행되겠지만, 이는 대상물인 철망을 뛰어넘는 행위로 곧장 직결되지는 않는 것 아닐까? 굳이 말하자면 철망을 뛰어넘어야 할 대상물로서 바라볼 때부터 자기의 탈바꿈은 이미 시작되고 있다고 할 수 있지 않을까? 뛰어넘으려고 울타리를 응시하는 마쓰시마의 시선 속에서 다른 현실이 시작되고 있지 않을까?[42] 그리고 이렇게 시작되고 있는 다른 현실에서 마쓰시마의 삶은 완전한 죽음 바로 앞에서 확보되지 않을까? 중요한 것은 뛰어넘는다는 동사를 통해 나와 울타리가 별개의 것이 되기 시작하는 움직임 이전의 움직임이며, 이 영역을 확보하는 작업이 바로 말이 해야 할 작업 아닐까? 마쓰시마는 이미 방어태세를 취하고 있다. 시작은 거기에 있다.

4장 만나는 장

> 아직 무장 투쟁을 통해 식민지화를 부인하기 이전 시
> 기에는 유해한 자극의 총량이 일정한 한계를 넘으면 식
> 민지 원주민의 방어 진지는 붕괴하고 그때 이 사람들 다
> 수가 정신 병원에 보내진다. 따라서 식민지화가 성공한
> 평온한 시기에는 억압에서 직접 생겨나는 정신병이 늘
> 방대하게 존재한다.[1] ― 프란츠 파농

1. 오키나와전투 '후'

3장에서 썼듯 1960년대 후반부터 오키나와전투 체험에 대한 조직
적인 구술 조사 작업이 이루어졌다. 이 조직적인 구술 조사로 오키나
와전투 체험은 사람들의 입을 통해 공적인 언어 공간으로 밀려 나왔
다. 이 작업 속에서 '집단 자결'이나 일본군의 주민 학살이 드러났다.

체험을 이야기하는 많은 말에는 우선 병적이라 부를 만한 증상이 따
라다닌다. 3장에서도 등장한, 구술 조사 작업에 관여한 시마 쓰요시는
조사 과정에서 "체험자의 완고한 침묵"[2]과 만난다. 시마는 거기서 체
험자가 침묵하는 이유를 헤아려서 정리하는데, 침묵하는 이유 중 하
나로 "너무나도 잔혹한 일을 겪었기 때문에 떠올리기만 해도 정신적
고통을 견딜 수 없는 경우"를 들었다. 많은 구술 조사 작업을 한 시마
의 지적에는 우선 '전쟁신경증'이라는 정신의학적 증상이 겹쳐진다.

프로이트를 인용해보자.

이 전쟁은 평시에는 모든 사람이 의무적으로 지켜야 했던 모든 제한, 즉 국제법이라 불리던 제한을 짓밟고, 부상자나 의사의 특권, 전투 부분과 비전투 부분이라는 주민의 구별 그리고 사유 재산에 대한 요구 모두를 일절 인정하지 않는다.[3]

전투원, 비전투원을 불문한 모든 주민을 휘말리게 한 총력전인 1차 대전에 대해 이렇게 쓴 프로이트는 그 뒤 「쾌락 원칙을 넘어서Jenseits des Lustprinzips」(1920)에서 전쟁으로 대량 발생한 '외상성 신경증'을 '전쟁신경증'으로 고찰한다. 주지하다시피 이 '전쟁신경증'은 몇 번의 전쟁을 거친 뒤 '외상 후 스트레스 장애'로 미국정신의학회의 진단 기준인 DSM-III(Diagnostic and Statistical Manual of Mental Disorders III)의 정신 질환 목록에 들어간다. 그렇게 된 배경에는 베트남전쟁 귀환병들의 승인 요구가 있었다.[4]

여기서 이른바 트라우마 이론과 관련된 이러한 전개를 무비판적으로 되풀이하려는 것은 아니다. 중요한 것은 치료와 관련된 실천이라는 문제를 기억이나 증언과는 다른 의료 문제로 분리하다가는 증상으로 간주되는 말과 그렇지 않은 말의 구분을 그대로 승인하게 된다는 점이다. 체험과 관련된 기억이나 증언 속에 역사가나 문학자가 다룰 수 있는 이야기와 정신 질환이라는 두 가지 영역이 사전에 분류되어 존재하지는 않는다. 2장에서도 언급했다시피 명확한 증언과 병으로서의 증상 예라는 구분을 전제할 경우 글자 그대로 신문공간의 '사전배제'를 승인하게 된다.

어떤 혼란스러운 발화를 질환을 보여주는 병증으로 범주화해버리는 것이야말로 문제 삼지 않으면 안 된다. 예컨대 종종 쓰이는 '광기'라는 표현은 단순한 언어 표현상의 은유도 아니거니와 라벨링을 통해 일탈을 규정하는 것에 그치지도 않는다. 그것은 우선 의학적인 질환으로 간주되어 치료 대상으로 취급된다. 또한 앞에서 오키나와전투 구술 조사 작업과 관련해 언급한 고통을 동반한 침묵에 대해서도, 역사적 증언으로서는 말할 수 없을 터인 고통을 증상으로서 명확히 언어화하여 치료라는 실천의 근거로 삼는 영역이 명쾌한 역사 기술 옆에 존재한다. '광기'에 대해서는 다음 장에서도 생각하겠지만, 역사학이나 문학에서 말할 수 없다는 것을 언어 표현과 관련된 수사학적인 문제로 다루는 것과 이러한 의학적 실천에 대해 생각하는 일이 곧장 이어지지는 않는다.

그러면 우선 병적인 증상으로 구분되어 있는 영역이 체험에 관한 기억이나 증언을 따라다닌다면, 기억이나 증언을 어떻게 말로 들으면 될까? 알아들을 수 있는 말만 듣고 그렇지 않은 혼란스러운 발화는 증언 바깥으로 내던지거나, 또는 그 같은 혼란 배후에 상처를 끌어안은 채 침묵하고 있는 주체를 설정한 뒤 혼란을 그 주체와 관련된 문제로 치환하거나, 나아가서는 이를 의학적인 증상으로서 치료 대상으로 삼는 일 없이 이 혼란스러운 말에서 무엇을 시작할 수 있을까?

3장에서 논했듯이 오키나와전투는 시기 구분된 연표적인 사건이 아니다. 계엄상태, 즉 만연하는 신문공간이 노골적으로 현재화한 것이 오키나와전투이고, 이는 글자 그대로 오키나와 근대를 꿰뚫고 오키나와전투 '후'인 오늘날까지 관통하는 사건이다. 전쟁은 계속된다. 따라서 증상과 증언의 구분에 관한 물음은 오키나와와 관련된 언어 표현에서 실로 그냥 피해 갈 수 없는 출발점이다. 이는 단적으로 말해 '사전 배제'를 전제하지 않고 시작되어야 할 말의 모습에 관한 물음이다.

2장에서 사후성과 관련해 논의했듯, 신문공간에는 문답무용의 폭력이 고개를 드는 가운데 말이 정지하는 사태와 폭력의 흔적이 혼란스러운 말과 함께 얼굴을 내미는 사태가 동시에 존재한다. 즉 신문공간에서 폭력과 말이 길항하는 지점에는 방어태세를 취하는 신체와 더불어 트라우마적인 체험으로 개인화되고 증상으로 진단된 신체가 존재한다. 이 둘을 구분되는 두 가지로 받아들일 것이 아니라, "옆에서 일어나는 일이지만 이미 남의 일이 아니다"라는 어구를 통해 이들의 연결을 발견하고 거기에 안다는 행위를 설정해야만 한다.

하지만 2장에서도 썼듯 이는 지극히 어려운 일이다. 또 사후성과 관련된 어려움은 오키나와전투 '후'라고 할 때의 **후**라는 시간을 이야기하는 어려움이기도 하다. 파농에게 이 어려움은 우선 임상이라는 장을 확보하는 것이었다. 다시 말하지만 중요한 것은 올바른 답이나 이론이 아니라 '확보한다'는 장의 논리다. 장의 논리가 어려움을 이어받는다. 이를 염두에 두고 논의를 진행해보자.

오키나와전투 체험과 관련된 조직적인 구술 조사 작업이 시작되려 하고 있던 1966년, 후생성의 지도 아래 오키나와에서는 처음으로 대규모 '정신위생실태조사'가 실시되었다.[5] 이 조사는 본토와 같은 수준의 정신 의료를 실현하기 위한 실태 조사였는데, 조사 결과를 기초 데이터로 오키나와에 대한 정신 위생 관련 지원이 펼쳐진다.

가장 먼저 지적해야 할 것은 이러한 실태 조사가 '정신병자'의 적발과 병원 수용이라는 일련의 흐름에서 하나의 과정으로 존재했다는 점이다. 거기에는 '병자' 차별에 바탕을 둔 치안 관리 문제가 겹쳐진다.

사실 이 시기 오키나와에서 정신 의료의 본토화란 이렇듯 병원 대량 수용이라는 형태로 이루어졌다. 또 이 조사가 실시되기 2년 전인 1964년 3월에 일어난 '라이샤워 사건'*은 정신 질환이 있는 사람을 범죄 예비군으로 사전에 구속하고자 하는 이른바 '보안처분'에 관한 논의를 가져왔는데, 이러한 예방 구금 움직임은 오키나와에도 있었다고 생각된다.[6] 정신 의료와 치안 관리에 대해서는 끝에 가서 한 번 더 언급하겠지만, '보안처분'과 관련된 움직임은 '복귀' 후인 1975년에 당시 황태자였던 아키히토明仁의 오키나와 방문과 관련해서 등장한다.

그런데 이 실태 조사가 주목을 받은 이유는 구체적인 수치와 관련된다. '정신 장애자 유병률(인구 1천 명당 유병률)'의 연령별 구성에서 20대가 18.1(일본 본토 7.8), 30대가 44.3(일본 본토 15.7), 40대가 45.9(일본 본토 19.3)라는 단봉 분포가 나타난 것이다. 전 연령대에서 본토에 비해 유병률이 높고 30~40대에 가장 높은 것은 일본의 다른 지역 전체와 현저한 차이를 보이는 것이었다. 이 수치가 1966년의 것임을 감안하면 가장 높은 30~40대가 1945년에 유아에서 성년이었음을 알 수 있다.

오키나와의 정신 질환을 오키나와전투와 그 후의 역사와 연관 지어서 이야기하는 예는 앞으로 검토할 오에 겐자부로大江健三郎도 포함해서 결코 드물지 않다. 예컨대 도야마 후지코當山冨士子는 오랫동안 보건사保健師**로 활동했던 경험을 바탕으로 오키나와전투 체험과 정신 질

---

* 1964년 3월 일본인 소년이 주일 미국 대사였던 에드윈 O. 라이샤워Edwin Oldfather Reischauer를 칼로 찔러 중상을 입힌 사건으로, 소년이 조현병 치료를 받은 이력이 있었기 때문에 이후의 정신위생법 개정에 영향을 미치게 된다.
** 전문 교육을 받은 뒤 국가의 면허를 얻어 건강 교육이나 보건 지도 등에 종사하며 일

환의 관련성을 매우 구체적으로 드러낸다.[7] 도야마의 꾸준한 활동 덕분에 2장에서 언급했듯 오키나와전투 트라우마는 정신의학에서 승인받게 됐으며 이는 지금의 오키나와전투 관련 PTSD 치료로 이어졌다.

하지만 다시 말하는데, 지금 이 장에서 하려는 것은 실태 조사를 증상 예로 취급하는 일이 아니다. 오키나와전투의 증언 옆에 이러한 증상이 있음을 눈여겨봄으로써 어떠한 말이 어떻게 시작되는가를 검토하려는 것이다. 실태 조사의 단봉 분포에 오키나와전투와 관련된 어떠한 흔적이 존재한다면, 그 흔적은 어떠한 말로 이야기되어야 할까? 수용시켜야 할 환자로서 정신 이상자를 적발해나가는 가운데 실시된 실태 조사에 전쟁과 관련해 언어화해야 할 흔적이 포함되어 있다 해도, 다시 한 번 말하지만 이는 우선 치료되어야 할 증상으로서 기재된다. 이 장에서는 우선 1960년대 후반부터 1972년 복귀에 이르는 상황 속에서, 역사 기술 외부에 놓이는 정신 의료 영역이 가리키는 이러한 흔적을 생각해보겠다. 즉 실태 조사는 오키나와전투의 기억이 증언으로서 이야기되기 시작한 시대 상황 속에서 어떠한 위치를 차지하고 있었을까? 어떤 사실을 눈앞에 들이대고 있을까?

이때 이른바 정신 질환의 증상과 전쟁을 곧장 인과 관계로 묶어서 이해해버리는 일은 반드시 피해야만 한다. 트라우마 이론에 종종 등장하는 안이한 인과론적인 병인론은 결과적으로 정신병질 같은 내인론으로 걸려 넘어지게 된다.[8] 즉 사회적인 요인으로 외인을 설정한 뒤에 개인의 문제를 내인으로 확정하고 대응을 그 내인으로 해소해버린다. "곤경에 지지 않는 강한 마음을 가지자"는 식으로 말이다. 하지만

정한 공중위생 활동을 담당하는 이.

그뿐이 아니다. 이러한 인과론은 내인/외인이라는 용어로 정의되는 증상에서 생겨나는 말의 행방에 대해 개인인가 아니면 사회인가라는 기존의 질서 구분을 강제한다. 증상으로 간주된 말이 개인을 반영한 것과 사회를 반영한 것으로 구분된다는 뜻이다.

여기서 외인과 관련해 앞서 이야기한 전쟁신경증을 치료하는 것이 전선으로 복귀시키기 위한 일이었음을 상기하는 것이 중요할지 모른다. 즉 이것은 "상처 입은 병사를 다시 전장에 돌려보내기 위한 기술"[9]이었고, 트라우마 이론 또한 이처럼 기존 사회에 굴복하기를 바라는 기술이 될 수 있다. 바꿔 말하면 기존 사회를 전제로 하는 이상, 복귀와 재발 사이의 왕복 운동이 반복된다. 거기서는 계엄상태 속에서 계속 살아가는 사람과 그렇기 때문에 질환이라 간주되는 상처를 끌어안은 사람이 정상과 이상으로 분단된 채로 남아 있다. 이 둘은 신문 공간에서 만나야만 한다.

증언과 증상의 분단은 실로 말의 '사전배제'와 관련된 문제인데, 경험을 따라다니는 병적인 증상에서 시작되는 말의 소재에서는 이러한 분단과는 다른 사회성을 발견해야 하지 않을까? 하지만 동시에 거기에는 사후성과 관련된 어려움, 즉 오키나와전투 '후'라는 어려움이 있다. 이 어려움을 얼버무리지 않고 끌어안는 것이 일단은 중요하다.

2. 『오키나와 노트』

1960년대 후반부터 '복귀'에 이르는 흐름은 미국에서 일본으로 행정권이 이동하는 것에다 군사 폭력에 대한 대항을 포개놓던 사람들에게는 절망적인 상황이 확대되는 과정이기도 했다. 3장에서도 언급했다시피 1969년 11월 사토-닉슨회담과 공동 성명도 이 땅에 군사력이 계속 머물러 있으리라는 사실을 확인해주는 것에 지나지 않았다. 이러한 상황에서 오키나와전투 체험이 이야기되기 시작하는 동시에 '정신위생실태조사'가 실시된다.

1969년부터 1970년에 걸쳐 잡지 『세계世界』에 연재되다 직후에 간행된 오에 겐자부로의 『오키나와 노트沖繩ノート』(1970)는 이 시기의 상황을 생각하는 데 여전히 중요한 텍스트다. 중요한 이유는 오에가 당시 오키나와 상황을 올바로 그리고 있기 때문도 아니거니와 이 텍스트에 지금도 참조할 만한 사상적 의의가 있기 때문도 아니다. 내가 주목하려는 것은 젊은 오에가 자신을 삼킨 시대 상황 속에서 어디에 멈춰 서고 무엇을 회피했는가, 또 그 회피가 어떠한 결말을 향했는가라는 점이다. 바꿔 말하면 이 텍스트가 다룰 수 없었던 말의 임계에서부터 상황을 거꾸로 재독할 수 있다는 점에서 이 텍스트는 중요하다. 이 텍스트가 르포르타주 기법을 쓰고 있다는 점도 관계있을 것이다.

나는 오키나와를 걸을 때 광인을 만나는 것이 가장 두려웠다. 달리 표현할 수 없는 광기의 둔탁함에 나는 말하자면 둔기로 얻어맞는 듯한 충격을 느낀다. 동시에 광기 자체가 무딘 칼처럼 대상을 도려내고 핵심으로 파고드는 힘을 가지고 있는 경우가 있다는 것도 종종 경험했다. 심지어 나는 가끔 어떤 광인과 만날 때 그 인간을 사로잡고 있는 광기에 나를 동일화하고 싶다는, 몸속 깊은 곳에서 우러나는 충동을 억누르기 힘들 때가 있다. 하기야 내가 오키나와에서 발견한 광기는 거기에 나 자신을 동일화하는 것은 전혀 허용하지 않을 듯한 거절의 갑옷을 단단히 두

르고 있는 종류의 광기였다.[10]

오에는 거리에 있다는 이 "광인"과 관련해 '정신위생실태조사'를 언급한다. 그리고 조사 결과에서 정신 질환이 많이 나타났다는 것에 대해 어떤 체험을 한 세대를 상정하고, 이를 "오키나와전투 때 소년기를 끝내고 청년기에 들어선 연령으로 절망적인 패주의 싸움에 참가해야만 했던 사람들"[11]이라고 표현한다. 즉 실태 조사 결과에서 오키나와전투의 흔적을 읽어낸 오에는 이를 "광기"라 부르며 거기서 지금 인용한 "거절"을 발견한다. 오에가 보기에 실태 조사로 알게 된 것은 오키나와의 광기이자 오키나와의 거절이었다. 이 거절이 향하는 곳에는 "오키나와에 사는 인간을 광기로 내몰지도 모를 짓을 하는" 모르는 "일본인"이 그려진다.[12]

광기를 언급하는 오에는 실태 조사가 명시한 정신 질환에 전쟁의 흔적을 상정하면서 거기서 일본을 거절하는 의사를 발견할 뿐만 아니라 저항하는 민중상도 그려낸다. 이는 뒤에 오에가 『오키나와 노트』를 언급할 때 광기와 관련해 어릿광대나 "생기가 넘치고 강인하며 명랑한 주변성의 힘"을 보려고 했던 전개와도 겹쳐질 것이다.[13] 즉 오에가 실태 조사로 밝혀진 사람들의 증상이 거절이었다고 말할 때, 그는 혼란스러운 말 배후에 강인하고 힘 있는 민중상을 발견하고 있다. 또 광기로 간주된 증상을 거절이라고 보는 오에에게는 이 같은 싸우는 민중을 발견하고 싶다는 욕망이 존재할 것이다. 이 민중이라는 존재는 역사 주체를 발견하고 싶어 하는 기술자記述者의 환상이라고 비판하는 것 또한 손쉬운 일이다.

하지만 그렇다면 대체 이 증상에서는 무엇이 시작되는 것일까? 오에가 말한 광기가 정신 질환으로서 리얼리티를 가질 때 거기서는 어떠한 말이 개시될 수 있을까? 혹은 일상에 폭력이 만연하는 계엄상태 속에서 그것에 대항하는 사람들은 어떠한 말로 언급될 수 있을까? 아니면 이 사람들은 어떠한 말을 발화할까? 어디까지나 역사의 행위자로서 정신 질환을 생각하려 할 때, 거기에 곧장 오키나와의 거절이나 싸우는 민중을 상정하지 않는다면 어떠한 길이 존재할까? 이러한 어려운 물음을 품은 상태에서 광기를 거절로 바꿔 읽은 오에의 억지스러운 비약 틈새로 파고 들어가야 한다.

그런데 싸우는 민중을 발견하려 하는 오에의 이 비약은 행정권 '복귀'가 군사적 폭력의 계속에 지나지 않는다는 사실이 명확히 드러나는 가운데 심화된, 말의 어려움과도 관련된다.

오키나와에서 막연한 말과 모호한 표현은 물감을 칠하고 풀 따위를 끼워 넣은 위장망 같은 역할을 하는데, 이 위장망은 거의 항상 그 속에 엄청나게 이상한 실체를 감추고 있다.[14]

여기서 오에가 말하는 "위장망" 아래에 있는 "이상한 실체"란 그 존재가 결코 명시되지 않는 핵무기이자 원자력 잠수함에서 새어 나온 코발트 60이며 바다로 흘러간 독가스 무기를 가리킨다. 또한 울타리로 둘러싸인 기지 자체이기도 할 것이다. 오에는 거기서 단순한 무기가 아니라 "엄청나게 이상한 실체"를 감지한다. 그리고 압도적인 군사력이 명시되지 않고 대기하고 있는 가운데 말은 "막연한 말"이 된다.

1968년 11월 19일 동트기 전에 이륙에 실패한 B52 전략 폭격기가 가데나 기지 안에 추락하여 큰 폭발을 일으키는 바람에 일대가 불바다가 됐다. 3장에서 말했듯 마쓰시마 조기는 「뛰어넘기 논리」에서 이 추락 사고를 언급하는데, 오에 또한 이 추락과 대폭발에 대해 쓴 적이 있다. 오에는 『오키나와 노트』에는 수록되지 않은 「핵 기지의 직접 민주주의核基地の直接制民主主義」[15]에서 이 대폭발은 '진행 중인 전쟁 상태'라고 말하면서 다음과 같이 쓴다.

가데나 기지 주변 사람들은 어떤 경우는 전쟁이 오키나와섬을 다시금 불태우기 시작했다면서 또 어떤 경우는 핵폭탄이 그곳을 덮쳤다면서 어두운 밤을 뛰어다녔다. 어떻게 멀쩡한 정신으로 있을 수 있겠느냐는 물음을 침묵 속에서 외치면서.[16]

진행 중인 전쟁 상태와 과거의 전쟁 기억이 접속된다는 오에의 상황 인식은 중요하다. 거기에는 과거의 전쟁을 전쟁 상태 속에서 상기한다는 문제가 있을 것이다. 오에는 이러한 상기를 "멀쩡한 정신으로 있을" 수가 없는 사태라고 본다. 또 오에가 말한 이 "물음"이 앞서 말한 사후성과 관련된 어려움과 겹쳐짐은 물론이다. 이러한 물음을 염두에 두면서 오에가 『오키나와 노트』에서 "위장망"과 "이상한 실체"로 그려낸 상황에 대해 생각해보자.

가데나 기지에서 B52가 폭발했을 때 지바나知花 탄약집적소 주변에 대한 특별 경계가 이루어졌다. 그곳은 예전부터 핵무기가 숨겨져 있다고 의심받던 장소였다. 사람들은 그 존재가 결코 명언되지 않는 핵무기를 이 불바다 속 사건을 통해 확인한 것이다. 핵무기, 독가스, 코발트 60. 이것들의 존재는 직접 언급되지 않고 모호한 말(위장망)로 암시되고 있다. 그리고 이 모호함이 명확해진다는 것은 견디기 힘든 현실과 직면한다는 뜻이기도 했다. 오에는 다음과 같이 쓴다.

모호한 말과 막연한 표현으로 암시하고 있는 것의 실체가 분명해질 때 놀라움과 분노가, 그리고 막다른 벽에 부딪쳐 피를 흘리는 머리가 있을 뿐이라는 인식만큼 인간을 광기 어린 절망으로 이끄는 패턴이 달리 또 있을까? 자신이 광기에 빠지는 것을 허용하지 않는 강인한 정신은 분노를 내부에 응축시킨다. 그 응축된 분노는 쉽게 말로 나오지 않는다. 자신의 머리를 세게 부딪친 벽에 똑같이 격렬하게 머리를 부딪치지도 않는 타인에게 이 축적된 분노를 어떻게 전달할 수 있을까?[17]

여기에 나오는 "실체"와 말의 관계를 표현할 수 없는 폭력과 그것을 남유적濫喩的으로 제시하려고 하는 말의 관계라고만 이해해서는 압도적으로 불충분하다. 오에가 쓴 "위장망"이라는 말을 일반적인 표현 불가능성 문제로 설명하기 전에, 거기에는 견디기 힘든 현실과의 직면을 제지하려고 하는 회피와 그럼에도 불구하고 그것을 감지하고 마는 절망이 있음을 확인해야만 한다. 그리고 이 제지와 절망 속에서 야기되는 사태를 오에는 "광기"라 부른다. 따라서 광기는 현실과 가장 가까운 장소이기도 할 것이다. 이 장소는 말의 가장자리에 놓여 있어 "쉽게 말로 나오지 않"고 그저 "응축된 분노"만이 있다. 오에는 회피를 계속하는 사람에게 이 분노를 어떻게 "전달"하면 좋은지 묻는다. 즉 ○○가 아니라며 회피하는 사람들에게.

하지만 오에는 전달을 포기하고 있는 것처럼 보인다. 즉 오에는 광기를 어디까지나 주변 주민의 분노, 오키나와의 분노로 잘라내려고 한다. 광기 바로 앞에서 멈춰 서는 것이 오에에게는 르포를 계속 쓰기 위해 다가간 최대한의 가장자리이기도 했을 것이다. 하지만 그보다 더 앞이 존재한다.

핵무기의 존재에 대해 오에는 "즉 오키나와 민중은 그곳에 핵 기지를 두고 위협하려고 하는 백악관과 펜타곤 사람들의 상상력에서는 보복 공격으로 섬멸당할 사람들로 파악된다"라고 하며, 이 상상력은 "본토 일본인의 의식"이기도 하다고 썼다.[18] 그리고 오키나와 민중을 이미 사망자로 간주하는 펜타곤의 상상력은 『오키나와 노트』와 같은 해에 잡지 『전망』에 게재된 가와미쓰 신이치의 「나의 오키나와, 원한의 24년」에서도 감지되고 있다. 3장에서도 다룬 이 짧은 글에서 가와미쓰 신이치는 오에의 『오키나와 노트』를 언급하면서 "오키나와에는 앞으로도 핵 기지가 있을 뿐이고, 거기에 거주하는 100만 명의 사람들은 지금까지나 앞으로나 산 채로 사망자 명부 속의 머릿수로 간주될 따름이다"[19]라고 썼다. 하지만 광기를 어디까지나 오키나와의 분노로서 이야기하는 오에는 가와미쓰 바로 앞에서 멈춰 선다.

"흡사 지푸라기를 붙잡는 익사자처럼 줄곧 불면의 몸부림을 쳤다"[20]고 쓴 가와미쓰의 말에서는 맞설 수 없는 절망적인 상황이 분명 떠오른다. 하지만 가와미쓰가 자신의 글에 대해 "이것은 내 광기가 정신 병원 쇠창살 안으로 나를 끌어 넣지 않게끔 간신히 억제하기 위한 카타르시스"라고 쓰며 자기 옆에 "나하那覇시 근교 정신 병원의 철창에서 공허한 눈을 이리저리 허공에 던지면서 뭔가에 추동되기라도 하는 양 벽을 때리고 소리 지르며 날뛰는" H씨나 "자살로 생명이 다한" M씨 혹은 "광기가 더욱더 심해지고 있는" K군을 등장시킬 때,[21] 광기를 오키나와의 분노라고 기록한 오에와의 차이가 드러날 것이다.

현실 가까운 곳에서 광기를 발견하고 거기에 분노와 투쟁하는 민중을 겹쳐놓는 오에와 말이 증상으로 취급되는 사람들 옆에서 말을 써나가는 가와미쓰. 사망자 명부에 자신의 이름이 이미 기입되어 있는 가와미쓰는 폭력을 예감하고 방어태세를 취한다. 거기서는 "옆에서 일어나는 일이지만 이미 남의 일이 아니다"라는 어구가, 안다는 행위란 무엇인가라는 물음과 함께 설정되어야만 할 것이다. 바로 그렇기 때문에 광기를 곧장 거절이나 분노 혹은 저항으로 바꿔 읽는 오에의 르포르타주는 안다는 것과 관련된 이 같은 물음을 포기하는 동시에 신문 공간의 '사전배제'를 추인하게 된다.

광기에서 시작돼야 하는 것은 그것을 저항이라고 바꿔 말하는 일이 아니다. 중요한 것은 "옆에서 일어나는 일이지만 이미 남의 일이 아니다"라는 어구 속에서 안다는 행위를 수행하는 것이다. 안다는 행위에서 요청되는 것은 올바로 명명하는 것이 아니라 방어태세를 취하고 있는 가와미쓰와 병에 걸렸다고 간주된 그의 친구들이 어떠한 장에서 만나는가라는 장의 논리다. 만나는 장을 확보한다는 장의 논리다.

동시대의 절망적인 상황 속에서 오키나와전투를 상기하는 가운데, 즉 오에가 전쟁 상태라 부른 계엄상태 속에서 오키나와전투라는 신문 공간의 기억을 상기하는 가운데 제기해야만 하는 것은 다름 아닌 장을 어떻게 확보할 것인가라는 물음이다. '정신위생실태조사'에 나타난 병의 문제는 이 같은 물음 속에서 이해해야 한다.

3. 공동체

행정권 복귀에서는 미래를 전망할 수 없는 절망적인 상황은 대항을 계속할 근거를 찾기 위한 논의를 낳았다. 이 시기의 논의에 등장한 공동체, 촌락 그리고 토착 같은 말들이 찾아내려고 한 것은 그 근거였다고 할 수 있겠다. 1960년대 말부터 복귀에 이르는 상황 속에서 공동체는 논의의 초점이 되었다.

오카모토 게이토쿠岡本惠德의 「수평축의 발상水平軸の発想」[22]은 이러한 논의에서 가장 중요한 텍스트 중 하나일 것이다. 「수평축의 발상」에서 오카모토는 "'복귀 운동'의 에너지를 촉발한 계기"를 "오키나와 인간이 오키나와 인간임을 출발점으로 한" "공동체적 본질"에서 찾으려 했다.[23]

밀도가 높은 오카모토의 글에서 "공동체적 본질"에 대한 언급은 무엇보다도 행정권 복귀에서는 미래를 그릴 수 없는 시대 상황 속에 놓여 있다는 점, 그리고 그럼에도 불구하고 대항하고자 할 때 그 근거와 관련해 공동체가 제기되고 있다는 점을 일단 간과하면 안 된다. 그리고 저항의 근거로서 공동체가 언급될 때, 오카모토는 오키나와전투와 관련된 증언을 만난다.

앞에서 썼듯 이 시기에 수집된 증언에서는 일본군의 주민 학살과 함께 '집단 자결'이 초점이 되었다. '집단 자결'에 대해서는 일본군의 강요와 더불어 전쟁 동원을 지탱한 공동성이 지적되었다. 예컨대 도카시키渡嘉敷섬의 '집단 자결'에 대해 이시다 이쿠오石田郁夫는 "오키나와 본섬에서 한층 멀리 떨어진 이 외딴섬의 굴절된 '충성심'과 공동체의 생리가 이러한 비극을 낳았다고 나는 생각한다"고 썼다.[24] 즉 "공동체의 생리"가 '집단 자결'로 이어진 것이다. 「수평축의 발상」에 나오는 오카모토의 다음 문장은 이러한 지적과 관련된다.

오해를 무릅쓰고 굳이 말하자면 '도카시키섬의 집단 자결 사건'과 '복귀 운동'은 어떤 의미에서는 한 가지가 두 가지로 나타난 것이라고 할 수 있겠다.[25]

대항할 근거를 둘러싸고 우선 공동체에는 두 가지 측면이 있다는 문제가 제기되고 있음은 분명하다. 하지만 그것은 공동체를 다루는 공동체론이 아니다. 다시 말하지만 절망적인 상황 속에서 자신이 누구인지를 대려고 하는 이들이 그러한 자기 이름 대기의 근거로는 받아들이기 힘든 '집단 자결'이라는 상처를 발견하고 말았다는 문제가 거기에 있음을 잊어서는 안 된다. 바꿔 말하면 사망자 명부에 기입된 방어 태세를 취하는 사람들은 이미 남의 일이 아니라고 중얼거리면서 '집단 자결'이라는 상처와 만난다. 공동체란 바로 이러한 만남의 장이다.

그런데 공동체에 관한 논의가 무의식을 이야기하는 정신분석학적 담론을 구성하고 있다는 점에는 주의해야 한다. 사람들의 심층을 언급하며 그러한 영역을 전쟁 동원의 원인으로 해설하는 이러한 작업은 1장에서도 언급했듯이 열등 콤플렉스를 발견하고 거기서 식민지화의 이유를 찾은 옥타브 마노니의 것이기도 했다. 그리고 이는 파농이 격렬하게 규탄한 대상이었다. **"열등 콤플렉스를 만드는 것은 인종 차별주의자**라고 분명히 말할 수 있을 만한 용기를 가져보자"[26](강조는 원문). 무의식 영역에서 지배의 원인을 찾아서 지적할 것이 아니다. 그것은 지배의 결과이자 상처로 남은 흔적이다. 하지만 파농은 지배로 인해 상처 입은 사람들의 심층에서 곧장 투쟁하는 민중을 발견하려고 하지는 않는다. 오키나와전투의 상처에 거절이나 저항을 겹쳐놓는 오에와는 달리, 파농은 어디까지나 임상에 머물면서 논의를 진행했다.

오카모토의 공동체 논의가 다른 공동체론과 결정적인 차이를 보이는 부분도 지배의 근거와 대항할 근거가 연결되는 지점이다. 오카모토는 신중한 표현을 쓰면서 지배와 정신 구조의 인과 관계를 거부한다. "하지만 이러한 차별 정책을 그대로 열등감에 결부시켜서, 차별에서 열등감이 생기거나 혹은 차별 정책 자체가 열등감을 조장한 근본적인 원인이기라도 한 양 생각하는 것이 반드시 타당하다고 할 수는 없다."[27] 그리고 바로 이 점에서 오카모토는 오에와 결정적으로 다른 장소에 있다. 예컨대 오에는 이렇게 썼다.

　　이미 그들(오키나와 민중 — 인용자)이 직면하고 있는 문제가 심리 문제가 아니었기 때문이다. 상황 문제였기 때문이다. (……) 이러한 상황과 맞서 싸우는 실천을 통해 그 심리 문제를 극복했다.[28]

여기서 오에는 '심리 문제'로 염두에 두고 있는 논의 중 하나로 "오키나와 민중 의식의 분석가가 '사대주의적이고 자기 비하가 강한 오키나와인'"이라고 한 것을 든다. 이 분석가는 아가리에 나리유키東江平之일 것이다. 아가리에는 유명한 루스 베네딕트Ruth Benedict도 언급하면서 "역사 사회적인 조건" 속에서 오키나와인의 의식 구조는 사대주의와 열등감으로 형성되었다고 말한다.[29] 그리고 오에가 힘주어 "극복했다"라고 쓸 때 상황 속에서 발견된, 지배를 수용하는 부정적인 심리는 "맞서 싸우는 실천"을 통해 단숨에 극복되고 반전된다. 공동체 의식의 이 같은 뒤집힘이 보여주는 것은 상징화되지 않는 영역을 어떤 때는 지배의 근거로 두고 또 다른 때는 저항의 근거로 언어화하는 해설 행위일 것이다. 파농이 거절한 것은 바로 이러한 해설 행위다. 임상에 머무른 파농은 저항을 해설하는 것이 아니라 상처를 떠맡는 장으로 향한다.

마찬가지로 오카모토의 「수평축의 발상」에서도 논점이 되어야 할 것은 공동체론이나 공동체에 대한 해설이 아니다. 다시 말하지만 여기서 공동체에 관한 논의는 대항하려고 하는 자신들을 이야기할 근거와 관련해서 이루어진다. 그리고 거기서 "두 가지로 나타난 것"을 발견한다는 것은 이중성에 대한 해설이 아니라, 자신들을 이야기할 근거로 거슬러 올라가는 가운데 자기 내부에서 받아들이기 힘든 존재를 발견하고 마는, 견디기 힘든 사태다. 가장 소중한 영역에서 가장 받아들이기 힘든 상처를 발견하는 일이다. 중요한 것은 방어태세를 취하면서 우리를 이야기하기 시작하는 행위는 바로 상처를 끌어안은 이 견디기 힘든 현실에서부터 시작되며, 오카모토에게 공동체란 이러한 현실이 안겨 있는 장이라는 점이다.

오카모토가 '복귀 운동'을 하기 위한 근거로서 발견한 장소에서는 분명 전쟁 체험이 이야기되고 있다. 그리고 병으로 취급되는 증상이 그 말들을 따라다닌다. 거기서 이루어져야 할 것은 계엄상태 속에서 살아남은 사람과 상처 입은 신체를 끌어안은 사람이 만나는 것, 즉 방어태세를 취하고 있는 가와미쓰와 병에 걸렸다고 간주된 그의 친구들이 만나는 일이며 그러한 만남의 장을 확보하는 일이다.

'공동체적 생리'에 따라 기능하는 권력의 지배와 그것을 고스란히 수용하려고 하는 '질서 감각'을 어떻게 부정하고 '함께 살고자' 하는 의사를 구체성 속에서 살려낼 수 있을까를 새로운 과제로 삼아야만 하리라고 생각한다.[30]

오카모토가 "함께 살고자" 하는 것에 대해 이렇게 이야기할 때, 거기서 오키나와의 사상을 논하지 말고 그 뒤에 파농의 임상을 접속시켜야만 할 것이다. 오키나와를 저항의 사상이나 투쟁하는 민중상에 내던지지 말고, '사전배제'에 대항하면서 "함께 살고자" 하는 장을 거기서 확보해야만 한다. 오카모토가 말한 공동체란 이 확보되어야 할 장이다. 그리고 이는 방어태세를 취하고 있는 가와미쓰와 병에 걸렸다고 간주된 친구들이 만나는 장소이기도 할 것이다.

4. 우리를 이야기할 장소

1968년 무사시노武蔵野 병원에서 일하던 정신과 의사 시마 시게오島成郎는 후생성이 파견한 제1회 오키나와 의료원조 파견의사로 오키나와를 찾았다. 무사시노병원은 아시아태평양전쟁 전장에서 발병한 옛 군인들이 다수 입원해 있는 병원이었다. 시마는 정신 질환과 오키나와전투에 대해 "오키나와에는 전쟁의 상흔이 생생하게 남아 있습니다"라고 썼지만,[31] 앞서 언급한 '정신위생실태조사' 결과와 전쟁을 직접 연결해서 논의하지는 않았다. 시마가 주목한 것은 실태 조사의 방법이었다. 정신 이상자를 적발하는 데 지역 공동체가 큰 역할을 했다는 사실을 문제 삼았던 것이다.

그 후 시마는 파견 의사로 여러 차례 오키나와를 방문한 뒤 1972년 오키나와 기노완시에서 정신과 의사로 일하며 지역 의료를 시작한다. 시마와 시마의 그룹이 시작한 오키나와 정신 의료는 공동체라는 문제와 밀접하게 연관되면서 전개되었다. 또 시마는 1976년에 그 의료 활동을 총괄하여 「지역 정신 의료 비판 서문地域精神医療批判の序」이라는 글을 썼다. 거기서 그는 지역 공동체를 치료 공동체로 생각하려는 움직임에 대해 입원과 퇴원 이후에 차에 치여 사망한 환자를 언급하면서 다음과 같이 말한다.

이 사회의 구조를 정확히 보려는 작업도 하지 않은 채 어느 지역에서 '치료 공동체'를 찾고 흡사 그 속에서 완결되는 듯한 정신 의료를 공상하는 것은 환자의 절망적인 처우라는 현실에 눈을 감는 일이라는 사실을 이 사례는 가르쳐준다.[32]

시마가 여기서 언급한 '치료 공동체'란 환자 개인을 치료하는 것이 아니라 어떤 종류의 공동체를 구축하고 거기서 병을 사회화함으로써 치료하려고 하는 의료다. 파농도 프랑스의 생탈방병원에서 치료 공동체 실험의 일인자인 프랑수아 토스켈François Tosquelles 밑에서 이 같은 의료를 실천한 적이 있다. 그렇다면 파농은 치료 공동체에 대해 어떠한 생각을 가지고 있었을까? 앞에서도 썼다시피 그는 민족해방전선에 참가한 뒤에도 계속 임상에 섰는데, 임상에 있으면서 제로니미 Charles Geronimi 박사와 함께 공동 논문을 집필했다. 거기서 파농은 치료 공동체를 "새로운 사회"라 부르며 다음과 같이 썼다.

이 새로운 사회에는 어떠한 개입이나 창조적인 다이내미즘, 신선함도 존재하지 않는다. 진정한 혼란이나 위기도 존재하지 않는 듯하다. (……) 이 점이 우리가 오늘날 사회 요법에서 진정한 환경이란 구체적

인 사회 그 자체라고 믿는 이유다.[33]

"새로운 사회"는 병원 안에 만들어지는 것이 아니라 혼란이나 위기 같은 어려움을 끌어안으면서 구체적인 사회 속에서 생겨나야 한다. 왜냐하면 "식민지화가 이미 본질적으로 정신 병원의 커다란 공급자로 나타나고" 있기 때문이다.[34] 이는 앞에서 쓴 전쟁신경증과 전선의 왕복 운동이라는 문제이기도 할 것이다.

파농이 말한 식민지화는 병의 언어를 증상으로 사전배제하는 신문 공간이기도 하다. 그리고 계엄상태 속에서 방어태세를 취하는 가와미쓰가 병에 걸렸다고 간주된 친구들과 만나는 곳은 병원도 아니거니와 기존 사회에 준비되어 있는 장소도 아니다. 만남은 신문공간 내부에 확보되어야 한다.

그런데 앞서 인용한 것처럼 시마가 공동체를 언급할 때는 공동체가 정신 이상자를 적발하는 치안 관리 기구로 등장한다는 것이 염두에 놓여 있었다. 그 글이 쓰이기 직전인 1975년에 오키나와 해양박람회가 개최되어 당시 황태자였던 아키히토가 오키나와에 발을 디뎠다. 그때 경찰은 108명의 '정신 장애가 의심되는 자'를 목록으로 만들어 강제 입원을 포함한 예방 구금 조치를 취할 것을 현 예방과에 제의했다. 또 지역 공동체는 이 목록 작성에 관여했다.[35] 경찰과 연동한 지역 공동체의 목록 작성은 실태 조사 당시의 조사 활동과도 겹쳐지는 문제다. 공동체는 사전배제와 문답무용의 폭력 속에서 성립하는 것이다. 이는 시마 자신이 살아가던 세계이기도 했다. 경찰과 공모하여 문답무용으로 사람들을 구금하는 정신 의료는 이른바 보안처분이라 불린다. 앞에서 썼다시피 그것은 1960년대에 부상했고, 아키히토의 오키나와 방문으로 시마는 바로 이 보안처분과 직면하게 된다.

보안처분이 크게 부각된 1970년에 시마는 정신 의료 개혁을 목표로 한 '도쿄대 정신과의사연합' 멤버로 동료들과 함께 잡지 『정신 의료精神医療』를 간행했다. 창간호에는 '시마'라는 이름으로 편집 후기가 실렸다. 거기서는 우선 보안처분에 대해 "이 정책과 대결하지 않고 정신 의료의 위기를 외치는 것은 무의미하다. 또 이러한 정책을 허용해온 사상을 내부에서 분쇄하지 않고는 진정한 싸움은 있을 수 없다"고 한 뒤 다음과 같이 썼다.

> 의료는 의료 종사자만의 것이 아니다. 무엇보다 먼저 환자가 존재한다. 그리고 이를 둘러싼 사회와의 관계로 성립된다. (……) 우리의 운동은 외재적인 정치 제도나 자신을 제외한 사회에 책임을 돌리고 불평불만을 늘어놓는 치사한 것이 아니다. 또 사회 제도의 '변혁' 없이는 아무것도 할 수 없다고 하는 게으름뱅이와도 인연이 없다. 늘 현실을 바라보며 스스로 씨름하는 가운데 문제를 도려내어 더 내재적으로, 더 본질적으로 기성 사상들을 비판하며 싸우는 영구 변혁 운동체로서 존재한다.[36]

시마에게는 보안처분을 담당하는 공동체가 그 자신도 살고 있는 사회였을 뿐 아니라 "영구 변혁 운동체"이기도 하지 않았을까? 이 "운동체"는 "정치 제도"나 "사회 제도"로 환원되지 않는다.

황태자의 오키나와 방문에 즈음해 문답무용의 폭력이 공동체에서 고개를 드는 가운데 시마는 자신이 펼쳐온 지역 의료 실천이 강제 입원이라는 폭력적인 구속을 저지했다는 사실도 지적한다.[37] 지역 의료를 실천하는 시마에게 지역 공동체란 신문공간인 동시에 병病과의 실천적인 관계 속에서 확보된 장이기도 했다. 또 시마의 경우, 자신이 살아가는 현실 속에서 다른 가능성을 발견하는 작업은 지역 공동체 속의 구체적인 관계성 속에서 수행되었다. 이는 오카모토가 "함께 살고자"하는 장으로서 발견한 공동체이기도 할 것이다.

앞에서 인용한 「지역 정신 의료 비판 서문」이라는 글 마지막에 시마는 "내가 매일 마주치는 환자와의 관계 속에서 '정신의학(의료)'에 대한 근본적인 비판을 할 수 없다면, 이 본론은 쓰이지 않을 것이다"라고 썼다.[38] 여기서 시마가 말한 "관계"란 단지 의사와 환자의 관계만은 아니다.

시마는 오키나와에서 정신과 의사로 활동하기 시작하자마자 의사, 간호사, 보건사, 사회복지사, 관공서 위생 담당자들과 함께 '정신 의료 공부 모임'을 시작한다. 첫 번째 모임은 1973년 5월 19일이었다.[39] 이 공부 모임이 축이 되어 1977년에 『오키나와 정신 의료沖縄精神医療』라는 잡지를 창간한다. 「창간의 말創刊にあたって」에는 다음과 같이 적혀 있다.

새삼 말할 필요도 없이 오키나와 정신 의료는 갖은 어려움 속에 있습니다. 많은 사람의 노력에도 불구하고 '정신병자' '정신 장애자'라 불리는 사람들은 현실에서도 비참한 상황에 처해 있습니다. 이러한 어려움을 조금이라도 극복하기 위해서는, 또 이러한 상황을 다소나마 바꾸기 위해서는 어떻게 하면 좋을까? 이러한 바람을 담아 우리들의 작은 원을 넓혀나가다 보면 아마 오키나와 각지에서 똑같은 모색을 하고 있을 사람들과 공통의 광장을 만들 수 있지 않을까 하는 마음으로 이 잡지 간행

을 계획했습니다.[40]

아무렇지 않아 보이는 글이지만 여기서는 해설하기에서 장의 논리로의 전환이 이루어지고 있는 것이 아닐까? 설명하고 올바른 답을 찾는 것이 아니라 어려움을 말로 확보하는 것이 바로 앎이자 오키나와가 이야기되는 장 아닐까?

오에는 투쟁하는 민중을 찾으려 했다. 하지만 신문공간 속에서 취하는 방어태세에서 찾을 수 있는 저항은 지배에 앞서서 존재하며, 지배를 통해 정의되지 않는다. 그리고 1장에서도 썼듯 저항에서는 방어태세가 만들어내는 복수의 움직임 이전의 움직임으로 이루어진 다발, 바꿔 말하면 신체적 연루를 통한 집합성과 저항하는 자로서 등장하는 집단적인 행위자 둘 중 하나로는 환원할 수 없는 중층성이 중요해진다. 이러한 중층성은 역시 방어태세를 취하는 사람들의 말의 소재를 저항 내부에 확보함으로써 실현된다. 가와미쓰가 버티고 선 곳은, 그리고 오카모토가 공동체라는 말로 표현한 것은 이러한 말의 소재다. 그리고 '정신위생실태조사'와 관련해 오에가 뛰어넘어버린 것은 이러한 말의 소재를 **확보하는** 일이었다.

올바른 해설이나 설명 혹은 오키나와를 논하는 일이 아니라 이러한 말의 소재를 확보하는 행위를 가와미쓰나 오카모토가 머무른 위치와 접합해야 한다. 다시 말하지만 이것이 파농의 임상성이며 장의 논리다. 계엄상태의 오키나와는 신문공간에 등장하는 이러한 장의 논리로서, 바꿔 말해 난로와 관련된 조직론으로서 말을 획득한다.

5장 단독 결기, 무수한 'S'에게

> 적의를 품은 자연, 근본적으로 반역적이고 감당할 수
> 없는 자연, 식민지에서는 이것이 실제로 미개척지, 모
> 기, 현지인, 열병으로 나타난다.[1] ── 프란츠 파농

> 폭력을 독점하고 거기서 이익을 얻는 사람들은 늘 그
> 렇듯이 그 폭력이 필요하고 정당하며 모든 사람들에게
> 이익이 된다고 판단한다. 하지만 이러한 사회 질서의 폭
> 력으로부터 자신을 지키려고 하는 모든 움직임은 공포
> 의 시선에 노출되고 불법이라고 간주된다. 피억압자에
> 게는 자기를 지킬 권리나 정당한 법적 절차가 허용되지
> 않는다. 맬컴 X가 "필연적인 모든 수단으로"라고 자기
> 방어를 선언했을 때처럼, 피억압자들의 지도자가 내놓
> 는 자기방어와 관련된 모든 견해는 추문을 담고 있거나
> 사회에 대한 위협이라고, 심지어는 미쳐가는 인간이 착
> 란 상태에서 지르는 비명이라고 즉각 비난받는다.[2]
> ── 후세인 A. 불한

1. 분노의 풍경

오사카에서 교직원 조합 노동 운동을 하다가 파업을 선동했다는 이
유로 면직된 뒤 오키나와에서 계속 글을 쓴 세키 히로노부関広延는 오
키나와의 행정권이 일본에 복귀하는 1972년 5월 15일 미명을 다음과

같이 기록했다.

지금 어떠한 세력도 그 무게와 같은 정도의 격렬함으로는 조직할 수 없는 어두운 분노가 이 땅을 뒤덮고 있다.[3]

복귀 운동은 일본으로 돌아가는 것이 아니라 '기지 섬'에서 탈출하는 것을 희구했다고 할 수 있다. 또 기지가 생활 수단인 이들도 포함해 사람들은 복귀라는 말에 탈출이라는 다른 미래를 걸고 있었다. 1972년 5월 15일은 탈출에 대한 바람이 봉쇄된 결정적인 사건이었다. 세키가 그린 어두운 분노의 풍경은 꿈이 말을 잃고 분노와 함께 끌어안기며 침묵이 지배하는 광경이다. 그리고 충만한 분노는 악에 대한 정의의 분노라기보다는 배반당했다는 원망으로 인한 분노다. 일본 복귀라는 말에 미래를 걸었다가 그 말에 배반당한 것이다. 따라서 분노는 우선 복귀 운동을 구성하던 정치의 정지를 의미한다. 또 분노는 정치화되지 않은 영역에 충만해 있다고 할 수 있을 것이다. 즉 "땅을 뒤덮고 있다." 이것은 새로운 운동 혹은 폭동이라는 형태로조차 귀결되지 않는, 모든 세력에게 버림받았다는 분노다. 먼저 분노가 충만한 이 풍경을 주의 깊게 살펴보자.

세키와 동시대에 나온 말에서는 세키와 마찬가지로 정치화되지 않은 분노의 영역이 떠오른다. 1971년 1월 3일 날짜가 적힌 기마 스스무儀間進의 글에는 다음과 같은 부분이 나온다. 1970년 12월 20일 미명에 일어난 '고자コザ 폭동'*에 대해 쓴 글이다.

---

* 미군 병사가 일으킨 교통사고에 대한 공정하지 않은 처리가 계기가 되어 1970년 12월

우리가 처한 상황에서 생겨나는 정체불명의 흐물흐물한 원념을 말로 표현할 재주가 우리에게는 없다. 몇 가지 논문이 복귀 사상으로 거론되지만, 그것은 건져 올리는 순간 손가락 사이로 줄줄 빠져나가서 마음속 깊이 가라앉는 것으로 끝난다. (……) 원념을 표현하고 전달하려면 흐물흐물한 채로 직접 상대방과 부딪치는 수밖에 없다. 그러한 표현 방법은 양식 있는 사람들의 빈축을 사고, 시민적 질서가 빈틈없이 깔려 있어 움쩍달싹도 할 수 없는 일상 사회를 뒤흔드는 반사회적 행동이 되지 않을 수 없다.[4]

어떠한 세력도 조직해낼 수 없는 분노는 또한 말로 표현할 수조차 없는 "정체불명의" "원념"이라 전달하거나 공유할 수도 없다. 만약 그것을 표출하려고 했다가는 곧장 "양식 있는 사람들의 빈축"을 살 것이다.

그렇다면 이 분노의 풍경에서는 무엇이 시작되려 하고 있을까? 하지만 이 물음으로 향하기에 앞서 중요한 것은 시작이 진압되었기 때문에 분노의 풍경이 출현했다는 점이다. 기마의 글에서도 알 수 있듯 "원념" 표출을 진압하는 것은 일본 정부나 미국뿐 아니라 복귀 운동을 담당하던 정치 과정이기도 하며, 거기에는 "양식 있는 사람들"이나 "시민적 질서" 또한 포함된다. 따라서 이 시작은 정치에서 소외되어 있을 뿐 아니라 사회에도 있을 곳이라고는 없는 고립무원의 투쟁 속에

20일 한밤중에 고자시(지금의 오키나와시)에서 격앙한 민중이 미군 관계 차량 수십 대와 기지 내 시설에 불을 지른 사건.

서 개시될 수밖에 없다.

이러한 풍경에는 말이 없다. "말로 표현할 재주"가 없는 것이다. 더 정확히 말하면 표현할 말을 찾을 수 없다기보다는 말을 하고 있는데도 말하고 있다고 간주되지 않는 것 아닐까? 이는 말이 사전배제되고 문답무용의 폭력이 질서의 결정적인 담당자로서 육박해 오는 신문공간의 풍경이다. 거기서 풍경은 인간의 말이 들리지 않는 자연이 된다. 하지만 그것은 제사에서 인용한 파농의 글에 있듯 "적의를 품은 자연"이기도 할 것이다.

이 풍경에서 무언가가 시작되려 하고 있다. 분노는 풍경에서 빠져나와 정체불명의 양태를 띠고 모습을 드러낸다. 이 장에서는 이러한 시작으로서 '도쿄타워 사건'이라 불리는 도미무라 준이치富村順一의 단독 결기를 생각해보겠다. 단독 결기는 우선 있을 곳이 없는 고립무원의 싸움이지만, 거기서는 뭔가가 시작되려 하고 있다. 이러한 시작의 정치적인 의미를 탐색하기 전에, 먼저 분노로부터 말을 빼앗고 그것을 진압하여 풍경으로 만드는 신문공간을 문제 삼지 않으면 안 된다. 만일 이러한 물음을 던지지 않고 거기서 어떠한 정치적 의미를 이야기하려 한다면, 이는 곧장 진압에 대한 추인으로 귀결될 것이다. "적의를 품은 자연"에서 움직이기 시작하는 분노를 '사전배제'를 전제로 한 말로 해설하는 순간, 그 분노는 번드르한 해설과 함께 삭제돼버린다. 문제는 그 정체를 밝히는 일이 아니다. 신문공간이 테두리를 치고 있는, 해설자가 사는 장소가 문제다.

신문공간 내부에서 요청되는 것은 "옆에서 일어나는 일이지만 이미 남의 일이 아니다"라고 중얼거리면서 방어태세를 취하고 휘말리며 떠맡는 과정이고, 또 거기에 안다는 행위를 설정하는 일 아닐까? 분노의 풍경에서 시작되는 말의 모습은 이러한 행위를 장으로 확보함으로써 나타나는 것 아닐까?

2. "이것 말고는 방법이 없었어요"

도미무라 준이치는 1930년에 오키나와현 구니가미손国頭村 모토부本部에서 태어나 오키나와전투에서 살아남은 뒤 미군 물자를 거듭 탈취하다가 여러 차례 검거되었고 1954년 오키나와형무소 폭동에도 참가했다. 아마미를 거쳐 일본에 밀항한 뒤 가고시마, 미야자키, 오사카, 도쿄, 홋카이도에 옮겨 살다가 산야山谷*에서 일용직 노동자로 살았다. 그는 반복되는 미군 범죄와 기지의 존속이라는 현실 속에서 경찰의 방해를 받으면서도 거리에 서서 오키나와의 현실과 일본인 및 천황의 전쟁 책임을 계속해서 호소했다. 그러다 1970년 6월 26일, 경찰이 보고 있는 가운데 고쿠시칸대학의 우익 학생들이 신주쿠역에서 가두 활동을 하려던 도미무라를 구타하는 사건이 벌어진다. 도미무라는 다음과 같이 썼다.

그 뒤로 저는 일본에서는 오키나와 인민으로서 오키나와 문제를 호소할 자유가 없었습니다. 그래서 저는 도쿄타워에서 농성한 겁니다.[5]

그리고 고쿠시칸의 우익 학생과 경찰이 합세해서 탄압을 가하고 나

---

* 도쿄의 지명으로 일용직 노동자들이 묵는 간이 숙박 시설 등이 밀집해 있는 장소.

서 11일이 지난 뒤 도미무라는 도쿄타워에서 인질을 잡고 농성한다.

　　이것 말고는 방법이 없었어요.[6]

　이렇게 말한 도미무라 준이치의 행동의 의미는 명확하다. 사전에
계획을 짜서 셔츠에 "미국은 오키나와에서 나가, 고 홈" "일본인은 오
키나와 일에 참견 말라" "천황 히로히토를 교수형에 처하라"고 쓰고,
전망대에 어린아이가 있을 경우를 대비해 초콜릿을 스무 개 준비한
다. 미국인을 인질로 잡는 것만 생각해서 자신의 행동을 설명한 뒤에
거기에 있던 한국 관광객은 풀어주었으며 미성년자도 놓아준다. 미국
인에게 칼을 들이대면서도 "죽이지는 않겠다" "내가 하고 싶은 말을
하기 위해 이런 일을 벌인 것이다"라고 알리는 동시에 "경우에 따라서
는 여러분에게 피해를 입히지 않더라도 나는 죽겠다"고 중얼거렸다.
그런 도미무라의 싸움[7]은 다른 사람에게 식칼을 들이대기는 했지만
살의가 있는 공격은 아니었고, 압도적으로 약한 위치에 있는 사람이
폭력 진압의 공포를 견디면서 시작한 단독 결기였다고 우선 말할 수
있겠다.
　그 뒤 도미무라가 쓴 옥중 수기나 공판 투쟁에서 이 결기의 의미는
아주 명확히 이야기된다. 아니, 그보다 그의 행동은 사후적으로 이야
기된 명확한 주장 속에서 이해되었다. 미국과 결탁하여 오키나와를
지배하는 일본, 오키나와를 팔아넘긴 천황, 오키나와전투에서 오키나
와인과 조선인을 학살한 황군, 빈발하는 미군 범죄, 베트남 출격……
그의 결기가 아무리 충격적이었다 한들, 혹은 곧장 찬성을 얻어낼 수
는 없는 것이었다 한들, 행동 후에 제시된 옥중 수기나 법정 진술을 통

해 밝혀진 도미무라의 주장은 명확했고, 그의 단독 결기는 이러한 주장 내용에 따라 사후적으로 이해되기에 이른다. 또 그렇기 때문에 그를 지원하는 운동도 생긴다.

하지만 지금 하려는 것은 이러한 명확한 주장을 들어 도미무라의 결기를 그가 주장한 내용으로 축소한 다음 옳고 그름을 논평하는 일이 아니다. 그의 주장에 곧장 찬동을 표명하거나 비판을 가하기 전에, 그의 결기를 명확하고 판단하기 쉬운 주장으로 상정함으로써 무엇이 지워지고 있는가라는 문제를 먼저 생각하고자 한다.

그의 단독 결기는 말을 하고 있는데도 말하고 있다고 간주되지 않는 신문공간에서 말의 장소를 확보하려고 한 행동이 아닐까? 거기서는 무슨 말을 했느냐가 아니라 **어떻게 하면** 말을 한 것이 되느냐가 문제였던 것 아닐까? '어떻게 하면'이라는 물음 속에서 도미무라는 "이것 말고는 방법이 없었다"고 중얼거린 것 아닐까?

또한 말을 하고 있는데도 말하고 있다고 간주되지 않는 신문공간에서 도미무라가 먼저 만나는 것은 1장에서 말한 "발화 가능성이 사전 배제되어 있을 때 주체가 느끼는, 위험에 노출되어 있다는 감각"[8]이 아닐까? 이는 발화가 증상으로 처리되는 사태이기도 할 것이다. 제사에서 인용한 후세인 A. 불한Hussein Abdilahi Bulhan은 파농의 폭력론을 논의하면서 "사회 질서의 폭력으로부터 자신을 지키려고 하는 모든 움직임은 공포의 시선에 노출되고 불법이라 간주"되며 심지어는 "미쳐가는 인간이 착란 상태에서 지르는 비명이라고 즉각 비난받는다denounce"[9]고 지적했다. 자연화된 풍경에서 떨어져 나와 살아 있는 인간이고자 하는 행위가 신문공간에서는 이해하기 힘든 "미쳐가는 인간"의 "착란 상태"라고 비난받는 것이다.

도미무라의 행동 역시 우선은 "광기에 찬 타워 점거" "범인은 정신 이상인가?"라는 제목으로 보도되었다. 또 도미무라는 정신감정을 받을 뻔한다.[10] 뒤에서 검토하겠지만, 이해하기 힘든 행동에 대한 이러한 비난에서는 정신 의료가 큰 역할을 담당함은 말할 필요도 없다. 불한이 말한 비난이란 언론의 표상일 뿐 아니라 무엇보다도 정신의학이라는 과학과 의료라는 제도 속에 물질화되어 있다. '사전배제'는 제도로서 존재한다.

여기서 불한이 말하는 '광기'는 단순한 라벨링 문제가 아니다. 바꿔 말해 '광기'는 저항의 주체에 대한 허위 표상이 아니다. '광기'에 관한 표상이 사회 방어에 바탕을 두고 있음은 분명하지만, 이를 단순한 허위 레테르로 이해하는 한, 그 배후의 진실로 발견되는 저항 주체는 '사전배제'를 전제로 한 질서 속에서 명확히 정의된다. 이는 신문공간을 추인하는 일이기도 할 것이다.

그 결과 단독 결기에서는 허위 레테르의 배후에 이해하기 쉬운 저항 주체, 즉 승산은 없지만 강한 결의를 가진 저항 주체가 발견된다. 또 승산이 없는 투쟁을 위해 결기한 사람들의 위치에는 '광기'를 대신해 강한 결의가 보충될 뿐이다. 이는 4장에서 이야기한 오에 겐자부로의 문제이기도 하다. 하지만 허위 레테르 배후에서 투쟁하는 민중을 찾고자 하는 믿음이 배신당하고, 거기에는 당장 이해할 수는 없는 혼란스러운 말이 존재한다면 어떨까? 해석의 정밀도를 더 올려서 저항 주체를 밝혀내면 될까? 그래도 혼란스러운 말들은 한층 더 깊은 곳에 체류할 것이다.

다시 말하지만 중요한 것은 올바른 설명이 아니라 어떻게 "옆에서 일어나는 일이지만 이미 남의 일이 아니다"라는 어구 속에서 단독 결기를 이해하느냐는 물음이다. 불한이 언급한 맬컴 X의 "필연적인 모든 수단으로 by any means necessary"라는 발언의 의의는 무기의 종류나 무장 정도의 문제도 아니거니와 '결기' 배후에 무장 투쟁을 전개하는 냉철한 혁명적 결의가 숨어 있다는 점도 아니다. 이 한걸음은 공포와 맞서 싸우면서 질서에서 이탈하는 사람들이 발견하는 어떤 필연성, 즉 오성적으로는 필연화되지 않는 행동이 필연적인 사태로서 부상하는 시작의 순간이다. 그리고 이 필연성은 2장의 〈산리즈카의 여름〉에서 본 농민들의 무장이나 3장에서 본 마쓰시마 조기의 「뛰어넘기 논리」처럼, '결기하다'라는 동사에서 생겨나는 움직임 이전의 움직임 혹은 기존 질서를 담당하는 사람들이나 사물, 풍경의 의미 자체가 재편성되고 탈바꿈해나가는 과정으로 생각해야 하지 않을까?

하지만 이러한 시작을 강한 결의와 단순한 수단으로서의 무장이라고 보는 관점에서는 필연적이지 않은 행동이 필연화되는 시작의 순간을 역시 놓치게 된다. 마찬가지로 식칼을 들고 농성하는 도미무라의 직접 행동이 그러한 행동을 일으킨 사람 자신이 남긴 명확한 정치적 주장으로 설명될 때, 그 행동은 지지하느냐 반대하느냐를 표명할 수 있는 지극히 이해하기 쉬운 이야기와 함께 제시된다. 거기서는 기존 질서를 담당하는 사람이나 사물 혹은 풍경의 의미 자체가 탈바꿈하는 가운데 얼굴을 내미는 복수의 움직임들이 알려지는 일 없이 매장된다. 그리고 "필연적인 모든 수단으로" 혹은 "이것 말고는 방법이 없었다"라는 시작은 결의에 찬 행위자의 무장이라는 문제로 이해될 것이다. 이러한 이해는 어쩌면 폭력 진압의 논리로 '광기'를 끄집어내는 것과도 표리일체일 것이다. 의사 없는 폭력은 문답무용으로 진압하고 배제하지 않으면 안 되는 광기다. 거기서는 또한 주장은 옳은데 방식이 잘못됐다는 식으로 의도와 수단에 관한 안이한 구분법도 등장할 것이다.

식칼을 들고 "이것 말고는 방법이 없었다"라고 한 도미무라의 말에서 다른 경로를 확보해야만 한다. 프란츠 파농이 『대지의 저주받은 사람들』에서 폭력이란 "자신들의 해방은 힘으로만 이루어질 수 있고 그 외에는 있을 수 없다고 보는 직감"[11]이라고 말했듯, 폭력은 무기나 단순한 무장이라는 문제가 아니라 세계에 대한 인식과 관련되며, 바꿀 여지가 없던 세계가 바꿀 수 있는 세계로 탈바꿈하는 것이기도 하다. 도미무라에게 단독 결기와 폭력이란 단순한 무장의 문제도 아니거니와 사람을 죽이거나 다치게 하는 것도 아니고, 이러한 인식의 변화이자 움직이기 힘든 현실이 다른 미래로 열려나갈 가능성을 띠기 시작하는 사태였던 것 아닐까?

3. '광기'

그런데 도미무라의 단독 결기가 결기 후에 어떻게 이야기되고 상기되었는지를 생각할 때, 그 직후에 『현대의 눈現代の眼』(1971년 5월)에 게재된 오카모토 게이토쿠의 「도미무라 준이치, 오키나와 민중의 원념富村順一 ― 沖縄民衆の怨念」은 중요한 논점을 제시한다. 글은 다음과 같이 시작한다.

1970년 7월 8일 도미무라 준이치가 도쿄타워 전망대에서 미국인에게 칼을 들이댐으로써 행한 '고발'은 본토에 있는 오키나와 출신들에게도 매우 충격적인 사건이었다. 당시 신문에서도 보도되었듯 그것은 언뜻 '미친 짓'이나 광기라고 평가받는, 실로 "상궤를 벗어난 개인의 행위"로 여겨질 수도 있었다. 그런 의미에서는 그의 행위 자체가 충격적이기는 했을지언정, 처음에는 이 문제에 개입하는 사람들 각자의 내부에 앙금처럼 침전해 있다가 거듭해서 떠오르는 묵직한 뭔가를 가지고 있는 것처럼 보이지는 않았다.[12]

오카모토의 이 서두는 매우 중요하다. "본토에 있는 오키나와 출신들"이라는 이름과 함께 오카모토가 이야기하는 것은 "충격"이자 침전하는 "앙금"이다. 오카모토는 이해하기 힘든 사건을 '광기'로서 바깥으로 밀어내지 않고 우선 충격으로서 자기 안에 거둬들였다. 충격을 받은 사람은 그 뒤에 충격을 매개로 그 의미를 탐색한다. 그 의미를 바로 이해할 수 없더라도 충격은 버려지지 않고 몸 안에 앙금처럼 침전하고, 사고는 이를 기점으로 천천히 시작된다. 이러한 사고 속에서 오카모토는 도미무라를 "원념의 광기를 체현한 자"라고 불렀다.

아마 자기 자신도 그중 하나인 오키나와 민중의 원념을 자신이 존재한다는 틀림없는 증거로 돌출시키고 그렇게 함으로써 일상성에 희석되는 것을 거부하기 위해서는, 도미무라는 실로 원념의 광기를 체현한 자로서 도쿄타워 전망대에 올라야만 했다.[13]

이 글에 대해 신조 이쿠오新城郁夫는 이것이 오카모토 자신의 "원념의 광기"에 매개되고 있으며, 그렇기 때문에 오카모토는 도미무라가 법정 진술에서 한 주장을 마치 자신의 진술처럼 더 선명하게 논리화하

고 재구성했을 뿐 아니라 그 뒤까지 그려냈다고 지적한다.[14]

확실히 도미무라의 결기는 우선 충격으로 등장했다. 하지만 신조가 했듯이 그 충격을 도미무라가 법정에서 한 주장의 재독으로 그릴 때는, 다시 말해 명확한 주장을 담은 말들로 다시 그릴 때는 역시 이해하기 쉬운 이야기가 움직이기 시작할 것이다. 요점부터 말하자면, 도미무라의 결기가 가져온 충격이 낳은 흔적은 행위자의 동기에 대한 설명이나 법정의 의견 진술 내용으로 보충되지는 않는다는 뜻이다. 오카모토가 도미무라의 단독 결기에서 받은 충격을 도미무라의 "원념의 광기"로 고쳐 표현한 의미를 받아들이면서도, 지극히 이지적인 도미무라의 법정 의견 진술을 근거로 그 뒤에 저항을 그린다면, 도미무라의 '광기'는 명확한 주장을 감추기 위해 붙인 레테르가 되고, 숨겨질 뻔했던 진정한 주장이야말로 충격을 낳게 된다. 또 격렬하게 고발하는 말만이 각광을 받는다면, 사람들은 주장에 찬동할 때만 연결될 수 있을 것이다. 그렇게 되면 '사전배제'는 추인되고 만다.

여기서 만일 의견 진술 같은 법정에서의 주장이 없었다면, 즉 명확한 의견으로 이해할 수 있는 말이 남아 있지 않다면 어떨까 가정해볼 필요가 있겠다. 뒤에서도 이야기하겠지만, 만일 단독 결기 후에 정신 의학이나 정신 의료 제도 속에서 유폐되어 증상으로 분석된 말밖에 남아 있지 않다면 어떻게 될까? 혹은 법정이 열리지 않았다면 어떨까? 도미무라의 단독 결기와 관련해서 해야 할 일은 유폐한 제도에 대한 비판과 함께 유폐된 말들의 반란을 생각하는 것이 아닐까? 그가 의견 진술을 한 법정도 비판받아야 할 제도에 포함된다. 그리고 이러한 과정 속에서 도미무라의 행동을 생각하기 위해서는 도미무라의 '광기'라는 문제를 그의 격렬한 주장으로 치환해서는 안 되는 것 아닐까?

도미무라가 단독 결기한 시대, 후나모토 슈지船本州治는 1976년에 오사카구치소에서 학살당하게 될 'S군'이 정신 병원에 조치 입원 당하자 그에 대한 지원 활동(S투쟁)을 전개했다. 후나모토는 1975년에 당시 황태자였던 아키히토의 오키나와 내방에 항의하기 위해 단신으로 가데나 기지 게이트에서 자살했다. 'S군' 지원 활동에 결집해달라고 호소하기 위해 집필한 1972년 2월 8일자 글에서 그는 도미무라 준이치를 몇 번이나 언급했다. 「모든 정신 '이상'자 및 '범죄'자는 S투쟁 지원공투회의에 결집하라!全ての精神「異常」者ならびに「犯罪」者は, S鬪爭支援共鬪会議に結集せよ!」는 이 호소문에서는 'S'라는 표현이 쓰이고 있다. 이 'S'에 대해 'S군'은 '개별 S'라고 하면서 후나모토는 이렇게 말했다.

그것(S)은 나가야마 노리오永山則夫*이고 와카마쓰 요시키若松善紀**이고 김희로金嬉老***이고 이진우李珍宇****이고 도미무라 준이치이며 오히려 이

---

* 1968년에 요코스카 미군 기지에서 훔친 권총으로 네 명을 살해했다. 감옥에서 독서를 계속하여 수기 『무지의 눈물無知の涙』을 출판했으며 소설을 발표하여 신일본문학 신인상을 수상했다. 당시의 체제 비판적인 문화인이나 지식인 들이 나가야마에게 관심을 가졌고, 소년 범죄에 대한 사형 선고와 관련해 이른바 '나가야마 기준'이 만들어지는 계기가 되기도 했다.

** 1968년 6월 16일에 요코스카에서 출발하는 상행 열차를 폭파했다.

*** 1968년에 폭력단원 두 명을 죽인 다음 온천 여관에서 13명의 숙박객을 인질로 잡고 농성하면서 경찰의 민족 차별에 대한 사죄를 요구했다.

**** 1958년에 도쿄 고마쓰가와고등학교에 다니던 여학생을 살해했다. 1959년에 사형을 선고받은 이진우는 지식인들의 구명 운동에도 불구하고 형이 확정되어 1962년에 이례적인 속도로 사형이 집행되었다. 이듬해 재일 조선인 저널리스트인 박수남과 주고받은 옥중 서한을 편집한 『죄와 죽음과 사랑과罪と死と愛と』가 출판되었으며, 오시마 나기사大島渚의 영화 〈교사형絞死刑〉, 오오카 쇼헤이大岡昇平의 소설 『무죄無罪』, 오에 겐자부로의 「절규叫び声」 등 이 사건을 모델로 한 창작물도 여럿 발표되었다.

러한 '유명인'들이라기보다는 같은 배경 속에서 고뇌하는, 무수한 억압받고 학대당한 의지할 데 없는 사람들이다.[15]

후나모토가 열거하는 일련의 이름 속에 도미무라가 들어갈 때, 연달아 나오는 이 이름들을 어떻게 논의해야 할까? 가령 그 안에는 정신감정을 강요당한 뒤 1975년에 도쿄구치소에서 사형당한 '요코스카선 열차폭파사건'의 와카마쓰 요시키가 있다. 그가 장치한 폭탄은 한 명을 죽이고 많은 사람에게 중경상을 입혔다. 이 사건과 도미무라의 행동이 연속해 있는 수맥을 생각하려 할 때, 법정 진술에서 도미무라가 한 명확한 주장을 재구성하여 "원념의 광기를 체현한 자"라고 했던 오카모토가 본 도미무라는 압도적으로 불충분하지 않을까? 아니면 와카마쓰처럼 그저 범죄자로 기억되는 사람들은 법정에서 명확한 주장을 하는 도미무라와는 전혀 다른 것일까?

'광기'를 윤리적인 올바름이나 이해하기 쉬운 주장으로 환원해서는 안 된다. 이는 운동의 확대를 단지 명확한 주장에 찬동하는 동아리로 축소시키지 않기 위해서도, 또 올바름을 주장하는 개인을 낭만화하지 않기 위해서도 필요한 일이다. 그렇기 때문에 도미무라의 결기에 대해서는 우선 다른 수맥을 상정해야만 한다. 그렇다면 후나모토가 말한 'S'에서는 어떠한 연속성을 찾아낼 수 있을까? 여기에 초점을 맞추며 논의를 진행해보자.

4. 취조실

1976년 『신오키나와 문학』(33호)에 게재된 지넨 세이신知念正眞[16]의 희곡 『인류관人類館』에는 도미무라와 그의 행동을 암시하는 서술이 등장한다.[17] 여기서 주목하려는 것은 도미무라의 행동으로부터 6년이 지나 간행된 희곡 『인류관』이 도미무라를 어떻게 그렸느냐는 점이다. '조련사' '남자' '여자' 세 명의 등장인물로 구성된 이 희곡은 '인류관'[18] '취조실' '정신 병원' '법정' '오키나와전투 전장' 등의 장면을 설정하고 있다. 도미무라의 단독 결기가 상정되는 장면은 '취조실'과 '정신 병원'이다.

희곡이기 때문에 가능한 장면 설정은 도미무라의 결기에 내포된 복수의 문맥을 부각하는 동시에 그것들이 연동하고 확장된다는 점도 분명히 보여준다. 즉 '취조실'과 '정신 병원'에 '남자'로 등장하는 도미무라의 존재는 이 두 장면이 별개의 공간으로 닫히는 것을 막으며 각각의 장면에서 둘의 연결을 보여주는 배후 인물 같은 연결 장치가 되는 동시에, 개개의 장면에 온전히 담기지 않는 과잉적인 존재로서 그러한 연쇄가 또 다른 장면으로 계속 이어지게 해주는 모터 역할을 담당한다. 그 결과 직접적으로는 등장하지 않는 '인류관'이나 '전장' 등의 장면에도 도미무라는 침투해 들어간다. 이러한 계속되는 연쇄 속에 도미무라의 결기가 상정돼 있는 것이다. 먼저 '취조실' 장면을 보자.

조련사: 얕보지 마, 도미무라. 네놈 속은 다 알고 있어. 훤히 보인다고! 자, 이상한 수작 부리지 말고 다 털어놔.

뭐가 목적이야! 누구의 사주를 받았나!

남자: ……저는, ……제국주의란 무엇인지……, 민주주의니 사회주의니……, 저는 아무것도 모릅니다.

조련사: 그러면 왜 그런 엄청난 짓을 벌인 거야? 누구의 사주를 받았지?

남자: ……

조련사: 숨기지 말고 자백해.

무슨 비뚤어진 마음으로 그렇게 엄청난 짓을 생각해낸 거야?

남자: ……저는 아무런 비뚤어진 마음 없이 매일 즐겁게 보내고 있었는데요, 제가 소학교 삼학년 때 일입니다. 바지가 찢어져서 엉덩이가 보이는 바람에 친구랑 같이 학교에 가지 않고 혼자 뒷문으로 지나갔어요. 그걸 나카소네 선생님한테 들켜가지고, "왜 너는 정문으로 가서 천황 폐하께 경례하지 않냐"며 학교 선생님들부터 시작해서 친구들까지 때리고 밟고 그더는 거예요.

그래서 저는 학교에 가지 않게 됐습니다.

조련사: (극도로 겁에 질려) 이, 이 새끼……

남자: (담담하게) 말씀드리는 게 늦어졌는데, 타워에서 조건 없이 내려보낸 젊은 조선인이 저를 따라와서 몇 번이나 "조선 만세, 오키나와 만세"라고 하더라고요.

조련사: ……반란이다. 폭동이다!

여기서 '남자'가 한 발언은 도미무라의 옥중 수기 『내가 태어난 곳은 오키나와わんがうまりあ沖縄』에 등장하는 「제국주의란 무엇인가帝国主義とは何か」(1971년 10월 8일자) 혹은 「미군 오키나와 상륙米軍沖縄上陸」

(1970년 11월 26일자)이라는 표제가 붙은 수기 부분과 명백히 대응한다.[19] 또 범죄 동기를 알아내려는 '조련사'에게 자신에게 각인된 모든 역사를 표현하려고 하는 '남자'의 응답은 형사 사건으로 처리하려는 법정에 맞서 자신이 한 행동의 의미를 정치 문제로 주장한 도미무라 자신의 법정 투쟁과도 직결된다.

하지만 이 희곡 장면을 이러한 수기나 법정 투쟁에 직결시켜서 해석하면 안 된다. 왜냐하면 동기를 말하게 하려는 '취조실'에서 '제국주의' '사회주의' '민주주의' 같은 정치 용어는 '남자'에게 아무런 의미를 갖지 못하고 거절되고 있기 때문이다. 또한 '조련사'가 명령조로 하는 말에 대한 '남자'의 응답은 우선 '일본어'로서 불명료한 발화로 처리된다. 그리고 '남자'가 "젊은 조선인"에게 들은 "조선 만세, 오키나와 만세"라는 외침이 표명된다. 말은 거동이 되려고 하는 것이다. 이 외침 소리와 거동에서 글자 그대로 '반란'이 예감된다.

희곡에서는 다음으로 '남자'를 '정신 병원'에 등장시킨다. 거기서는 "오늘은 저희 정신 병원에 오신 것을 환영합니다"로 시작되는 '조련사'의 긴 독백에 "천황에 대한 인민 재판을 요구한다!" "천황은 전쟁 책임을 져라!" "오키나와의 피의 부르짖음을 들으라!"는 외침이 삽입돼 있다. 이 외침이 도미무라의 단독 결기를 염두에 두고 있음은 분명하다. 이뿐만 아니라 '정신 병원' 장면에서 '조련사'는 오키나와에 '정신병 환자'가 많다는 이야기를 하며, 그 이유는 "역사의 전환점에서 그들이 늘 정신의 가장 깊숙한 곳, 즉 영혼의 심연에서 고뇌하고 있기 때문입니다"라고 한 다음 이를 '전쟁후유증'이라고 부른다. 이는 바로 4장에서 검토한 '정신위생실태조사'와 관련된다. 즉 도미무라의 말은 거동에서 증상이 되려는 중이다.

희곡 『인류관』에서 도미무라 준이치는 사법과 관련된 '취조실'과 의료와 관련된 '정신 병원'을 횡단하는 존재다. 게다가 횡단하는 과정에서 과거 오키나와의 전장과 계속되고 있는 베트남전쟁이 '전쟁신경증'으로서 부단히 상기된다. 도미무라의 단독 결기를 상기하는 이 희곡에서는 도미무라의 행동에 전장의 기억을 놓고 있지만, 이는 역사로서 이야기되는 오키나와전투라기보다는 '실태 조사'에 수록되는 병의 언어로 존재한다. 그 결과 도미무라의 단독 결기는 사전에 배제된다.

하지만 방어태세를 취하는 사람들은 "옆에서 일어나는 일이지만 이미 남의 일이 아니다"라고 중얼거리면서 연결될 것이다. 희곡 『인류관』이 그려낸 도미무라를 둘러싼 연쇄의 확대를 받아들이면서 다시한 번 도미무라 자신의 '광기'에 대해 생각해보자.

5월 13일 일지에서 / 류큐대학 교수는 도미무라를 원념의 광인이라고 부른다. / 오키나와 청년위원회의 마쓰시마 씨가 현대의 눈(잡지 — 옮긴이)을 차입해줌. 나는 왜 광인인가, 나 같은 광인이 오키나와 문제를 주장하기 전에 나를 광인이라고 부르는 지식인은 왜 오키나와 인민의 권리를 주장하지 않는가, 정상적인 인간은 지능이 낮은 나 같은 인간이 이론적으로 오키나와 인민의 권리를 호소할 수가 없으므로 칼을 들고 표현한 것을 단순한 광인이란 말로 정리해도 되는가, 보도 관계자도 광인이라 부르기 전에 거짓 없는 눈으로 정당한 입장에서 오키나와 문제를 보도해야 하는 것 아닌가. / 나를 광인이라 부르는 경찰, 검사 들은 광인에게는 인권이 없다고 생각하는 것 아닌가. 정상적인 인간이나 지식인이 정당하고 올바른 정치를 하지 않으니까 나 같은 광인이 정당한 권리를 주장하는 것 아닌가. 하지만 광인도 인간으로서 권리가 있다. 광인이 자신의 권리를 주장하기 전에 정상적인 인간이 광인의 권리를 보호해야 하는 것 아닌가. / 정상적인 인간이여, 제대로 좀 하십시오.[20)]

여기서 도미무라가 쓴 "류큐대학 교수"는 앞에서 인용한 오카모토 게이토쿠이다. 또 "마쓰시마 씨"는 3장에서 이야기한, 가데나 기지의 울타리를 뛰어넘은 마쓰시마 조기다. 지금 생각하려는 것은 바로 여기서 도미무라가 이야기하는 '광인'을 오카모토가 말한 "원념의 광기"에 맡겨버리지 않는 작업이다.[21)] 앞에 인용한 도미무라의 '일지'에 등장하는 "나를 광인이라 부르는 경찰, 검사 들은 광인에게는 인권이 없다고 생각하는 것 아닌가"에서 '광인'이라는 말은 역시 도미무라가 신문을 받는 취조실로 되가져가서 읽어야만 한다. 그러면 경찰이나 검찰이 도미무라를 '광인'이라 부를 때 거기서는 무엇이 작동하고 있는가? 어떠한 폭력이 예감되고 있을까? 이 '일지'는 체포 당시의 취조실 상황을 기록한 다른 부분과 함께 읽을 필요가 있다.

(검사는) 우선 내 얼굴을 보자마자 의무관이 있으니까 의무관에게 보여준 뒤에 취조를 하겠다고 하면서 내 주장을 처음부터 들어주지 않았으며, 검사는 끝내 나를 취조하지 못하고 뭐 하나 듣지도 않은 채 나를 경찰에 돌려보냈습니다. 그리고 검사와 경찰이 합심하여 나를 억지로 미치광이로 당치도 않은 곳에 보낼 준비를 하고는, 형무소에 가는 것보다는 그 편이 너한테는 지내기 편할지도 모른다고 하면서 공판을 할 준비도 하지 않았습니다.[22)]

여기서 언급하는 것은 정신감정이다. 1970년 11월 18일 제4회 공판에서 이루어진 도미무라의 의견 진술에 등장하는 "경찰서 측은 제가가자마자 '도미무라, 너 이 새끼 머리 좀 식히고 병원에 가라. 병원에가면 빨리 나올 수 있고 이건 재판을 하면 늦어져'라고 말했다"는 발언에서도 정신감정과 관련된 상황을 확인할 수 있다.[23] 취조실에서 검찰관이 도미무라를 '광인'이라고 지칭하는 것은 언론의 표상이나 라벨링이 아니다. 거기에는 우선 일본 형법 제39조 "심신 상실자의 행위는 벌하지 않는다"와 관련된 기소 전 사법 정신감정과 뒤에서 서술할 1965년에 '개정'되는 정신위생법이 규정한 조치 입원을 상정해야만한다.

즉 취조실의 '광기'는 결기와 관련된 법이 형법에서 정신위생법으로 옮겨 간다는 문제다. 검찰관이 이른바 기소 편의주의에 근거해 처음부터 도미무라에 대해서는 재판이 아니라 조치 입원을 생각하고 있었음을 도미무라의 기록에서 엿볼 수 있다. 도미무라 공판대책위원회가 「공판 투쟁 경과 보고公判鬪爭経過報告」에서 지적했듯이 검찰관의 판단은 재판에서 천황 비판이 등장하는 사태를 대비한 검찰의 보신도 포함한 봉쇄라고 생각해야 할 것이다.[24] 이것이 취조실에서 등장하는 도미무라의 '광기' 문제다. 이는 또한 희곡 『인류관』이 훌륭하게 부각시킨 부분이기도 하다.

그의 말은 '광기'의 말이 아니고 그도 '광인'이 아니다. 하지만 말을하고 있는데도 말한다고 간주되지 않고 그저 증상으로만 받아들여지며 '광인'이라 간주된 사람들에게 작동하는 폭력은 도미무라에게는이미 남의 일이 아니다. 이 폭력은 다음 순간에는 도미무라를 덮치려고 대기하고 있다. 도미무라는 이 폭력을 예감했다. 이렇게 절박한 그리고 아직 결판이 나지 않은 상황 속에서 도미무라는 '광인'과 자신을 분리하려고 하며 또 그것을 떠맡고자 방어태세를 취한다.

오카모토의 글을 읽은 도미무라가 "왜 나는 광인인가"라고 물으면서 '광인'과 자신을 분리하려고 하는 한편 "정상적인 인간이나 지식인이 정당하고 올바른 정치를 하지 않으니까 나 같은 광인이 정당한 권리를 주장하는 것 아닌가"라며 '광인'인 자신을 떠맡으려고 할 때, 도미무라에게 '광인'이란 "옆에서 일어나는 일이지만 이미 남의 일이 아닌" 존재임을 우선 알아차려야만 한다.

그리고 도미무라가 예감한 폭력은 무엇보다도 정신감정의 작동과 관련된다. '광기'는 원념이나 충격과 관련된 은유적인 표현이 아니다. '사전배제'를 당하는 이 영역은 취조실에서 "어떤 종류의 시민을 생존 가능하게 하고 다른 시민을 생존 불가능하게 하기 위해 기능"함으로써[25] 법 자체를 생산한다. 이러한 취조실에 놓인 도미무라는 신문공간에 노출된 계엄상태의 오키나와이기도 할 것이다.

5. 정신감정

1964년 3월 24일에 주일 미국 대사 에드윈 O. 라이샤워가 칼에 찔린 사건에 대응해 1965년부터 이루어진 정신위생법 '개정'은 정신 질환이 있는 사람들을 지역 사회가 일상적으로 등록하고 감시할 뿐 아니라 신고 제도를 확대함으로써 강제로 조치 입원시키는 것을 추진했다. 또 이 법 '개정'에서는 병원을 중심으로 한 의료 제도와 경찰 제도가 긴밀히 연계할 것을 규정했다. 말할 필요도 없이 그 저류에는 정신 장애와 형법상의 범죄를 관련지으려는 의도가 있는데, 이러한 움직임은 1970년대에 쟁점이 된 형법 개정, 보안처분으로 이어져서 현재의 심신 상실자 등 의료관찰법에 이른다. 또 이러한 정신 의료를 매개로 한 지역 관리 체제는 1970년 오사카 만국박람회나 4장에서 이야기한 1975년 오키나와 해양박람회 당시의 치안 관리로 구현되었다.[26]

취조실에서 도미무라 앞에 등장한 정신감정과 조치 입원은 바로 경찰 혹은 사법이 의료와 급속히 가까워지는 가운데 등장한 제도다. 그것은 도미무라를 정치 바깥에 사전배제하는 제도로 등장했다. 또 앞에서 서술한 후나모토 슈지의 'S투쟁'이 보여주듯 이러한 '개정' 정신위생법이 지향한 지역 관리 체제에서는 도미무라가 생활하던 일용직 노동자들의 밀집지가 우선 표적이 되었다.

근대 형법에서는 행위자 자신의 과거 행위에 대한 증언이 책임 능력 문제와 얽히면서 결정적으로 중요시된다. 이러한 가운데 형법 제39조와 관련된 정신감정은 어떠한 말을 증언으로 간주할 것인가에 대한 판단과 다름없다. 이는 말이 만들어내는 의미 내용에 근거한 찬반이나 사법 판단이 아니라, 어떠한 말을 의미 있는 말로 정의하느냐를 정하는, 말의 '사전배제'다. '사전배제'는 당연히 법정 영역을 확정하지만, 그럼에도 불구하고 배제는 사법 판단이 아니라 의학이라는 과학적 진리에 근거한 감정鑑定으로 수행된다.

미셸 푸코가 1974년에 콜레주 드 프랑스Collège de France 강의에서 했던 정신감정에 관한 고찰도 이 점과 관련된다. 즉 말의 과학적 구분으로 사법 영역의 테두리를 두르며 사법 자체를 존립시키는 것이 정신감정이다. 그것은 "스스로 고유한 진리와 권력의 효과들을 갖춘 언표, 사법적 진리의 생산에서 초법적이라고 부를 만한 것을 갖춘 언표"인데, 이때 '초법'성은 "정의를 결정하기 위해 설치된 제도와 진리를 언표할 자격을 가진 제도가 서로 만나는 지점"에서 등장한다.[27] 즉 진리라는 이름 아래 말을 들어야 할 말과 증상으로 취급할 말로 구분하는 정신감정은 유죄냐 무죄냐라는 사법적 판단을 초월해서 법질서의 근간을 만들어내는 권력 기구다.

그렇기 때문에 도미무라의 명확한 법정 진술을 재독하여 그의 단독 결기에 의의를 부여하는 작업은 이미 정신감정이라는 '초법적' 기구를 전제로 하고 추인하게 된다. 아무리 양심적인 의도가 있더라도 거기서는 정신감정이 전제하는 말의 구분, 즉 '사전배제'가 반복된다. 또 정신감정이 담당하는 말의 분류는 법정 내부에서만 일어나는 일이 아니다. 문제는 법정에서 자격을 부여받은 말을 가지고 단독 결기를 기술할 수 있느냐다.

그러면 감정 결과 사법 절차에서 제외된 말들은 어디로 향할까? 확실히 이러한 말들은 종종 '광기'로 취급받지만, 여기서 말하는 '광기'란, 말에는 늘 이해 불가능한 담론 이전의 영역이 따라다닌다는 해석학적인 설정이 아니다. 혹은 언어 질서 배후에는 현실이라는 존재가 숨어 있다는 정신분석학적 문제도 아니다. 이해할 수 있는 말과 '광기' 띤 말이 탁상에 나란히 놓인 채 해석을 기다리고 있는 것이 아니라는 말이다. 감정 결과 사법 절차에서 제외된 말에는 다음과 같은 전개가 준비되어 있다. 말을 개인의 증상으로 분석하는 대처법이 그것이다. 이는 동시에 사법 판단에서 심의해야 할 행위를 개인의 증상으로 간주하는 일이기도 하다.

정신감정은 행위에서 행동 양식으로, 범죄에서 존재 양식으로 이행하는 것을 가능하게 하고, 이 존재 양식을 바로 범죄 그 자체로서, 단 말하자면 한 개인의 행동 양식 속에서 일반적인 형태로 존재하는 범죄 자체로서 출현시킵니다.[28]

푸코가 말한 존재 양식으로서의 증상, 존재 양식으로서의 범죄에 대해서는 치료와 동시에 사법 판단을 넘어선 문답무용의 폭력이 등장한다. 진리라는 이름 아래 말을 증상으로 분석하고, 치료라는 이름 아래 사법 판단을 넘어 폭력으로 신체를 구속하는 것이다. 푸코는 거기서 "의학적이지도 않고 사법적이지도 않은 전혀 다른 권력"이 등장하는 것을 본다.[29] 취조실에서 도미무라 바로 앞에 대기하고 있던 것, 또 도미무라가 감지하고 있던 것은 신체를 구속하는 이러한 폭력이자 그것을 담당하는 권력이다. 이 권력은 그의 행동이나 그 행동과 관련된 주장이 아무리 사실로서 명확할지라도 행위의 사실 관계가 아니라 개인의 속성이나 이력을 근거로 강제력을 작동시킨다. 게다가 중요한 것은 강제력의 근거와 관련해 강제력을 당하는 본인에게는 발언권이 일절 없다는 점이다. 바꿔 말하면 강제력의 근거를 본인에게 제시할 필요는 없고, 그렇기 때문에 이 폭력은 문답무용이다.[30]
거기에는 '선택'[31]의 여지 같은 것은 없이 그저 방어태세만이 있다. "왜 나는 광인인가"라는 도미무라의 말은 이러한 문답무용의 강제력과 함께 받아들여야 한다.

6. 무수한 'S'에게

오키나와에서 일본 대도시 지역으로의 인구 이동은 1920년대 소철지옥*을 계기로 사람들이 유민화되는 가운데 폭발적으로 확대되었고 1960년대에 다시 급증한다. 특히 1960년대 후반에 증가가 두드러진다.[32] 신규 졸업자의 경우는 집단 취직이라는 형태를 띠었지만, 몇 번의 이직을 거친 뒤 도미무라처럼 인력 시장으로 간 사람들도 많다. 도미무라와 마찬가지로 살아남기 위해 오키나와를 떠나는 사람들이 1960년대 후반에 급증한 것이다. 도미무라는 이렇듯 지하 수맥으로 흘러 들어간 사람들과 함께 있다.

'K'도 그중 하나다. 오키나와 북부에서 태어난 'K'는 열여덟 살이 된 1966년에 오사카 중소기업에 취직한 뒤 이직을 거듭하며 오키나와, 가나가와를 옮겨 다니다가 몇 번의 상해 사건을 일으켰다. 그러다 1972년 4월 도쿄에서 운전 조수로 일할 때 고용주를 칼로 찔러 살인 미수 혐의로 체포된 뒤, 기소 전에 정신감정을 받고 불기소 처분으로 조치 입원한다.[33] 혹은 1968년에 미야코지마宮古島에서 오사카로 집단 취직한 'Y'가 있다. 'Y'는 열악한 노동 환경 속에서 고향과 오키나와를 왕복하며 일자리를 전전하다가 차별적인 폭언을 내뱉은 예전 고용주 집에 불을 지른다. 방화와 살인 혐의로 체포된 그는 정신감정을 받은 뒤 오사카구치소 내에서 자살했다.[34] 1960년대에 급증한 오키나와

---

* 1차 대전 이후의 만성적 불황과 1920년을 정점으로 한 설탕 가격의 폭락을 계기로 심화된 오키나와의 경제적 궁핍과 이로 인한 사회 붕괴를 일컫는 말로 주식이 없어 소철을 먹어야 했다는 데에서 유래한다.

밖으로의 인구 흐름이라는 하나의 지하 수맥 속에 개별적인 'K'나 'Y'가 있는 것이다.

'K'와 'Y'는 정신감정을 받았고 도미무라는 받지 않았다. 하지만 이 사람들에게 새겨진 흔적을 주시할 경우에는 이 둘을 동시에 이야기해야 할 것이다. 이때 도미무라에게는 명확한 주장이 없었으며 그의 말은 정신감정을 받고 정신 질환 증상으로 분석되었다고 가정해보는 일 역시 필요하지 않을까? 도미무라 옆에는 'Y'도 있고 'K'도 있다. 도미무라와 'Y'나 'K'의 연결은 어떠한 말 속에서 발견될까? 이 물음을 다음과 같이 바꿔도 좋다. 4장에서 썼듯 계엄상태 속에서 방어태세를 취하는 가와미쓰 신이치와 병에 걸렸다고 간주되어 수용된 친구들은 어떠한 장에서 만나는가? 여기에 정신감정이라는 제도의 문제가 놓여 있다.

도미무라는 오인되려 하고 있다. 그는 파농과 마찬가지로 그러한 오인이 나는 "○○가 아니다"라는 말로는 회피할 수 없는 것임을 감지하고 있다. 도미무라는 휘말리면서 방어태세를 취했다. 그리고 도미무라는 역시 'K'나 'Y'와의 연결을 떠맡으려고 한 것 아닐까? 정신감정이란 바로 이러한 연결에 깊숙한 분단을 내는 것이다. 이때 분단은 2장에서 말한 '떠맡기의 어려움'이기도 하다.

확실히 개별 인간으로서 도미무라는 정신감정을 받지 않았다. 하지만 제도가 유지하는 문답무용의 폭력은 도미무라에게도 계속 존재한다. 그리고 도미무라는 옆에 있는 정신감정을 받은 사람들에게 "옆에서 일어나는 일이지만 이미 남의 일이 아니다"라고 중얼거리며 방어태세를 취한다. 거기에는 방어태세를 취하는 사람들의 연루가 시작되는 기점이 있을 것이다. 분노의 풍경에서 시작되는 것은 이러한 연루다. "적의를 품은 자연"에서 홀연히 모습을 드러내는 단독 걸기는 결코 단독이 아니고 연결된다.

앞에서 말했듯 후나모토 슈지는 이러한 연결을 재빨리 감지했다. 도미무라가 'K'나 'Y' 그리고 또 다른 무수한 'S'로 연루되어간다는 것을 후나모토는 안다. 후나모토가 말한 무수한 'S'는 결코 일반적인 카테고리에 끼워 넣는다고 설명되지는 않는다. 또 공통항이 있기 때문에 합산되는 것도 아니다. 그것은 '연결된다'라는 동사에서 움직임 이전의 움직임이 부상하며 풍경 자체가 탈바꿈해가는 과정으로서만 존재한다. 또 연결된다는 것은 앞서 말한 '떠맡기의 어려움'을 끌어안음으로써 수행되고, 이는 4장에서 말한 '만나는 장'과도 연관된다. 도미무라의 단독 걸기에서 시작되는 연루는 설명 대상으로 이야기되는 것이 아니라 후나모토의 안다는 행위 속에서 떠오른다. 그리고 신문공간 속에서 확보되어야 할 말의 장에서 이 행위를 이어받아야 한다.

종장 ## 확보하다 혹은 화요회라는 시도

> 생각하는 것에 대한 두려움, 실은 물음을 던지는 것에
> 대한 두려움이 도덕 면으로 정치를 지키게 되어 있는데,
> 거기서는 지적 생활에서 하는 일과 정치적인 일이 별개
> 로 간주된다. 정치는 어떠한 종류의 반지성주의를 요구
> 하게 된다. 물음을 던짐으로써 자신의 정치를 재고하는
> 일은 하고 싶지 않다고 생각하는 것은 삶과 사고 둘 다
> 를 희생해서 교조적인 입장을 선택하는 것이다. (……)
> 현실 감각을 불안정하게 만드는 물음과 대립하려고 하
> 는 지적 자세를 잘 보여주는 예가 세속적인 아카데미즘
> 일 것이다.[1] ── 주디스 버틀러

> 이 논문(「위원회의 논리」── 인용자)은 변혁적, 집단
> 적 실천의 '논리'이지 실천 '이론'이 아니다. 물론 실천
> 의 길잡이나 안내조차 아니다. 실천 이론이 아니라는 것
> 은 실천의 대상적 인식이나 해석이 아니라 실천의 자기
> 이해라는 의미다. 실천하면서 실천을 자각하는 것이자
> 자각적인 계획화가 또 계속되는 실천의 일환이기도 한,
> 실천의 **동적 논리**다. 동적 논리를 실행하고 검증하는 실
> 천을 통해 논리가 정정되고 현실화되는 역사 과정 자체
> 의 자성으로서 제출된 것이다.[2] ── 구노 오사무 (강조
> 는 인용자)

우선 나 혹은 타인이 '~을 한다'는 운동이 있고, 혹은
있으려 하고, 그 운동 내지는 운동 욕구, 기대가 언어 활

188

동의 핵을 형성합니다. 그리고 그 핵 주위에 말들이 몇 개씩 줄지어 이어지면서 '언어 활동 영역'이 만들어집니다. 저는 우선 말의 시작이라는 게 그런 거라는 생각이 듭니다. / 결정타가 되는 것은 동사인데, 그것은 동시에 운동 대상인 **사물**에 이름을 붙이는 행위를 꼭 필요로 합니다. 거기서 명사가 생겨나는데, 동시에 그 **사물**의 양태가 거기서는 분명 문제가 되겠지요. 형용사가 만들어지는 셈입니다. 같은 내용이 운동의 양태에도 적용되어서 부사가 형성됩니다(더욱 세부적으로 양태 비교를 표현하는 말이 생겨도 이상하지 않지요). 대략적으로 말하면 이런 식으로 말의 연쇄가 이루어지면서 '언어 활동 영역'이 형성됩니다……[3] ── 오다 마코토 (강조는 원문)

1. 임상의 앎

신문공간 속에서 폭력을 예감하고 방어태세를 취하는 사람들은 휘말리고 떠맡으며, 즉 계속해서 유착하며 타자와 만나고 장소를 확보한다. 이 과정에 **안다**는 행위가 있는데, 이는 장의 논리로서 구상되어야만 한다. 이미 몇 번이나 말했듯 프란츠 파농은 해방 투쟁의 소용돌이 속에서도 줄곧 임상에 섰다. 식민지 상황 혹은 전장에서 파농의 임상이라는 영역은 실로 폭력과 길항하는 말의 영역이기도 했다. 바꿔 말하면 문답무용의 폭력에 노출된 신문공간 속에서 파농은 말의 장소를 계속해서 확보했다.

중요한 것은 신문공간이 결코 과거의 식민지라는 한정된 장소만이 아니라 1장에서도 살펴봤듯 근대 주권 자체의 존립, 즉 버틀러가 말한 법 자체의 생산과 관련되어 있으며, 우리가 지금 살아가는 세계가 "어떠한 종류의 시민을 생존 가능하게 하고 다른 시민을 생존 불가능하게 하는"[4] 신문공간을 전제로 성립한다는 점이다. 근현대를 통틀어 오키나와에 각인된 예외화는 이러한 신문공간에서 밀고 올라오는 문답무용의 폭력이 우리가 사는 세계를 존립시키고 있다는 점을 선명하게 부각시킨다.

이제까지 살펴봤듯 이러한 신문공간은 간토대지진이나 오키나와전투 전장에서 실제로 나타났다. 또 이하 후유, 마쓰시마 조기, 가와미쓰 신이치, 도미무라 준이치는 이러한 신문공간 속에서 방어태세를 취하며 말을 계속했다. 안다는 행위는 신문공간을 불문의 전제로 두는 것이 아니라, 그 내부에서 1장에서 검토한 버틀러의 '사전배제'에 대항하면서 말의 영역을 확보하는 데서부터 시작되어야 한다. 여기서부터 말을 개시하지 않는 한 오키나와는 '오키나와 문제'로 에워싸이고 예외화된 다음 분리되고 만다.

따라서 문제는 파농의 임상을 지금 어떠한 장의 논리로서 받아들일 것인가다. 파농처럼 정신분석학 혹은 정신의학적인 지식이 필요하다는 말을 하려는 것이 아니다. 혹은 파농의 말을 포스트콜로니얼 이론으로 이론화하겠다는 것도 결코 아니다. 사람과 사람의 관계 그리고 사회는 소리밖에 들리지 않았던 영역에서 말이 들리게 하는 동시에 지금까지 있었던 말의 질서 자체를 바꾸어나가는 과정으로서 존재한다는 점이 중요하다. 그것이 신문공간에서 안다는 행위다.

그것은 이제까지는 알 수 없었던 영역에 앎의 권위를 세우는 일이 아니다. 혹은 그러다가 성립된 권위가 제공하는 올바른 지식을 전파하는 일도 아니다. 어떻게 알 것인가라는 인식론적인 방법론이 있다고 해도, 요는 그 방법론이 전제로서 사전배제한 영역에까지 그 방법을 계속 확대하고 걸어 넘어뜨려서 일단 정지시켜야만 하지 않겠느냐는 말이다. 이는 알고자 하는 사람이 휘말리는 것이고, 떠맡는 것이며, "옆에서 일어나는 일이지만 이미 남의 일이 아니다"라고 중얼거리는 것이다. 이때 앎은 범용적인 인식의 방법론에서 장의 논리로 바뀌기 시작한다. 안다는 행위는 어떠한 방법론을 통해 결론으로 손에 넣은 올바른 설명을 서로 경쟁하는 것이 아니라 말 이전의 말, 움직임 이전의 움직임을 부상시키며 신문공간 내부에 말의 장소를 확보하는 것이다.

『검은 피부, 하얀 가면』「서문」에서 파농은 기존의 앎이 존립하는 전제가 되는 사회가 이미 박탈당하고 없는 위치에 자신의 임상을 설정한 뒤, "방법론은 식물학자나 수학자 들에게 넘겨주자. 방법론이 흡수되는 한 점이 있다. 나는 이 한 점에 몸을 두고 싶다"고 썼다.[5] 방법론이 대상에 흡수될 때, 안다는 행위는 장소를 만들어내는 행위, 즉 임상을 확보하는 행위가 된다. 또 거기서는 "방법론이 흡수"될 때까지 계속해서 나아간다는 목적의식도 생길 것이다.

거꾸로 말하면 파농이 의식적으로 몸을 두는 이 "한 점"은 기존의 앎에서는 방법론이나 객관성이라는 이름 아래 교묘하게 회피된다고 할 수 있다. 그것은 내 전문 분야가 아니다, 그것은 학문이 아니다, 그것은 객관적이지 않다, 그것은 주관적인 감상이다, 그것은 정치다 하는 식으로. 그리고 이러한 회피 속에서 앎은 정치와 야합한다.

이때 정치는 신문공간을 당연한 것으로 전제한 정치다. 또 제사에도 있듯 버틀러라면 신문공간을 묻지 않고 당연한 전제로 놓으며 앎의 영역이 사전에 준비되어 있다고 착각하는 이러한 앎의 태도를 "세속적인 아카데미즘"이라고 부를 것이다. 앎과 정치는 "지적 생활에서 하는 일과 정치적인 일은 별개"라고 서로 우기면서 야합한다. 이러한 객관적인 태도에 부여된 이름이 바로 "반지성주의"다. 하지만 파농의 경우 "과학적 객관성은 나에게는 금지된 것이었다."[6] 앎은 거기서부터 시작되어야만 한다. 바로 거기에 지성이 있을 것이다.

세속적인 아카데미즘과 반지성주의가 회피하는 영역에서 안다는 행위는 일단 걸려 넘어지지 않으면 안 된다. 그렇게 걸려 넘어지는 가운데 모습을 드러내는 것은 말이 정지하는 일종의 임계 영역이다. 이렇게 하여 도출된 임계 영역이 신문공간의 '사전배제'와 항쟁하기 시작할 때, 거기서 앎은 항쟁을 계속하는 장의 논리로서 다시금 시작될 것이다. 이는 분석을 포기하는 것이 아니라 분석 행위가 상황 속에서 브리콜라주가 되며 다른 말로 바뀌어나간다는 것을 의미하는지도 모른다. 이 과정에서 전문가와 비전문가, 분석적인 언어와 일상 언어 같은 구분도 점차 융해되지 않을까?

서장 맨 처음에 이야기한 가계부나 일기에 남은 말들도 안다는 행위를 통해 만들어지는 이러한 장 속에서 다시금 말하기 시작할 것이다. 이때 말은 홀로 세계와 싸우는 말이 아니라 타자를 찾는 말로서 시작된다. "말한다는 것은 절대적으로 타인에 대해 존재하는 것"[7]이다.

이 책 마지막 장에서는 이러한 장의 논리에 대해 생각하겠다. 거듭 말하지만 여기서 말하는 논리란 장이나 행위를 해석하여 올바른 설명을 결론으로 끌어내는 이론이나 이러한 이론을 전제로 도출되는 설계도가 아니다. 제사에서 인용한 구노 오사무久野収의 글은 뒷부분에서 검토할 나카이 마사카즈의 「위원회의 논리」에 대한 것인데, 거기서 말하듯 논리란 "대상적 인식이나 해석"이 아니라 안다는 행위의 과정 속에서 이루어져야 할 "실천의 자기 이해"이며, 이는 굳이 말하자면 새로운 자기에 대한 이해다. 이를테면 그것은 자기 생성 과정을 실천하고 계속해나가기 위한 부단한 검증이자 동적인 확인 작업이다. 즉 논리란 "실천하면서 실천을 자각하는 것이자 자각적인 계획화가 또 계속되는 실천의 일환이기도 한, 실천의 **동적 논리다**"(강조는 인용자). 이러한 실천이 집단적으로 이루어진다면 그것이야말로 실로 새로운 **우리**를 발견하는 논리가 될 것이다.

이 '동적 논리'를 생각할 때 나는 어떠한 시도essai에 입각해서 써나갈 생각이다. 2000년 들어서부터 '화요회'라는 이름으로 대학원 세미나를 하기 시작했다. 처음에는 화요일 오후에 열렸기 때문에 화요회였는데, 지금은 수요일 오후 세 시부터 마치는 시간을 정해놓지 않고하고 있다. 수요일이지만 지금도 이름은 화요회다. 그 사정에 대해서는 뒤에서 다시 이야기하겠지만, 언젠가부터 내 세미나에 다양한 배경을 가진 사람들이 모여든 것이 우선은 계기였던 것 같다.

그것은 시행착오 과정이었다. 가장 먼저 드러난 것은 다양한 배경이 있는 사람들 사이에서는 논의를 성립시키는 전제가 공유되고 있지 않다는 사실이었다. 그리고 전제를 공유하지 않는 논의는 곧장 어긋나기 시작하더니 대립으로 정착했다. 또 대립은 많은 경우 학문적인 권위를 통해 제압되고 은폐되었다. 하지만 동시에 거기서 있었던 시행착오나 실패는 학문 지식이라 불리는 것에서 이루어지는 논의가 어떻게 불문에 부쳐진 전제를 가지고 많은 말을 사전배제해왔는지를 선명하게 부각시키는 과정이기도 했다. 어긋남은 전문가/비전문가라는 구분이나 학문적 권위 속에서 해소되어서는 안 된다.

전문가나 학문적 권위를 통해 어긋남을 해소하는 것이 내게는 오키나와를 사고한다는 것은 무엇일까라는 물음으로 계속 존재했다. 다시 말하지만, 이 물음은 파농의 저작을 읽는 것과 단단히 결합되어 있었다. 즉 파농이 남긴 말은 오키나와를 사고하는 행위 자체와 관련돼 있었고, 연구라는 행위를 형성하는 앎의 모습과도 관련돼 있었다. 거꾸로 말하면, 앎과 관련된 말의 모습에 대한 물음이 설정되지 않은 곳에서 오키나와를 사고한다는 행위는 성립하지 않는다. 화요회의 시행착오와 실패는 이러한 말의 모습에 대한 물음으로서 존재했다.

2. 황야에서 만나다

"황야 한복판에 홀로 내던져져도 논의를 할 타자를 발견하고 장소를 만들어 연구를 계속할 수 있는 역량." 언제부터인가 내가 상상하는 연구자상을 이야기할 필요가 있는 장면에서는 이렇게 말할 때가 많아졌다. 이는 황야에 홀로 있다는 고독함이 연구가 시작되는 지점이라는 말이기도 하다.

고독이나 황야는 생명체로서의 인간이 가까이 없음을 의미하지 않는다. 황야란 자신도 분명 소속되어 있는 사회이지만 아무리 해도 그 사회에서는 있을 곳을 찾을 수 없는 자기 자신을 응시할 때 떠오르는 세계의 조용함에 대한 것이다. 그리고 고독이란 그 적막한 세계에서 꼼짝도 하지 않고 우두커니 서 있는 자신을 껴안을 때 대전되는 감각이다. 고독은 또 사회에 승인되지 않는 삶이기도 할 것이다. 따라서 적막한 황야는 삶이 문답무용으로 위협당하는 계엄상태이기도 하고, 이때 대전되는 감각은 폭력에 대한 예감이기도 하다.

이제부터 화요회라는 시도를 염두에 두면서 써 내려가고 싶은 것은 이 황야와 고독이 분명 사고의 시작이라는 점이다. 미리 말하자면 그 사고를 담당하는 말은 황야에 내던져지고서도 계속해서 살아가는 힘과 관련된다. 이러한 힘을 통해 만나는 타자는 눈앞에 있는 사람이라기보다는 사랑을 담은 통찰 속에서 떠오르는 아직 본 적 없는 타자다. 있을 곳을 찾지 못하는 자신과 만나는 이 타자도 기존 사회와 어딘지 모르게 유리되어 있다.

이 만남에서 장소가 생긴다. 그곳은 서장에서 언급한 그 가계부가 읽히는 장소이기도 할 것이다. 그리고 나는 이 장소를 만든다는 데에 연구라는 행위를 두려고 한다. 장소를 만드는 연구 행위에는 현실 비판과 동시에 그러한 비판이 타자와의 관계를 새롭게 다시 만드는 작업이라는 함의가 들어 있다. 거기에 함께 생각한다는 것을 설정하겠다. 그러한 영위의 시작에는 있을 곳이 없고 이야기할 말을 찾을 수 없다는, 황야에 내던져진 고독이 있지, 이른바 연구회를 지배하는 전문가들의 이야기나 기존 학계에서 습성처럼 몸에 익히는 연구자의 몸짓이 있는 것이 아니다. 중요한 것은 황야이고 고독이다.

세상을 떠나기 직전에 "반드시 살아야만 한다. 앞으로 10년은 더 살아서 새로운 학문을 만들어야만 한다"고 쓴 다케무라 가즈코竹村和子씨[8]는 2003년 인터뷰에서 다음과 같이 말했다.

연구란 '아직 본 적 없는 지평'을 찾는 일이라고 생각합니다. '아직 본 적 없는 지평'이란 연구 대상인 동시에 자기 자신을 말합니다. 인문계는 특히 자기 자신이 중요하다고 생각해요. 왜 어떤 문제에 흥미를 느끼는가? 그 이유는 거기에 반향하는 자신이 있기 때문입니다. 그때그때 논문으로 발표하는 것은 설령 서툴다 하더라도 자신을 넓혀나간다는 의미에서는 커다란 가능성을 간직하고 있다고 생각합니다.[9]

아무것도 보이지 않는 어둠 속에 홀로 서 있는 나는 동시에 "아직 본 적 없는 지평"을 찾으려 방어태세를 취하고 있는 나이기도 하다. 말은 거기서부터 개시되며, 이 말에는 분명 고독감과 함께 보이지 않는 지평의 등장을 감지하는 신체 감각이 대전돼 있다. 이러한 대전 상태에서 시작하는 것이 바로 안다는 일이다. 다케무라 씨가 말한 "새로운 학문"도 거기에 있을 것이다. 어디서도 있을 곳을 찾을 수 없는 고독은 "아직 본 적 없는 지평"의 기점이고, 안다는 것은 황야 속에서 방어태세를 취하고 있는 나를 넓혀나가는 일이다. 그뿐만 아니라 이러한 안다는 행위는 "반드시 살아야만 한다"는, 다케무라 씨의 삶을 향한 역동이기도 한 것 같다. 즉 이 역동은 단지 삶에 대한 집착이 아니라 다케무라 씨가 말한 "새로운 학문"이 자기 자신을 중요한 매개로 삼기 때문에 생겨난다는 생각이 든다.

이제 나는 앞서 말한 화요회라는 시도에 대해 이야기할 생각인데, 미리 말하자면 기존의 앎에 존재하는 구분이나 학계라는 장에서 몸에 익은 습성이 아니라 이러한 고독과 "아직 본 적 없는 지평" 사이에 끼인 대전 상태를 시작으로서 유지하는 것이 바로 화요회와 습성을 훈련하는 연구회의 결정적인 차이다.

그런데 이 차이는 고독을 껴안은 사람들이 끊임없이 유착하는 것을 전제로 장을 생각하는 것과도 관련된다. 신참은 미숙한 초보 학자가 아니고, 오랫동안 그 영역에 있다고 해서 숙달된 사람인 것도 아니다. 앎은 개인이 획득하는 재산처럼 간주되고 단계를 거쳐가면서 그 양이 늘어난다고 생각되기 일쑤이지만, 여기서는 분명히 말하겠다. 앎이란 고독한 황야에서 아직 본 적 없는 타자와 만나는 것이지, 위에서 아래로 전달되는 정보도 아니거니와 개인이 소유하는 것도 아니며 그 양이나 질을 서로 경쟁하는 것도 아니다.

이는 대학이라는 장과도 관계있을 것이다. 밖에서 신참이 유입되는 것이 전제되어 있다는 사실은 대학이 연구소나 프로젝트 집단과 결정적으로 다른 점이다. 신입생이라 불리는 이들이 밖에서 끊임없이 유입된다. 또 입학하는 시점에서 이미 다양한 선별이 작동하고 있으며, 대학은 우선 또 다른 선별 기구로 존재한다. 따라서 유입은 그대로 선별을 거쳐 단계를 밟아 올라가게끔 제도화되어 있다. 거기서 유입은 예정된 이동이고, 이 흐름에 올라타지 않는 움직임은 배제된다.

하지만 유입을 유착으로 바꿀 수는 없을까? 이때 중요한 것은 유착한 이들이 초보 학자가 아니라 고독을 품고 아직 본 적 없는 세계를 감지하는 신체 감각을 대전시킨 사람들이라는 점이다. 굳이 말하자면 기존 앎의 습성을 몸에 익히지 않은 신체성이야말로 중요하고, 매년 새로운 신참들을 맞아들이는 것이 제도로서 존재하는 대학 내부에서 화요회를 생각하는 요점은 여기에 있다. 대학은 원래 부단히 유착을 끌어안는 유동계다. 유동계라는 말의 함의는 이 장이 황야를 향해 부단히 열려 있다는 것이며, 황야에 노출된 신체성이 제도로서 끊임없이 흘러 들어온다는 점이다. 화요회는 내게 유동계여야 할 대학이 본디 품고 있어야 할 가능성을 부상시키는 시도이기도 하다. 화요회에 처음 참가하고 나서 다음과 같은 말을 한 사람이 있다.

어떻게 앉아 있으면 좋을까, 어떻게 서 있으면 좋을까, 어떻게 들으면 제대로 듣는 것이 될까? 무슨 말을 하면 논의를 한 게 될까?

망설임과 함께 있는 이러한 물음이 아직 본 적 없는 지평에 대한 예감으로 모습을 바꾸어간다는 데에 화요회가 화요회이기 위한 요점이 있다. 이것이 바로 앞서 말한 대전 상태를 시작으로서 유지하는 것이다. 또 거꾸로 말하면 이미 연구회의 갖가지 습성을 몸에 익혀버린 사람들에게 황야와 관련된 대전 상태를 획득한다는 것은 지금까지 하던 방식이 통하지 않아서 걸려 넘어지게 된다는 것을 의미한다. 그리고 역시 걸려 넘어지는 것은 중요하다.

화요회에서는 지금까지 쌓아온 전문적인 학문 지식을 내보이듯 발언할 때보다 무슨 말을 하면 좋을지 모르게 될 때가 결과적으로 더 많은 것을 알 수 있다는 사실을 깨달았다.

이미 학계를 생업으로 몸에 익힌 한 화요회 참가자가 이렇게 말한 적이 있다. 이 인물은 걸려 넘어지는 것의 중요함을 알고 있다. 하지만 대학원에서 연구자를 양성한다며 이야기하는 내용은 많은 경우 그 반대다. 연구사나 연구 분야의 정해진 지식을 몸에 익히고 그것을 드러내 보일 것이 요구된다. 거기서는 신인과 숙달된 사람이라는 계층화된 관계가 만들어질 것이다. 따라서 화요회에서는 의도적으로 이 같은 연구자 양성의 전제가 되는 관계를 탈구시켜 제도화된 단계가 아닌 새로운 관계를 만들어나갈 것이 요청된다고 해도 좋다.

하지만 이는 위에서 말한 대전 상태의 유무로 집단 속에 새로운 구분을 만드는 것과는 다르다. 앞으로 살펴보겠지만 "아직 본 적 없는 지평"은 누군가의 새로운 점유지가 되는 것이 아니다. 거기서는 다름 아닌 타자와 만나는 앎의 모습이 요청된다. 왜 이 같은 말과 앎의 모습이 요청되는지, 또 어떻게 하면 그 요청에 응답할 수 있는지 아래에서 천천히 논의를 전개해보겠다.

3. 화요회

앞에서도 썼듯이 화요회라는 명칭으로 대학원 세미나를 시작한 것은 15년쯤 전이다. 거기에는 다양한 배경이 있는 사람들이 모여들었다는 외적인 계기와 더불어 의자 앉기 게임처럼 발언을 경쟁하는 세미나의 논의 양태를 어떻게든 바꿔보겠다는 생각이 있었다고 기억한다. 그리고 이 다양한 배경이라는 외적 계기는 경쟁에 박차를 가했다. 발언을 걸고 이루어지는 의자 앉기 게임은 연구자 양성의 습성을 얼마나 몸에 익히고 있는지를 견주는 일이자 연구 분야에 따라 나뉜 지식 양의 많고 적음을 경쟁하는 일이었다. 과장해서 말하면 정리된 지식 양의 많고 적음이 그대로 발언의 점유율로 이어지면서, 불안정해진 세미나에 질서를 부여한 것이다.

하지만 이는 자유로운 행위자가 벌이는 올바른 의미의 게임이 아니다. 그 게임에는 '아는 사이'나 '좌파' 같은 코드가 들어와 있었다는 생각이 든다. 참고로 여기서 말하는 '좌파'란 어떤 종류의 인맥에 소상하다는 뜻일 뿐으로 '아는 사이'와 그리 다르지 않다. 그리고 '아는 사이'이자 '좌파'라는 것이 흡사 발언 자격이기라도 한 듯한 분위기가 생겨났다. 거기에는 명백히 호모소셜한 유대 관계도 얽혀 있었던 것 같다.

논의에서의 남자다움이라는 유대.

　이러한 분위기는 세미나라는 장뿐 아니라 세미나 뒤풀이 등에서도 나타났다. 선배 격인 사람이 뒤풀이에서 세미나 발언을 평가하고 서열을 매긴다. 나는 이러한 풍경에 질린 상태였다. 그리고 이는 내 세미나만이 아니라 나 자신의 학생 시절도 포함해 틀림없이 지극히 일반적인 학계의 풍경일 것이다.[10] 그것은 또 교원이라는 속성이 갖가지 권력을 가지고 있다는 사실을 보여주는 증거이기도 했으며, 교육 기관으로서 대학이라는 제도가 가진 문제이기도 했다. 하지만 지금은 단숨에 이러한 제도의 문제로 생각하기보다는 논의를 어디까지나 말과 관련된 장에 두면서 이야기를 진행하려고 한다.

　구분된 지식 양이나 학계 습성의 습득 정도, '아는 사이' 같은 코드가 서로 얽히는 가운데 의자 앉기 게임은 계층적 질서가 되고, 그 질서는 또다시 몸에 익혀야 할 습성으로 정착된다. 그 결과 아직 습성을 몸에 익히지 못한 신입 대학원생이나 '아는 사이' 같은 코드가 없는 유입된 사람은 그저 침묵하게 된다. 하지만 이 침묵에는 황야가 있고 고독이 안겨 있다. 침묵은 의자 앉기 게임을 통한 계층적 질서가 아닌 새로운 사람의 만남을 기다리고 있다. 여기에 논의를 설정해야만 한다.

　"어떻게 들으면 제대로 듣는 것이 될까? 무슨 말을 하면 논의를 한 게 될까?" 앞에서 말한 이 같은 물음을 품은 사람들은 계층화된 계단을 올라가는 것이 아니라 다른 말을 찾기 시작한다. 이때 대학 교원도 포함해 이미 학계의 평가를 획득한 사람들은 엷은 웃음을 띤 얼굴에 짜증을 감추면서, 혹은 길에서 벗어나는 사람을 어떻게든 새사람으로 만들려는 자애심 가득한 사제처럼 "그건 연구가 아니다" "그래서는 제 몫을 하는 연구자가 되지 못한다"고 충고한다. 걸음을 떼려고 하는 사람들에 대한 엷은 웃음과 짜증, 자애가 뒤섞인 그들의 '추한 얼굴'을 나는 잊을 수 없다.[11] 그것은 분명 내 얼굴이기도 할 것이다.

그리고 "무슨 말을 하면 논의를 한 게 될까?"라는 물음과 함께 시작된 말들이 계단을 오르는 것이 아니라 "아직 본 적 없는 지평"으로 이어져 있다는 사실을 깨달았을 때 화요회가 태어났다. "아직 본 적 없는 지평"으로 걸음을 디디고자 하는 사람들의 말을 확보하고 새로운 장으로 연결하려는 탈바꿈이 시작된 것이다. 그것이 화요회라는 시도다.[12]

그런데 이러한 대학원 교육 혹은 연구자 양성과 관련된 반성적인 과정 외에도 화요회가 생겨나서 계속 이어진 배경으로 요즘의 대학을 둘러싼 상황을 들 수 있다. 요 10년 남짓 동안 일어난 대학 통폐합, 법인화, 외부 자금 획득을 지렛대로 한 거점 형성을 통한 대학의 조직화 및 대학 운영과 관련된 개편 그리고 국가와 자본의 개입 등이 그것이다. 2004년 국립 대학 법인화로 명확해진 흐름은 국립·공립·사립을 따지지 않을 뿐 아니라 일본 고등 교육에만 한정되지도 않는 사태다. 경영 위기라는 이름 아래 이루어지는 강권적인 대학 행정, 확대되는 교원의 비정규직화, 지극히 기계적인 점수제로 결정되는 노동 조건 등이 그것이다. 거기서 연구는 업적으로 수치화되고 교환된다.

지금 여기서 대학 전체를 둘러싼 움직임에 대해 이야기하지는 않겠지만, 이 같은 상황 속에서 생각한 내용은 오랫동안 편집 위원을 한 잡지 『임팩션インパクション』에서 내가 책임 편집을 담당한 〈접속하라! 연구기계〉(153호, 2006), 〈대학은 누구의 것인가?〉(173호, 2010) 두 특집에 담겨 있다. 각 특집에 수록된 글을 꼭 참조해주기 바란다.[13] 또 내게 현재의 대학을 둘러싼 상황은 신자유주의나 인문학의 위기 혹은

대학 자치 같은 전체 상황과 관련되어 있다기보다는 말로 무언가를 하려고 하는 태도가 상실되고 교원부터 시작해서 논의를 함께 할 수 없는 사람들이 만연한다는, 얼굴이 보이는 구체적인 관계 속에서 일어나는 사태였다. 화요회에는 대학이 그렇게 무참한 상황이라는 현상 인식도 겹쳐져 있다.

4. 태도

마지막 장에서는 화요회에서 실천하려 한 "새로운 지평"을 향한 앎의 모습에 대해 다른 각도에서 생각해보려 한다. 논의의 안내인이 되어줄 사람은 나카이 마사카즈다. 1936년에 「위원회의 논리」를 발표하고 같은 해 신문 『토요일』을 간행했으며, '토요일'이라고 적힌 깃발을 선미에 세우고 동료들과 함께 비와琵琶호를 돌다 호숫가에서 댄스파티를 벌인 나카이 마사카즈는 이듬해인 1937년에 치안유지법 위반*으로 교토부 경찰에 검거되었다. 그 뒤 3년에 걸친 취조를 거쳐 나카이는 특별고등경찰의 보호 관찰 아래 놓인다.

나카이의 「위원회의 논리」는 미리 말하자면 말의 장을 어떻게 확보할 것인가에 대한 사고를 담고 있다. 중요한 것은 그것이 폭력이 사회에 대두하고 나카이 자신도 일상적으로 예방 구금의 폭력에 노출되어

---

* 국체 변혁이나 사유 재산 부정을 목적으로 하는 결사나 행동을 단속하기 위해 제정된 법률로 사상과 학문, 대중 운동을 탄압하는 수단으로 쓰였다. 나카이 마사카즈는 잡지 『세계 문화』 『토요일』 등을 거점으로 반파시즘 운동을 전개하다 치안유지법 위반으로 검거되었다.

가는 상황에 관한 사고라는 점이다. 말하자면 나카이의 사고는 계엄 상태 속에서 수행되었다.[14]

나카이에게 「위원회의 논리」와 관련된 상황은 확실히 사회에 폭력이 대두하는 전전 시기와 깊은 관계가 있다. 하지만 이는 사람들이 곧잘 이야기하는, 말 한마디 자유롭게 하지 못한다는 유의 문제가 아니다. 나카이에게 1930년대는 사회가 결코 논단에서 주장되는 올바름으로 구성되지 않게 된 상황 속에서 언젠가부터 더 광범위하게 확산되는 것이 올바름의 증거라는 식의 전도가 일어나기 시작한 사태였다. 즉 사회와의 관계를 잃어버린 말들은 정량화된 확산을 올바름으로 간주하며 경쟁하게 된다. 이리하여 말은 단조롭고 동질적인 구호가 되고 합창이 된다. 이것이 나카이가 논의의 장을 생각하려 했을 때 말이 처한 상황이었다.

사람들은 이야기를 나누지 않았다. 일반 신문도 지금은 일방적인 설교와 팔기 위한 외침을 내놓을 뿐이며, 사람들의 귀도 아니고 눈도 아닌 '진공관의 말' 또한 그러하다. 점점 더 그러하다.[15]

1936년 10월 20일자의 글에서 이렇게 썼을 때, 나카이는 "일방적인 설교"와 "팔기 위한 외침"이 만연하는 가운데 문답무용의 폭력이 등장하리라는 것을 분명 예감했을 터이다. 이는 또한 자신의 구금을 감지하는 나카이 본인의 신체 감각이기도 했을 것이다. 즉 오가는 말들이 나카이의 신체 감각을 회피하면서 만연하는 가운데 그가 감지한 것은 바로 문답무용의 폭력이 대기하는 신문공간이었다. 그리고 신문공간이 확대되는 상황 속에서 닥쳐오는 예방 구금의 폭력에 방어태세를 취하면서 말의 소재를 희구한 것이 「위원회의 논리」였다. 따라서 이 글은 신문공간 속에서 시도된 장의 논리다.

이 점에 주목한다면 「위원회의 논리」를 둘러싼 상황은 이른바 전전 일본의 파시즘과 관련된다고 한정할 수 없다. 나카이는 신문공간 속에서 말이 시작되는 장을 확보하기를 희구했고, 따라서 「위원회의 논리」는 '좋아요!'의 확대를 바라는 단조로운 구호의 합창[16]과 이 장 서두에 언급한 버틀러가 말한 "세속적인 아카데미즘"이 만연하는 지금 상황의 문제이기도 하다고 나는 생각한다. 혹은 이는 시대적인 제약이 있음에도 불구하고 나카이의 논의가 지금도 여전히 다시 읽히는 이유이기도 할 것이다.

지금에 이르는 이러한 상황성과 함께 나카이를 통해 확인하려는 것은 태도라고 할 만한 문제다.[17] 앞에서도 썼듯이 나카이 마사카즈는 1937년에 치안유지법으로 교토부 경찰에 검거되었다. 그 뒤 3년에 걸친 취조 후에 특별고등경찰의 보호 관찰 아래에 놓인다. 나카이 본인이 "줄곧 예방 구금의 위협을 받았다"[18]고 쓰기도 했다. 보호 관찰 아래에 있던 1942년에 나카이는 보호 관찰 당국이 간행하던 잡지에 「우리의 신념ゎれらが信念」이라는 글을 냈다.[19] 글 내용은 천황을 축으로 익찬운동을 추진하자는 것이다. 하지만 여기서 나카이가 익찬운동에 관여한 것의 옳고 그름을 따지는 일은 중요하지 않다. 뒤에 쓰겠지만 예방 구금에 노출된 상황에서 나카이가 거기에 '듣는다'는 문제를 가지고 들어오려 했다는 사실에 주목하려고 한다.

나카이는 「우리의 신념」에서 "'듣는다'는 것은 타인이 정립한 하나의 명제를 긍정과 부정 양쪽으로 평가할 때 그 양쪽으로 향하는 '영零' 점"이라고 하면서 거기에 '대화의 논리'를 설정한다.[20] 듣는다는 것을 통해 열리는 '대화의 논리'는 긍정과 부정이라는 단조로운 벡터의 정립을 가능하게 하는 전제 자체가 융해되어 상황이 다른 차원을 향해 움직이기 시작하는 '영'점을 손에 넣는다는 것이다. 그리고 거기에는 다른 차원으로 향하는 이러한 동태 속에서 말을 계속 확보하려고 하는 나카이의 강한 의지가 있다. "대화의 논리가 갖는 강인함과 입체성은 이러한 논리 자체를 단순한 **가능 존재**에서 **현실 존재**로까지 도입한다는 데에 나타난다"[21](강조는 원문). 듣는 것을 통해 단조로운 벡터 평면이라는 전제가 융해될 때 현실이 얼굴을 내민다. 말은 이렇게 얼굴을 내민 현실의 동태에서 이끌려 나오고 시작된다.

쓰루미 슌스케鶴見俊輔는 나카이의 이 글이 익찬운동에 가담하고 있음을 지적하고 나서 다음과 같이 말했다.

경찰에게서 자신을 지키는 기교였던 동시에 익찬운동을 안에서부터 다시 만드는 저항이라는 시점도 미약하게나마 내포하고 있었다.[22]

확실히 나카이의 '대화의 논리'가 익찬운동에 대한 저항이 될 수 있느냐는 미묘한 문제이고, 저항일 수 있었다고 해도 그 힘은 '미약'하다. 하지만 쓰루미는 역시 예방 구금의 폭력에 노출되는 가운데 그래도 여전히 놓지 않은 나카이의 **태도**를 날카롭게 간파하고 있다고 할 수 있다. 이는 문답무용의 폭력에 계속 노출되고 있으면서도 여전히 말의 소재를 확보하려고 하는 태도다. 그리고 그러한 말의 소재는 미약하기는 하지만 예방 구금에 노출된 신문공간 속에 있으면서 다른 현실로 향하는 시작이 아닐까? 쓰루미도 지적했듯 이러한 말의 소재를 확보하는 '대화의 논리'는 분명 「위원회의 논리」의 연장선 위에 있고,

거기에는 "한층 더 깊어진 시점"[23]이 있다고 할 수 있을 것이다. 이러한 의미에서 나카이의 태도는 예방 구금 속에서도 일관되었다고 할 수 있다.

혹은 이 태도는 다니가와 간谷川雁이 나카이를 평하며 "사상을 지탱하는 방식"이라고 이야기한 것과도 관계있다. 다니가와는 나카이가 그리는 세계와 나카이 자신 사이에는 "보이지 않는 매개체"가 있다고 한다. 이는 나카이가 제시하는 세계상이 "보이지 않는 매개체"로 인해 미결 상태로 계속해서 열려 있음을 의미한다. 그리고 "보이지 않는 매개체"를 내포한 세계의 예측 불가능한 전개야말로 사람들을 끌어들인다고 보았다.[24] 그 매력은 나카이가 제시한 사상 내용 자체에 있다기보다는 사상을 제시하는 방식에서 나카이 자신이 매개체가 된다는 뜻인데, 다니가와는 이를 두고 "사상을 지탱하는 방식"이라고 표현한 것이다.

이뿐만 아니라 나카이의 이른바 맹우인 구노 오사무는 나카이를 논하면서 "소외된 자기를 부정적 매개로 삼아 새로운 목적을 향해 나아가는 사회적 인간의 실천적 세계상을 자기 체계의 중심에 둔다"고 한 바 있다.[25] 이 말은 이 장 앞에서 언급한 다케무라 가즈코가 "아직 본 적 없는 지평"을 찾기 위해 "자신을 넓혀나간다"고 한 것과도 통한다고 생각한다. 즉 세계는 세계에서 소외된 자기 자신이 매개체가 될 때, 바꾸어 말하면 기존 세계에는 있을 곳이 없는 자신이 매개체가 될 때 비로소 바뀌어야 할 세계로서, 즉 구노가 말한 "실천적 세계"로서 부상한다.

쓰루미가 찬성/반대를 넘어선 곳에서 확보된 '저항'이었음을 날카롭게 간파한 것, 다니가와가 사상 내용 바로 앞에서 "사상을 지탱하는 방식"으로 발견한 것, 그리고 구노가 자기를 "부정적 매개체"로 삼았다고 이야기한 것은 말 바로 앞의 태도라고도 할 수 있는 문제다. 그리고 이러한 태도가 실로 사회에 폭력이 대두하는 상황과 함께 있음을 잊어서는 안 된다. 즉 나카이에게 예방 구금에 노출되는 것과 자신을 매개로 사고하는 것은 결코 분리할 수 없는 일이었다. 나카이는 방어 태세를 취하고 있는 것이다.

예방 구금에 노출된 상태에서 1945년에 집필한 글에서 "하나의 세계상을 구성하면서 내 지금의 현실 행위를 그 세계상의 구성 속에 날것 그대로의 생성 행위로 집어넣을 수 있는가, 없는가?"[26]라고 물은 나카이는 다음과 같이 썼다.

의식적 체계의 완결성이 모순을 해결하고 세계의 구석구석까지 전부 비추고 있음을 알았다고 해도, 환언하면 그것이 일반적인 객관성을 확립했다고 해도, 적어도 지금 내게는 그것이 나를 지탱하는 최후의 힘이 되어주지 않는다는 데 남몰래 놀란다. 그리고 더 깊이 돌아보면 이 철학적 체계를 구성하고자 하는 태도 속에 이미 근본적인 태도의 안이함이 있음을 깨닫게 된다. 객관적 일반성이 문제가 되는 대상 속에 이미 안이함이 있는 것이다.[27]

자신을 매개체로 삼는다는 것은 그 사상이나 사고가 "자신을 지탱하는 최후의 힘"이 될 수 있는가라는 문제다. 나카이에게 사상이란 "근본적인 태도"와 관련되는 것이었고, "내일 어떻게 될지도 모르는 생사의 문제가 눈앞에 나타날 때 예사롭지 않은 힘으로 해결을 촉구"하는 힘이다.[28] 그저 "객관적 일반성"을 찾는 곳에서는 이 힘은 생기지 않는다.

가령 앞에서 썼듯 파농의 임상에서 "방법론이 흡수될" 때 나카이가 말한 "예사롭지 않은 힘"이 등장하지 않을까? 거기에는 역시 "자신들의 해방은 힘으로만 이루어질 수 있고 그 외에는 있을 수 없다고 간주"[29]하는, 안다는 행위가 있을 것이다. 그리고 내게는 나카이가 말한 "최후의 힘"이 처음에 이야기한 다케무라의 "반드시 살아야만 한다"는 말과 통하는 것처럼 보인다.

5. 읽다

나카이의 「위원회의 논리」를 참조하면서 화요회의 논리를 생각해보자. 가장 먼저 다루고 싶은 것은 경험이라는 문제다. 「위원회의 논리」에서 중요한 것은 ○○의 경험처럼 개인 안에 축적되는 경험도 아니거니와 언어화되지 않는 영역을 포함한 기억이나 무의식 혹은 신체성 같은 논의로 곧장 향하는 것도 아니다. 미리 말해두자면 개인의 경험이든 신체성이든 나카이에게 경험은 무엇보다도 이 개個라는 전제가 다른 것으로 탈바꿈하는 계기였다. 거꾸로 말하면 경험을 개별적인 것으로 간주하고 집단을 그 합산으로 생각하는 순간 이 계기를 놓치게 되기도 한다. 나카이는 근대를 이러한 계기를 놓치는 것이 정상적인 상태가 된 사회의 전제로 보고자 한다. 즉 근대는 경험을 개별과 집단으로 에워쌌다. 그리고 나카이는 경험을 개인화된 영역에서 개별의 합산이 아닌 집합성으로 연결하는 지점에 「위원회의 논리」를 설정한다.

경험을 새로운 집합성의 계기로 생각할 때 중요한 것은 이러한 계기가 읽는다는 행위 속에서 확보된다는 점이다. 나카이는 문서를 '쓰이는 논리'와 '인쇄되는 논리' 두 가지 방향에서 설정한다. 다소 까다로운 표현이지만, '쓰이는 논리'에서 말은 대상을 명명하거나 거기에 의의를 부여하는 성서의 언어로 하나의 올바른 읽기를 요구한다. 즉 '쓰이는 논리'에서는 "일방적이고 일의적인 의미 지향이 요구되며 하나의 말이 하나의 의미를 지향하고 (……) 그것은 종국에는 명명하는 것과 존재의 동격성까지 요청하기 시작한다."[30] 나카이는 이러한 읽기의 확대를 적확하게 유럽 중세의 교구적* 확대로 검토하기도 하는데, 요컨대 '쓰이는 논리'에서 말은 성서의 말이자 올바로 읽혀야만 하는 말이다. 이렇듯 읽는다는 행위에 올바름을 요구하는 것은 성서뿐 아니라 이른바 학계에서도 유통되는 일인데, 거기서 문서의 읽기는 최종적인 올바름을 향해 질서화된다. '쓰이는 논리'에서 말은 이 같은 올바른 읽기를 공유한 동질적인 집단을 형성한다.

하지만 '인쇄되는 논리'는 다르다. 여기서는 "이미 일의적인 의미 지향은 허용되지 않으며, 말이 활자가 되어 공중公衆에게 건네질 때 이미 공중 각자의 생활 경험과 저마다 다른 주위 사정에 따라 해석될 가능성의 자유가 부여된다."[31] 읽는다는 것은 각자의 생활 경험에 따라

---

* 여기서 '교구'란 나카이가 "토지에 대한 성당, 즉 구획된 장소"라고 말한 것의 내부성과 관련되어 있다. 이때 말하는 것의 경우 "그 말을 많은 사람들이 다양하게 해석하는 것, 그에 대한 대립적인 논쟁이 가능"하지만 이와 달리 양피지에 쓴다는 것은 본문에서 인용되듯이 "일방적이고 일의적인 의미 지향이 요구되며 하나의 말이 하나의 의미를 지향"하게 된다. 나카이는 중세와 이 같은 교구 내의 성서 읽기를 겹쳐놓고 있는 것이다.

말을 건네받는 일이고, 경험은 이를테면 읽기를 통해서 말로 표출된다. 읽는다는 행위에서는 올바름이 아니라 어떻게 읽을 것인가가 문제인데, 실로 거기에서 경험이 생겨나는 것이다.

경험은 읽는 경험이다. 그리고 읽는 경험 속에서 새로운 "활자적인 사유 형태"가 생겨난다.[32] 경험은 읽는다는 행위를 통해 말로서 획득되며, 읽고 사고한다는 것은 말로 획득한 경험을 사고하는 일이다. 나카이는 거기서 새로운 사유 형태를 향한 계기를 보려고 했다. 그리고 이러한 사유 형태에서 사람과 사람의 새로운 연결을 구축하고자 했다. 이러한 사유에서는 읽는 것이 계기가 되어 복수의 경험이 관계를 말로서 만들어내고 새로운 집합성을 낳는다. 그것은 올바른 읽기가 요구되는 등질적인 집단이 아니다.

글을 읽고 논의를 하는 흔한 광경에 세계의 모습과 관련된 결정적인 분기점이 있음을 우선 확인해두자. 읽는 것 그리고 논의하는 것은 경험으로부터 어떠한 집단성을 만들어낼 것인가와 관련되며, 나카이는 거기서 사람과 사람의 새로운 연결을 확보하려 했다.

그런데 앞에서도 썼다시피 「위원회의 논리」를 발표한 1936년은 나카이에게 개인의 자유가 점차 억압되는 파시즘 시대인 것이 아니다. 나카이의 맹우인 도사카 준戸坂潤은 1935년에 간행한 『일본 이데올로기론日本イデオロギー論』에서 자유주의와 파시즘은 대립하는 것이 아니라고 하며, 둘의 합작이 진행되는 것을 일상에까지 침투한 '일본주의'로서 문제화했다. 또 이 합작과 금융 자본의 관계를 지적하기도 했다. 도사카가 거기서 제시한 것은 글자 그대로 파시즘에 대한 저항선을 어떻게 그을 것인가라는 문제이고, 이때 저항선은 "자유를 지켜라"가 아니라 자유주의와 파시즘의 연결을 담당하는 자본주의에 대항해서 그어야만 하는 것이었다.

　도사카의 시대 인식을 나카이도 분명 공유하고 있다. 바꿔 말하면 '일본주의'가 침투하는 가운데 요청되었던 것은 개인과 자본의 관계를 온존시키고 은폐하고서 이루어지는 집단화가 아니라, 그 관계를 갈라놓으면서 새로운 집합성을 만들어내는 일이었다. 「위원회의 논리」는 거기에 위치한다.

　「위원회의 논리」에는 자본주의를 뛰어넘는 집합성이라는 물음이 존재한다. 구노 오사무나 노마 히로시野間宏가 나카이에게 직접 들은 이야기에 따르면, 소비에트 건설이나 인민위원회란 무엇인가라는 물음이 나카이에게는 있었다고 한다.[33] 자본주의를 뛰어넘는 조직성이란 무엇인가? 이는 단적으로 말해 혁명의 문제이고, 「위원회의 논리」의 바탕에 있는 물음이기도 했다. 그리고 그 조직성의 계기로 경험이라는 영역이 놓인다. 따라서 나카이에게 경험은 자연화된 초역사적인 영역이 아니라 근대라는 "새로운 단계"[34]를 보여주는 동시에 자본주의를 비판하는 계기이기도 하다.

　「위원회의 논리」는 단지 파시즘에 대한 대항일 뿐 아니라 앎이 자본의 운동 속에서 형해화하는 것에 대한 저항이기도 하다. 나카이는 이러한 형해화를 앎의 상품화와 분업화(전문화) 속에서 보았다. 상품화와 분업화는 각각 '무비판성'과 '무협동성'으로 이어지는데, 그 결과 말은 "단순한 표상"이 된다.[35] 「위원회의 논리」란 이러한 무비판성과 무공동성에 대항해서 제기된 조직의 논리로, 무비판성에는 심의성審議性을, 무공동성에는 새로운 대표성을 대치시키려 했다.[36]

　여기서 1936년 10월 20일 날짜가 적힌 나카이의 글을 다시 한 번 인용하겠다. 표제는 「집단은 새로운 말의 모습을 요청한다 集団は新たな言

葉の姿を求めている」이다.

말이 '쓰는 말'에서 '인쇄하는 말'을 발견했을 때, 사람들은 그 효과에
놀라기는 했지만 그것을 자기 것으로 만들었다고는 할 수 없다. / 그것
은 수백만 명의 인간이 수백만 명의 인간과 함께 이야기를 나누고 함께
노래할 수 있다는 사실에 대한 발견이었다. / 하지만 사람들은 이야기
를 나누지 않았다. 일반 신문도 지금은 일방적인 설교와 팔기 위한 외침
을 내놓을 뿐이고, 사람들의 귀도 아니고 눈도 아닌 '진공관의 말' 또한
그러하다. 점점 더 그러하다.[37]

여기에 나오는 '쓰는 말' '인쇄하는 말'은 「위원회의 논리」에 등장하
는 '쓰이는 논리' '인쇄되는 논리'와 대응한다. 하지만 이 글에 적힌 날
짜인 1936년 10월 20일 시점에서 '인쇄하는 말'이 계기로서 만들어낼
경험이 새로운 집합성을 담당하는 말로 등장하는, 말의 소재는 확보
되지 않았다. 즉 앞에서 말했다시피 새로운 말의 모습이 등장하는 것
을 회피하고 사전배제하는 "일방적인 설교"와 "팔기 위한 외침"이 어
지러이 오가는 가운데 폭력이 대두하여 나카이 자신을 구속하려 하고
있었다. "하지만 사람들은 이야기를 나누지 않았"던 것이다. 이 글에
는 무비판성과 무협동성이 말을 집어삼키는 가운데 방어태세를 취하
고 있는 나카이의 위기감이 넘쳐 난다. 이렇게 말은 거동이 된다. 이는
역시 신문공간이 만연하는 사태가 아닐까?
이러한 상황을 전제한 다음, 말의 모습을 둘러싼 접근전을 부각시
키는 명확한 선을 여기서 다시 확인하지 않으면 안 된다. 즉 말을 읽
는다는 것은 경험이 계기가 되어 새로운 집합성을 구성해나가는 것이

212

며, 이것이 "함께 이야기를 나누고 함께 노래"하는 일이다. 경험이 계기가 되어 집합성을 구성하는 이러한 과정이 바로 나카이가 말한 '이야기를 나눈다'는 것이다. 그리고 계기로서의 경험은 '인쇄하는 말'과 관련된 읽는 경험 혹은 말을 건네받는 경험이다. 말하자면 읽는 것에서부터 논의가 시작된다. 반면 "일방적인 설교와 팔기 위한 외침"은 동질적인 확대를 목표로 하는데, 거기서 경험은 어디까지나 개인적인 경험 혹은 그 총합으로 처리된다. 이는 수량화된 '좋아요!'에서 단적으로 나타날 것이다. 다시 말하지만 이는 신문공간이 만연하는 지금의 상황이기도 하다.[38]

신문공간에서 사람들이 "옆에서 일어나는 일이지만 이미 남의 일이 아니다"라고 중얼거릴 때 그들은 방어태세를 취하고 있다. 나카이는 이들이 ○○가 아니라고 합창하는 것이 아니라 휘말리고 떠맡으며 금지 구역에 모여 이야기를 시작할 수 있는 계기를 읽는다는 행위에서 발견하려고 했다. 신문공간 속에서 "함께 이야기를 나누고 함께 노래하는" 것이다. 이때 금지 구역은 사람들이 모이는 난로가 되고, 말은 동질적인 '좋아요!'의 집적이 아니라 논의가 된다.

사람들과 연결되어야 할 필연성이 어디에 있나? 왜 연결될 필요가 있나?

화요회 멤버가 논의의 장을 이렇게 반성할 때, 이 필연성은 의견의 일치나 불일치 혹은 지식 전달 같은 교구적이고 동질적인 확장이나 '좋아요!'의 확대를 가리키는 것이 아니다. 이 사람은 이러한 동질적이고 영토적인 확대에서는 사람들이 연결될 필연성을 발견하지 못한다. 반면 나카이가 말한 필연성은 황야에 고독하게 서 있는 자신을 넓혀나가는 동시에 그것이 매개가 되어 황야가 새로운 세계로 등장하고, 자기와 세계가 동시에 전개되는 가운데 발견한 타자와 만나는 것이다. 이제 이 필연성을 나카이가 말한 '인쇄되는 논리'를 읽는 행위 속에서 확보하고자 한다.[39]

6. 묻다

나카이가 말한 '인쇄되는 논리'를 염두에 두고 논의의 출발점을 생각해보자. 우선 문서라는 데서부터 시작하겠다. 즉 출발점은 문서를 읽는 것이고, 이 읽기와 관련된 경험이 논의의 계기가 된다. 가령 누군가가 뭔가를 말로 문서화한다. 문서는 읽힘으로써 문서를 쓴 사람에게서 떨어져 나간다. 축은 복수의 읽는 경험으로 옮겨 가며, 이러한 복수의 경험들이 계기가 되어 논의가 시작된다. 거기서 문서는 복수의 계기로 변환된다. 나카이는 읽는 경험 속에서 문서가 복수의 계기가 되는 것을 '제안'이라고 불렀는데,[40] 논의는 여기서 시작된다.

제안이 논의의 시작을 알린다는 것을 좀 더 명확히 하기 위해 나카이는 확신하다, 주장하다, 평가하다, 묻다 같은 동사를 검토하고, "모든 주장은 하나의 물음이 아닐까?"라고 쓴다.[41] 즉 제안이란 흔히 말하듯 확신을 가진 생각을 주장하거나 평가를 얻기를 지향하는 것이 아니다. 그보다는 확신을 가지고 주장한 내용이 긍정도 부정도 되지 않은 채 평가가 보류된 '영零'[42]에서 받아들여지고 읽히는 것이 제안이다. 여기서 주장은 우선 명확히 걸려 넘어져야만 한다. 그리고 걸려 넘어진다는 것은 반론을 제기당했다는 뜻이 아니다.

그런데 「위원회의 논리」에 나오는 이 '영'은 앞에서 언급한 「우리의 신념」에서 "'듣는다'는 것은 타인이 정립한 하나의 명제를 긍정과 부정 양쪽으로 평가할 때 그 양쪽으로 향하는 '영'점"이라고 했을 때의 '영'이기도 하다. 이는 앞에서 썼듯이 신문공간에서의 태도라는 문제였다. 「위원회의 논리」는 치안유지법으로 검거된 나카이가 예방 구금이라는 폭력에 노출되면서 집필한 「우리의 신념」과도 겹쳐지는 것이다. 거기서 드러나는 것은 「위원회의 논리」가 단순한 논의 방식에 대한 검토가 아니라 신문공간에서 말의 소재를 확보하려고 방어태세를 취하는 사람들을 위한 논리였다는 사실이기도 하다. 묻는다는 행위는 이러한 방어태세 혹은 태도와 관련된다.

나카이는 종종 논의가 아니라 심의 혹은 심의성이라는 말을 쓰는데, 나카이가 말한 심의성이란 흔히 말하는 논쟁debate 같은 것과는 전혀 다르다. 중요한 것은 찬반으로 나누어 주장을 다투는 것이 아니라 물음이다. 즉 수동적으로 문서를 건네받은 사람들이 읽는 경험이라는 능동성을 획득할 때, 주장은 보류되고 확신은 복수의 경험 속에서 물음으로 바뀐다. 심의 즉 논의는 이러한 복수의 물음에서 시작된다. 바꿔 말하면 물음이란 글에 등장하는 의문형이 아니라 신문공간 속의 집단적인 행위로서 존재한다.

논의에서는 묻는다는 것이야말로 무엇보다 중요하다. 여기서 문서를 쓴 사람은 독자 앞에서 걸려 넘어져서 "엉망"[43]이 되어야만 한다. 또 말과 관련해서는 주장하는 사람이 아니라 읽는 사람에게 압도적인 주도권이 주어져야 한다.[44] 그 경우 문서를 쓴 사람은 자신의 주장을 관철하려 하기보다 우선은 읽는 사람들에게 장을 비워주어야만 한다.

장을 비워준 사람은 자신의 주장이 손에서 벗어났다고 느낄 것이다. 이리하여 "한번 성립한 확신을 바라보는 자신의 입장과 그러한 확신에 찬 주장을 듣는 타인의 입장은 판단을 평가하는 층으로서는 동질적"[45]이 된다. 이때 물음은 앞에서도 말했듯 집필자를 향한 질문이 아니라 도래한 문서를 둘러싼 복수의 집단적인 작업이다. 읽힘으로써 문서에는 물음이 내리쌓이고, 주장은 묻는다는 집단적 행위가 된다. 나카이가 "주장은 하나의 물음이 아닐까?"라고 할 때, 이 '하나'는 이미 복수성을 띠고 있다.

그런데 이러한 묻기를 담당하는 것은 나카이가 '모사模寫'[46]라고 부르는 작업이다. 모사는 복사가 아니다. 그것은 대상을 자기 나름대로 반복해보는 시도이며, 반복이라는 행위를 통해 자신이 매개체가 되어 늘 뭔가가 새롭게 구성된다. 읽는다는 행위는 이러한 모사다. 혹은 모사는 문서에 주석을 다는 작업일지도 모른다. 읽는다는 것은 글을 자기 나름대로 반복하는 일이며, 주석을 다는 것은 이러한 반복 속에서 생긴 일을 거기에 기입하는 작업이다. 이는 분명 읽는다는 경험을 언어화하는 일이기도 할 것이다.[47]

이러한 의미에서 모사란 자기 자신의 발견이자 타자의 말 내부에서 자기 자신을 설명하는 일이라고 할 수 있을지 모른다. 이는 또한 처음에 말한, 자신을 매개체로 세계를 재설정하는 실천이기도 할 것이다. 그뿐만 아니라 개인명이 붙은 문서는 이러한 모사 작업 속에서 복수화되며, 그 과정에서 작자는 자신이 해체되어 여기저기로 퍼져나가는 것을 글자 그대로 실감한다. 혹은 이는 읽힘으로써 미지의 자기 자신과 만나는 일이라고 할 수도 있겠다. 나는 그것이 기분 좋은 경험이라고 생각한다.

이른바 논평이라 불리는 작업도 주장에 주장을 대결시키는 것이 아니라 이러한 모사여야 한다. 하지만 왕왕 논평은 지론을 전개하거나 어딘가에서 잘라 온 해설을 진열하는 일이 되며, 논의는 문서와 그것을 쓴 사람에게 올바른 평가를 내리는 심사가 된다. 거기서는 그야말로 나카이가 말한 교구적인 확대가 전제가 된다고 할 수 있겠다. 하지만 지향해야 할 것은 그런 것이 아니다. 문서는 그것을 쓴 사람도 포함해 자신을 넓혀나가고 새로운 만남과 집합성을 향하는 계기가 되는 경험으로 받아들여야 한다. 주장은 하나의 올바름을 기준으로 서열화되는 성서적 해석에 함몰되지 말고, 새로운 집합성을 생산하는 방향으로 향해야만 한다. 거기서 고유명이 달린 주장은 묻는다는 집단적 행위가 된다.

하지만 사람들은 답을 찾으려 할 것이다. 논의 속에서 생겨난 물음은 다시금 답을 담당하는 주장으로 향할지 모른다. 경험 또한 개인적인 감상으로 방치될지 모른다. 나카이는 이러한 함몰 혹은 서열화로의 회귀를 단적으로 '왜곡'이라 부른다.[48] 그것은 단지 원래대로 돌아가기만 하는 것이 아니라 경험이 가지고 있는 새로운 집합성을 향한 잠재력을 진압함으로써 더욱 공고한 질서를 획득할 것이다. 즉 경험은 개인화되어 하나의 올바름을 지탱하는 근거가 된다. 읽는 것 또한 올바른 독해 방식의 통제를 받고, 읽고 있는데도 읽고 있다고 간주되지 않는 영역 속에 에워싸인다. 경험은 물음을 향하는 대신 올바른 주장의 근거로 삽입된다. 이렇게 되면 올바른 답에 대한 찬동과 올바른 독해 방식을 공유한 말의 장소 외에서는 사람들이 모일 수가 없게 된다. "일방적인 설교와 팔기 위한 외침"만이 만연하고 말이 사라지는 임계 영역에서는 문답무용의 폭력이 대기할 것이다. "하지만 사람들은 이야기를 나누지 않았다."

논의에서는 이러한 왜곡을 부단히 견제하면서 나아가야 한다. 그리고 이 과정을 나카이는 '기술技術의 문제'로 검토한다. 이는 모사와 더불어 왜곡에 대항하면서 논의 과정을 확보하기 위한 논리다.

7. 논의하다

기술의 문제는 모사를 통해 등장한 독자의 경험이 논의라는 장을 구성하고 새로운 집합성을 만들어냄을 의미한다. 논의란 새로운 집합성을 생산하는 것인데, 나카이는 그 생산 과정을 기술의 문제로 설정했다. 이때 집합성은 의견의 일치나 불일치가 아니다. 또 논의는 동질적인 내용으로 종합하거나 하나의 결론을 도출하는 일이 아니다. 논의에서 중요한 것은 다르지만 함께 존재하기를 계속하는 것이다. 그리고 함께 존재하기 위한 기반으로서 최초에 문서가 있으며, 문서를 읽는 복수의 경험이 계속해서 논의의 계기가 되는 것이 중요하다. 화요회에서도 사전에 문서를 배부하고 각자가 그것을 읽어 오도록 한다.[49] 즉 '인쇄되는 논리'에 따른 읽는 행위를 통해 언어화된 경험은 논의에서 현재화顯在化되고 만난다.

나카이는 이러한 과정의 전개를 '기술적 시간'이라고 부르면서 "기술적 시간은 모든 순간들이 출발점"이라고 썼다.[50] 이른바 논의의 시간이란 이 기술적 시간이다. 나카이는 기술에 대해 "여기서는 현실에서 비현실로, 비현실을 현실로, 가능을 불가능으로, 불가능을 가능으로, 우연을 필연으로, 필연을 우연으로 각각 서로 전환하고 모사"한다고 한 다음[51] 기술의 시간성에 대해 다음과 같이 썼다.

기술의 시간성은 실험의 행동성을 거치지 않으면 안 된다. 시간이 계기적継起的이라고는 하지만 기술의 실험 시스템 속에서는 단순한 필연이나 우연으로 옆으로 이어지는 것이 아니다. 인간적, 적극적, 목적적 활동의 계열을 향해 필연이든 우연이든 그 모든 것을 구부러뜨리고 다시 짜는 것이다. 여기서 순차적인 시간은 구부러지고 왜곡되기 시작한다.[52]

"인간적, 적극적, 목적적 활동" 속에서 "모든 것을 구부러뜨리고 다시 짜"면서 나아간다. 모든 것이 출발점이라는 말은 모든 순간이 이렇게 구부러뜨리고 다시 짜는 기점이 된다는 뜻이다.[53] 목적적 활동에서는 불가능하다고 여겨지던 현실이 가능해지고 일어날 수 없는 일이 필연이 된다. 목적 속에서 새로운 세계가 필연이 되는 것이다.

여기서 2장에서 다룬 〈산리즈카의 여름〉에서 나온 농민들의 논의를 떠올려보자. 거기서 농민들의 대화는 기동대의 침입을 어떻게 저지할 것인가라는 목적성 속에서 진행되었는데, 그 과정에서는 그 장에서 살아가는 사람들도 포함해 매일의 일상적 풍경이 바뀌고 재구성되기 시작한다. 세계의 의미는 목적성 속에서 등장한다. 이러한 탈바꿈 과정은 계획한 것이 아니다. 가능한 일과 불가능한 일의 경계가 애매해지고, 필연이 우연성을 띤 것, 즉 아직 결판이 나지 않은 것으로서 떠오르며, 일어날 수 없는 일이 점차 필연이 되면서, 현실은 새롭게 만들어진다. 거기에는 나카이가 말한 기술적 시간이 흐르고 있다고 할 수 있다.

이때 중요한 것은 무장과 관련된 논의의 목적성을 유지하는 **대항하**

다라는 동사다. 2장에서도 썼지만, 기동대의 침입을 예감하면서 이를 저지한다는 동사 속에서 늘 사용하던 농로는 바리케이드나 교전 공간이라는 다른 의미를 띠기 시작한다. 그리고 이러한 탈바꿈 속에서는 농로라는 명사보다 저지한다는 동사가 중요해진다. 동사와 함께 상황이 수행적으로 탈바꿈해나가는 동시에 말은 그 탈바꿈을 어떻게든 파악하려고 한다. 이러한 말은 역시 동사를 따라다니는 부사적인 영역이라고 할 수 있겠다. 혹은 명사가 정의하던 구조 여기저기서 움직임 이전의 움직임이 생기기 시작하며 상황이 능동적으로 바뀐다고 해도 좋을지 모른다. "필연이든 우연이든 그 모든 것을 구부러뜨리고 다시 짜"는 기술적 시간은 말이 동사를 축으로 구성되는 논의 과정이기도 하다. 이러한 기술적 시간에서 말이 어떠한 모습인지를 더 뚜렷이 파악하기 위해 오다 마코토小田実가 '운동의 말'이라 부른 말에 대해 생각해보자.

오다는 영어 교사로 일한 경험과 '베헤이렌ベ平連(베트남에 평화를! 시민연합)'에서 했던 운동 경험에 입각해 말의 시작에 대해 '운동 가설' 혹은 '동사 가설'이라는 것을 세우고,[54] 말은 동사에서부터 시작된다고 생각했다. 하지만 처음부터 동사의 주어나 대상이 설정되어 있지는 않다. 제사에서도 인용했듯 동사가 새로운 대상을 발견하고, 그 대상을 가리키는 명사가 새롭게 형용사를 획득하며, 나아가서는 동사가 보여주는 움직임이 새로운 상황을 산출하는 가운데 부사가 생겨난다. 바꿔 말하면 움직임은 우선 움직임을 형용할 터인 부사적 상황 속에 앞질러서 존재하고, 그 속에서 사물이나 사람은 다른 명칭이나 면모를 가지고 부상한다. 즉 동사가 다양한 징후를 거느린 **상황의 움직임**으로서 등장한다.

오다는 이러한 상황의 움직임과 함께 있는 말을 '운동의 말'이라 불렀다. 즉 동사를 따라다니는 세계가 동사를 통해 재구성되는 과정에서 오다는 말의 시작을 발견했다. 〈산리즈카의 여름〉에서 볼 수 있는 사람과 사물, 풍경의 재구성은 오다가 말한 "말의 연쇄"이기도 할 것이다. 거기서 말은 여기저기서 움직임 이전의 움직임을 발견하면서 세계를 동태로서 획득한다. 이리하여 "바뀔 가능성이 있는 현재"(솔닛)[55]가 부상한다.

오다는 움직임을 명명하고 거기에 이름을 붙이는 작업을 '운동의 말'과 대비시켜 '존재의 말'이라고 부른다. 요컨대 "너는 ○○이다"라는 것이다. 명사를 정의하는 데에 축을 두는 말의 세계는 동사로 인해 생겨나는 말의 연쇄를 봉쇄할 뿐 아니라 그러한 연쇄 속에서 현재화한 움직임이나 동태 또한 봉쇄한다. "동사를 명사화하여 움직임을 봉쇄"[56]하는 것이다. 이러한 '존재의 말'이 신문공간을 지배하는 말임은 쉽게 상상할 수 있을 것이다. ○○이다 혹은 ○○가 아니다. 혹은 명사로 세계를 그리려고 하는 학문적인 영위, 예컨대 소속으로 사회를 그리고 움직임을 범주로 설명하는 사회학적인 세계도 움직임을 봉쇄한다. 오다는 이러한 '존재의 말'에 대해 단적으로 "지루"[57]하다고 말한다.

하지만 "'존재'의 기초에는 모두 '동사'가 숨어" 있다.[58] 이 숨어 있는 '동사'를 환기하는 일이 중요하다.[59] 말하자면 명사를 동사로 바꾸는 것이다. 나카이가 말한 기술적 시간은 움직임을 부단히 발견하는 것이고, 이는 말을 통해, 즉 '운동의 말'로서 등장하지 않을까? 또 신문공간에서 "말이 거동이" 되며 사전배제된 영역은 명사로 명명되는 것이 아니라 우선은 움직임으로 감지되어 동사를 따라다니는 새로운 상황의 동태로서 등장하지 않을까? 이때 말의 장소는 출입 금지 간판에 둘러싸인 "지루"한 장소가 아니라 사람들을 끌어들이는 난로로 태어나지 않을까? 난로에 이끌려서 찾아오는 사람들은 역시 '운동의 말'을 이야기할 것이다. 그것이 논의이자 나카이가 말한 심의가 아닐까?

그런데 나카이는 기술적 시간을 생산이라 부르기도 했다.[60] 굳이 말하자면 거기서 나카이는 노동과 노동 수단, 노동 대상으로 구성되는 노동 과정이 계획된 목적을 따르지 않고 노동과 도구의 관계를 끊임없이 갱신시키며 다른 가능성을 조성하고 있음을 염두에 두었을지 모른다. 바꿔 말하면 자본의 가치 과정에 상품으로 통합된 노동 과정이 부단히 다른 동태를 숨기고 있음을 기술적 시간이라는 말로 이야기한 것이다. 나카이가 말한 심의성이란 노동 과정 내부에서 노동과 노동 수단, 노동 대상의 관계가 바뀌며 사람과 사람의 새로운 관계가 발견되고, 노동하다라는 동사를 따라다니는 움직임 이전의 움직임이 부상하여 새로운 상황을 일으키면서 "바뀔 가능성이 있는 현재"가 말로 획득되는 과정이 아니었을까? 논의란 상품에 지배당한 사람들로부터 시작되는 새로운 집합성의 생산이다.

8. 논의 중독

논의는 "모든 순간들이 출발점"인 나카이의 기술적 시간이고, 거기에는 늘 잠재하는 가능성이 있다. 하지만 기술적 시간을 확보하기는 사실상 매우 어렵다. 모든 순간이 출발점인 기술적 시간은 논의 과정에서 말하자면 앞으로 나아가는 동시에 출발점이기를 계속하는 이

중성을 하나의 시간으로 안고 있어야 하기 때문이다. 하지만 논의한다는 것이 말을 뜻한다면, 말은 "어쩔 수 없이 하나의 선이 되어 우리에게 나타난다."[61] 소쉬르는 이를 '선형적 성격'이라 부르는데,[62] 설사 시적 언어를 쓰더라도 언어에 바탕을 둔 사고는 하나의 선으로서 선형성을 띤다. 여기에 원리상 어려운 이유가 있다. "모든 순간들이 출발점"이라고 설명할 수는 있지만, 그것을 실천하기는 대단히 어렵다.

시작에는 복수의 읽는 행위가 있고 거기에는 언어화된 복수의 경험이 있으며 많은 주석이 기입되어 있음에도 불구하고, 논의를 하면서 동시에 복수의 전개를 펼치기는 불가능하다. 논의의 전개는 어떠한 종류의 단선성을 띨 수밖에 없는 것이다. 읽는 행위가 문서에 각각의 읽기가 중층적으로 내리쌓이는, 이를테면 지층을 이루는 과정인 반면, 논의는 선형적 성격을 띠고 단선적으로 하나의 시간 위에서 앞으로 나아갈 수밖에 없다.

여기서 단선적이라 함은 내용의 문제가 아니라 동시에 복수의 발언을 하거나 들을 수는 없다는 지극히 구체적인 의미다. 또한 가령 두 발언이 이어지지 않는 경우 우선 어느 한쪽을 보류하거나 중단시킬 수밖에 없다. 논의의 장에서 종종 마주치는 "앞에서 나온 논의와 관계없지만" 하면서 발언을 시작하는 방식에는 세심한 주의가 필요하며, 보류나 중단이 일어날 경우 어딘가에 기록하지 않으면 그 발언은 기각된다. 다성적인 경험을 문서에 지층처럼 겹쳐 쌓는 것과 그렇게 해서 탄생한 중층적인 지층을 논의할 때 선형적인 성격을 유지하는 작업은 말을 다루는 방식에서 상당히 다르다.

이러한 어려움의 결과로 나카이가 말한 '왜곡'이 생길 것이다. 이는 말이 담론이라는 뜻이고, 모든 말이 이미 사용된 말의 인용이며 인용에는 이미 사용되던 관습적인 의미 작용이 따라다닌다는 것을 의미하기도 한다.[63] 또 이러한 관습성이야말로 단선적인 전개를 지탱할 것이다. 단선적인 전개 속에서 관습은 곧장 논의를 삼켜버린다. 출발점은 상실되고, 사람들은 답을 찾으려 할 것이다. 이때 경험은 논의의 출발점이 아니라 개인적인 감상으로 방치될지 모른다. 혹은 올바름을 받치는 근거가 될 수도 있다. 그렇다면 나카이가 말한 기술적 시간을 확보하기 위해 어떻게 해야 할까? 복수의 경험이 하나의 장에 모여 있다는 논의의 시작을 논의의 장에서 어떻게 유지하면 좋을까?

화요회에서는 종종 시간이 가는 것도 잊어버리고 논의가 고조된다. 시작하는 시간만 정해놓는 이유는 이 고조를 예정된 시간표로 절단하고 싶지 않기 때문이다. 그리고 영원히 끝나지 않는 말의 증식 속에서 어느새 말은 감촉을 가지게 되고 눈에 보일 듯한 존재에 접근하기 시작한다. 이는 논의를 하는 공간을 다른 세계의 입구처럼 느끼기 시작하는 사태일지도 모른다. 논의 속에서 말이 소용돌이처럼 오가는 것이 보이기 시작하고, 주위 풍경이 바뀐다고 느낀 적은 없었을까? 말과 일상의 풍경이 융합하면서 다른 것으로 탈바꿈한다.

이러한 탈바꿈 속에 다큐멘터리 〈산리즈카의 여름〉에서 무장을 논의하던 농민들이나 자신의 힘으로 현실이 바뀔 수 있음을 아는 사람, 즉 "자신들의 해방은 힘으로만 이루어질 수 있"다고 중얼거린 사람들의 말의 모습이 있는 것 아닐까? 거기서는 논의의 시간이 공간성을 띠기 시작한다. 이러한 논의에서는 말을 하는 것뿐 아니라 말하는 사람을 보거나 논의의 장을 바라보는 행위가 중요해질지도 모른다. "시각 기관으로 향하는 것은 다수의 동시적인 기호를 포함할 수 있기"[64] 때문이다. 논의는 시각화될 수 있다.

논의에 빠져들어 통상적인 시간은 잊히고 그 장이 다른 시간과 함께 바뀌어나가는 사태를 화요회에 대해 함께 생각해온 정유진 씨는 '논의 중독'이라고 불렀다. 중독이란 금지되어 있는데도 그만둘 수 없는 것, 즉 휘말리고 또 그것을 떠맡는 것과 다르지 않다. 그럴 때 시간은 시간표로 구획된 틀에서 벗어나고, 모든 예정은 엉망이 된다. 엉망이 되는 가운데 사람들은 아직 끝나지 않았다고 중얼거리면서 모든 시간을 손에 넣으려고 한다. 이것이 바로 중독 증상이다.

논의 중독이란 논의가 억지로 선과는 다른 별개의 시간을 끌어안기 시작하는 사태다. 이는 논의를 계속한다는 그 한 점에서, 굳이 말하자면 논의를 한다는 동사 속에서 우리라는 것이 생성되는 감촉이기도 하다. 혹은 이것이 오다 마코토가 말한 '운동의 말'일지 모른다. 확실히 중독 증상은 정말이지 지루한 것과는 거리가 멀다. 그리고 이 생성의 감촉에 나카이가 말한 기술적 시간의 이중성과 관련된 어려움을 말로서 떠안기 위한 실마리가 있는 것 아닐까?

하지만 중독 증상이 언제나 생기리라는 법은 없다. 그것은 계획할 수도 없지만 그렇다고 해서 우연히 나타나지도 않는다. 조금 더 검토할 필요가 있다. 문제는 중독이냐 아니냐가 아니다. 논점은 여전히 이중성을 끌어안는 것이 어렵다는 사실이다. 확실히 논의 중독에는 이러한 어려움을 극복할 수 있는 실마리가 있다. 하지만 중독 증상에 전부를 맡기지 말고, 조금 더 이 어려움과 마주해보자. 이 어려움을 앞에 두고 두 가지 방식이 가능하리라는 생각이 든다. 하나는 휴식하는 것이고 다른 하나는 기록하는 것이다.

휴식은 도중에 뒤돌아보고 확인하는 작업을 넣는 것이다. 거기서 논의는 앞으로 갔다가 뒤로 갔다가 하면서 지그재그로 나아간다. 중요한 것은 논의의 시간을 거슬러 올라가는 일이다. 나카이가 말한 기술적 시간의 이중성은 사후적으로 돌아보는 시간을 설정함으로써 말하자면 대리적으로 확보된다. 어쩌면 거기서는 앞서 말한 보는 혹은 바라보는 행위가 중요해질지 모른다. 시각적으로 논의를 돌아보는 것이다. 논의를 하다가 멈춰 서서 돌아보고 사람들의 표정이나 몸짓도 포함한 논의 광경을 되새기면서 또다시 논의를 한다. 기술적 시간이 안고 있는 이중성을 과정으로서 실행하려면 사실상 이렇게 지그재그로 나아가는 것 말고는 방법이 없어 보인다. 그리고 이 같은 사후성 속에서 그 이중성을 대신하려고 하는 것이 문서로 기록하는 일이다.

9. 프랑수아

확실히 말은 하나의 선이다. 하지만 집단의 논의는 표정이나 몸짓도 포함한 장을 구성하고, 기술적 시간이 끌어안고 있는 잠재적인 가능성은 그 장에서 징후적으로 표출되고 있다고도 할 수 있다. 방치된 발언이나 몸짓, 논의에 불쑥 삽입되는 외침과 같은 목소리가 논의의 장에는 남아 있을지도 모른다.

논의를 기록하는 것이 중요해지는 이유가 여기에 있다. 화요회에서도 화요회 통신이라는 형태로 매번 논의를 문서화하는데,[65] 거기에는 논의 내용을 요약한다기보다는 논의를 **장으로서** 남겨두고 싶다는 바람이 있다. 그리고 논의가 확보한 기술적 시간의 잠재적인 가능성은 기록을 사후적으로 읽는 데서 도출되지 않을까? 기록의 중요성은 사후적으로 논의를 돌아보는 행위를 낳는 데에 있고, 그것은 역시 문서를 읽는다는 행위다. 거기서 논의는 기록의 재독으로서 존재하는데, 재독된 논의에서는 단선적으로 보이는 논의 과정에 다양한 계기들이 동시에 들어 있었음을 확인하게 된다. 이리하여 기록은 읽어야 할 최초의 문서가 된다.

구노 오사무에 따르면 나카이가 「위원회의 논리」와 관련해서 열심히 읽은 책 중에 레닌의 「일보전진, 이보후퇴Шагъ Впередъ, Два Шага Назадъ」가 있었다고 한다.[66] 1904년에 집필한 이 글에서 레닌은 러시아 사회민주노동당 제2회 대회의 정치적인 의미를 찾기 위해 의사록을 읽는다. 즉 당 대회의 논의에서 무슨 일이 일어났는지를 보여주는 것은 "다름 아닌 당 대회의 의사록이고 또 이 의사록뿐이다." 그리고 "만일 자각적으로 자기 당의 사업에 참가하고 싶다면 우리 당 대회를 면밀히 연구해야만 한다. 실로 연구를 해야만 한다"라고 하며 의사록 읽기의 중요성을 설파한 뒤[67] 레닌은 다음과 같이 썼다.

면밀히 자주적으로 연구할 때 비로소 연설의 간단한 개요나 토론의 무미건조한 발제, 작은(겉으로 보기에 작은) 문제들에 대한 사소한 분쟁들을 하나의 전체에 융합시킬 수 있으며, 주된 연설자 한 사람 한 사람의 생생한 모습을 당원 앞에 부각시키고 당 대회 대의원이 속한 각 그룹의 정치적 특성 전체를 분명히 할 수 있다. (또 그렇게 하도록 애써야 한다.)[68]

여기에 논의의 대표성이라는 문제를 설정할 수 있겠다. 사후적으로는 의사록이 논의를 대표한다. 그 기록은 논의를 통해 결정된 운동 방침이기도 하며 글자 그대로 정치를 담당한다. 이는 레닌에게는 당이라는 집단과 관련된 문제였다. 즉 의사록은 논의를 통해 결정된 당의 방침이라는 집단적 의사를 대표하고, 당원은 그 결정에 따라야만 한다. 그리고 "만일 자각적으로 자기 당의 사업에 참가하고 싶다면" 의사록을 "면밀히" "자주적으로" 연구해야만 한다. 굳이 말하자면 한 사람 한 사람이 의사록을 읽고, 거기에 논의의 "생생한 모습"을 재현해야만 한다. 이리하여 사람들은 "자각적으로 자기 당의 사업에 참가"하며 당원이 된다. 당의 결정은 읽혀야만 하고, 다음 논의를 향한 전개와 새로운 장의 생성은 거기서부터 시작된다.

굳이 말하자면 나카이가 쓴 「위원회의 논리」의 출발점인 읽는다는 행위는 의사록에서 시작된다. 이때 논의의 대표성은 성립하는 동시에 복수화된다. 레닌은 의사록을 읽음으로써 "쓰디쓴 진리"[69]를 발견할 수 있다고 썼지만, 이는 단 하나의 올바름을 말하는 것이 아니라 당의 결정이 동시에 복수의 물음을 끌어안고 있음을 의미하는 것 아닐까? 논의를 통한 결정 그리고 그 결정이 동시에 복수의 물음을 끌어안는 것은 기록과 기록을 읽는다는 행위 속에서 확보된다. 레닌에게는 결정과 물음이 하나의 정치로서 성립하는 곳에 당 대회의 의사록이 있다는 생각이 든다.

기록은 새로운 논의의 출발점이 된다. 또 기록 자체를 복수로 쓸 수 있으며, 하나하나의 기록에서 시작되는 논의는 또다시 복수의 장을 낳을 것이다. 여기서 논의는 다초점적으로 확장된다. 의사록을 쓰는 것을 시작으로, 복수의 "쓰디쓴 진리," 즉 물음이 복수의 장소에서 읽고 논의하는 행위로서 확보된다. 그리고 이 논의 또한 기록되어야 한다. 기록은 사후적으로 읽음으로써 확보되는 새로운 물음과 새로운 논의의 장을 위해 존재한다. 기록과 논의의 이 같은 왕복 운동 속에서 논의의 기술적 시간은 확보되고, 중독 증상은 집합적인 정상태가 되는 것 아닐까?

나카이는 치안유지법으로 체포되기 직전에 「위원회의 논리」를 발표하는 동시에 신문 『토요일』을 간행했다. 이번이 세 번째가 되지만, 거기에 있는 「집단은 새로운 말의 모습을 요청한다」라는 글을 인용해보자. 나카이는 "하지만 사람들은 이야기를 나누지 않았다"고 쓴 뒤 다음과 같이 이어간다.

> 『토요일』은 지금 새로 모든 독자들이 집필자가 됨으로써, 먼저 수천 명의 귀가 되고 수천 명의 입이 됨으로써 새로운 말의 모습을 찾고 있다. / 수천 명이 수천 명과 이야기를 나눌 수 있는 새로운 목소리를 발견하는 중이다. 인간이 발견해야만 하는 것은 기계와 장치가 아니다. 새로운 질서를 향한 인간의 행동이다.[70]

『토요일』이 '귀'가 되고 '입'이 되며 '이야기를 나누는 것'이 된다. 나카이는 이것이 "새로운 목소리를 발견"하는 것이라고 말한다. 쓰루미 슌스케는 지금도 교토 시내에 있는 카페 '프랑수아'의 점주에게 들은 『토요일』에 얽힌 이야기를 기록했다.[71] 그에 따르면 당시 '프랑수아'에는 『토요일』을 놔두었는데 그것을 보려고 많은 사람들이 가게에 와서 끝없이 논의를 계속했다고 한다. 사람들이 도통 떠날 생각을 하지 않아서 주인은 커피 값 15전에 『토요일』 신문 대금 3전을 포함시켜 커피와 『토요일』을 같이 내놓았다고 한다.

논의 중독. 나카이가 말한 "모든 독자들이 집필자가" 되고 "수천 명이 수천 명과 이야기를" 나눈다는 것은 이러한 장이 여기저기에 등장한다는 뜻이다. 『토요일』을 읽고 논의를 하고, 그 논의를 또 『토요일』에 쓰고, 다시 읽고 논의한다. 이렇게 해서 장은 복수화되고 확장된다. 나카이가 그려낸 말의 모습이란 이러한 운동 속에 있지 않을까? 이는 "새로운 목소리"가 발견되고 장이 생겨나는 것이지, 발행 부수나 참가 인원이나 투표수나 '좋아요!' 수와는 전혀 무관하다. 그 점을 혼동하는 바람에 논의는 "지루"해지고 사람들은 이야기 나누기를 그만두는 것이리라. 그리고 이는 역시 지금의 문제다.

문답무용의 폭력이 사회에 대두하는 가운데 사람들은 읽고 논의하고 쓴다. 쓰인 문서는 또다시 읽힐 것이다. 거기서 생기는 "새로운 말의 모습"은 "새로운 질서를 향한 인간의 행동"과 함께 있다. 또 '프랑수아'는 2장에서 다룬 SPK의 거처였던 '로르바허 거리 12번지'와 마찬가지로 구체적인 장인 동시에 여전히 장소를 가지지 못한 사람들의 미래의 장소이기도 했을 것이다.[72] 쓰루미는 '프랑수아'와 거기서 펼쳐진 논의 풍경을 눈앞에 떠올리면서 "『토요일』은 다른 도시의 환상을 전해주었다"고 덧붙인다.[73] 이 "다른 도시"를 미래에 내다보는 장을 확보하려고 한 나카이는 레닌과 그렇게 멀리 있지 않다고 나는 생각한다.

루거우차오 사건이 일어나고 독일 공군이 게르니카를 공습한 1937년 11월, 나카이는 치안유지법 위반으로 검거되어 3년이나 되는 시간 동안 "얻어맞고 발에 차이면서"[74] 구금당했다. 1952년에 나카이는 구금되었던 당시에 대해 다음과 같이 썼다.

결국 어딘가에서 내 죽음에까지 연속되어 있는 이번 전쟁에 적어도 반대했다는 것만을 흡족하게 여겼던 것이다.[75]

중요한 점은 '반대'라는 주장에 있는 것이 아니다. 주목해야 할 것은 옆에서 일어나고 있는 일이 "결국 어딘가에서" 나에게로 이어지리라며 방어태세를 취하는 나카이의 태도다. 나카이는 신문공간에서 자신은 ○○가 아니라며 폭력을 회피하는 것이 아니라, 폭력을 예감하고 방어태세를 취하며 "옆에서 일어나는 일이지만 이미 남의 일이 아니다"라고 중얼거리면서 휘말리고 떠맡는다. 그리고 이 같은 타자와의 연결을 확보하기 위해 장의 논리, 즉「위원회의 논리」를 내놓았다. 전쟁 반대는 보편적인 정의의 문제가 아니라 다름 아닌 이러한 연결과 장의 논리로서 받아들여야 한다.

다시 말하지만 내게 오키나와를 생각하는 것은 파농을 읽는 일이기도 했다. 둘은 단단히 연결돼 있었다. 파농의 사고는 신문공간의 앎이었고, 오키나와를 말하려면 그러한 앎이 반드시 필요했다. 이 앎 혹은 그것을 통해 그려진 오키나와는 파농이나 오키나와와만 연관된 것이 아니다.

하지만 이는 더 범용성 있는 앎이라는 뜻도 아니거니와 오키나와를 사례로 일반화하는 일도 아니며 또 오키나와를 이론에 끼워 맞춰서 논하는 작업도 결코 아니다. 그것은 안다는 행위가 신문공간 속에 있으면서 다른 관계성을 만들어내는 문제다. 이 과제를 떠맡는 것이 이 장에서 검토한 장의 논리다. 인식론적인 범용성이나 일반화를 대신해 "옆에서 일어나는 일이지만 이미 남의 일이 아니다"라고 중얼거리면서 타자와 만나는 새로운 장소를 계속해서 확보하는 실천이 여기에 등장한다. 지금 필요한 것은 이러한 장이자 실천이며, 그것이 바로 파농의 임상이다. 시작은 거기에 있다.

보론 1   접속하라! 연구기계 : 연구 액티비즘을 위해

1. 연구기계

연구회라 불리는 활동에서 일어나는 일은 어떠한 주제와 관련된 올바른 해설을 손에 넣거나 참가자 개인의 지식 양을 축적하는 것이라기보다 토의를 통해 그 장에서 새로운 관계가 생겨나고 그 관계가 공간을 만들며 제도를 비판해나가는 생성적인 전개가 아닐까? 지금까지 대화를 나눠본 적도 없는 사람들끼리 정해진 시간 동안이나마 말을 주고받을 수 있다는 것 자체(이것은 합의하는 것과는 다르다)가 실은 무척 근사한 일 아닐까? 이는 연구 과제나 연구 성과 같은 맥락에서는 좀처럼 잘 보이지 않는, 토의 공간을 만들어내는 힘이라고 할 만한 연구회의 측면이고, 이때 공간은 물리적인 장소라기보다 한정된 시간 속에서 생기는 일회적인 공간이거나 혹은 동시에 복수로 발생하는 것이 아닐까? 연구회란 사람들에게 말을 걸고 관계를 발견하며 논의를 위한 장소를 확보하는 다양한 행위도 포함해서 존재한다. 그리고 이러한 공간을 만드는 활동의 측면을 강조하는 것은 연구회에서 연극성이나 퍼포먼스 같은 의미를 발견하는 일인지도 모른다. 혹은 연극적인 행위도 포함해서 연구회를 구상하는 일일 수도 있다. 이러한 측면의 가능성은 연구라는 맥락에서는 굳이 따지자면 경시되곤 했다.

그러다 보니 지식 획득은 '사회의 수요'라는 이름 아래 자기 자신을 비싸게 팔기 위한 기량 향상으로 순화되고 말았다. 아니, 정확히 말하면 기량 향상조차 되지 못하고 있는데 자기실현의 환상을 흩뿌리는, 뒤에서 살펴볼 현재의 대학을 둘러싼 상황과도 겹쳐진다. 개인의 기량 향상과 종이 한 장 차이인 지식 양 경쟁이 아니라, 토의하는 순간에 생기는 관계성으로 초점을 옮겨보자. 그리고 연구라는 말을 대학이라는 제도에서 떼어내자. 가령 이번 호에서 '프리터 사회학자'인 와타나베 후토시渡邊太 씨가 "사회학은 커뮤니케이션 툴로 사용할 수 있다"고 할 때, 이는 언제 찾아올지 모르는 미래를 위한 기량 향상이나 학문적 성과가 그 장의 관계성 생성으로 바뀌는 결정적인 전환을 함의한다.

혹은 이러한 전환은 우리가 살아갈 미래를 논의하는 것과도 관련된다. 상황을 올바로 분석하고, 지향해야 할 미래상을 확정하는 것. 이는 운동의 맥락에서 보면 정세 분석 및 전략과 관계있지만, 뒤에서 살펴보듯 와타나베 씨가 말한 '툴'이라는 도구적인 전환은 연구회를 좀 더 전술적인 영역에 설정하여 정세 분석에서 연역되는 전술과는 다른 운동 형태를 촉구할 것이다. 이번 호에서 활동가, 편집자, 불안정 노동자 같은 잡다한 사람들이 모인 '기본소득연구회'의 실천에 대해 보고한 가타다 가오리堅田香緒里 씨는 기본소득이 지향하는 더 급진적인 평등과 복수성이 기본소득에 관한 토의의 장에서 이미 이루어지고 있음을 지적한다. 바람직한 미래를 토의하는 것이 그 미래를 불러들이는 실천이기도 하다면, 이는 운동 형태의 문제이기도 하리라. 그것은 또한 기본소득이라는 미래와 관련해 개개인이 품는 불안이나 욕망이 토의라는 공간에서 사회화되는 일이기도 하다. 말하자면 연구회는 자신들이 누구인지를 묻고 자신들이 살아가야 할 장소는 어디에 있는지를 모색하며 그것을 언어화하면서 살아가야 할 미래를 그 장에서 만들어 나가는 실천이다.

다양한 내용을 담은 말로 유통되는 문화 연구도 내게는 이렇듯 자신이 살아갈 장소를 발견하여 상황을 타개해나가는 활동이다. 내가 타이완에서 만난 문화 연구라 일컬어지는 움직임은 연구 주제가 문화임을 가리키는 용어가 아니었다. 1987년 계엄령 해제로 상징되는 민주화 속에서 자신들이 무엇을 바라고 있었는지를 돌아보고 이를 표현하는 작업이었다고 생각한다. 즉 페미니즘이나 성소수자 운동부터 섹스워커들의 운동, 타이완 선주민 운동 등이 일제히 현재화하여 뒤섞이면서, 자신들은 누구이고 어떠한 욕망을 가지고 있으며 어떠한 장을 바라는지를 언어화하는 실천이었던 것 같다. 굳이 말하자면 이는 민주화를 계엄령 해제나 정당 정치 같은 제도적인 맥락으로 회수하지 않기 위한 잡다한 활동이었다. 친구인 천광싱陳光興에게 이끌려 참가한 섹스워커와 지원자들의 토의 공간은 말하자면 노동 학교 같은 분위기였다고 기억한다. 연구라고 하면 주제나 연구 분야가 뭐냐는 물음이 곧장 나오지만, 타이완에서 만난 문화 연구는 연구 주제나 연구 성과 문제라기보다 상황을 만들어내는 집단적인 행위였다.

이번 호에 수록한 김우자金友子·사쿠라다 가즈야櫻田和也·오노 도시히코小野俊彦의 간담회 「장소를 만들어내다 場所を生み出す」 마지막에 김

우자 씨가 다소 갑작스럽게 "공부하면 다 좌파가 되는 줄 알았다"고 발언했을 때, 깜짝 놀란 동시에 아, 그렇구나 싶었다. 자본주의 사회의 모순을 공부해도 좌파가 되지 않는다. 뭔가를 알고 생각하는 일이 나 자신이 바뀌는 것으로 이어지지 않는 셈이다. 문제는 아는 것과 바뀌는 것이 결합하는 앎의 모습이다. 논의를 앞질러 가서, 자본주의의 모순을 연구하는 것 자체가 운동으로 이어진다고 한다면, 거기에는 무엇을 연구라 간주하고 무엇을 운동이라고 하는가라는 이 둘의 전제 자체를 되묻는 계기가 있지 않을까? 여기서는 이를 마르크스를 읽고 마르크스에게 감화되었다는 식의 지식 주입 논리로 안일하게 해결하지는 말기로 하자. 여기서 논점이 되어야 할 부분은 토의를 한다는 것이 만들어내는 집단성이고, 토의 자체에 잠재하는, 자신이 살아가는 현실을 다른 상황으로 다시 직조해내는 힘이다. 이때 좌파는 『자본론』에 관한 지식 양의 문제도 아니거니와 집단을 지도하는 전위 엘리트도 아니다. 말을 주고받으며 장소를 만드는 것이 간직한 힘을 해방하고 싶다. 문제는 이 힘을 어떻게 끌어내어 세계를 바꿀 수 있는 힘으로 연결할 것인가다.

이번 특집에서 연구라는 말로 표현하려고 한 것은 말을 주고받으며 함께 새로운 말을 발명하는 집단적인 행위다. 또 기계라는 말로 표현하려고 했던 것은 고정적인 질서 집단과는 다른, 사람과 사람의 동적인 관계와 관련된다. 토의한다는 것 자체가 기존 질서와는 다른 관계를 만들어내며 질서를 지탱하는 제도를 비판하는 움직임으로 이어질 때, 이것을 운동이라고 불러도 된다고 생각한다. 연구기계는 대학이나 이른바 학문을 한다는 학계에서 제도화된 영역과 깊은 관계가 있지만, 여기서 묻고자 하는 것은 대학론이나 학문론이 아니라 이 운동이라는 수맥이다. 특집에서는 이 수맥이 가진 힘을 대학이나 연구와 관련된 질서에서 풀어놓는 것에 대해 생각하고자 한다.

제도 비판을 계속하는 이 운동은 학계뿐 아니라 운동 조직 문제로도 직결된다. 연구기계의 요점은 무엇을 논의하느냐보다는 어떻게 논의하느냐에 있다. 중요한 과제를 열거하고 정답을 찾는다기보다는, 과제와 관련된 토의 공간이 어떠한 사람과 사람의 편성을 만들어내는가라는 문제다. 이번 호 다른 곳에서도 언급되는, 서울에서 생겨난 연구공간-기계research machine '수유+너머'가 작성한 팸플릿 "Welcome to the Machine"에서 중심 멤버 중 하나인 고병권 씨는 "사람들은 조직을 발전시키는 것이 운동을 발전시키는 일이라고 생각합니다. 조직이 운동의 주체이자 단위라고 생각하기 때문이지요. 하지만 어떤 조직이 일심불란한 체계를 갖추었을 때, 즉 완성의 순간에 근접했을 때 우리는 그 조직의 패배를 예감합니다. 조직은 운동의 기초가 아닙니다"라고 썼는데, 바꿔 말하면 이는 정치 과제와 관련된 당파성 문제와도 겹쳐질 것이다.

이 특집에서는 연구라는 행위가 가지고 있는 운동 영역, 이를테면 연구 액티비즘이라고 할 만한 영역과 그 사정거리의 윤곽을 최대한 그려보려고 한다. 이는 연구와 운동 둘 다가 이제까지 전제하던 내용 혹은 대학의 안과 밖, 연구자와 활동가라는 구분을 재검토하여 다른 곳으로 옮겨놓는 일이기도 할 것이다. 따라서 연구 액티비즘의 윤곽을 그리는 작업은 이미 알고 있던 내용, 이미 어딘가에서 논의되던 내용을 확인하고 다른 말로 바꾸어나가는 일인지도 모른다. 그렇기 때문에 거꾸로 가장 경계해야 할 것은 그런 건 이미 알고 있다는 태도다. 이는 또한 다른 장소에서 등장하고 있는 새로운 전개를 단순히 소개하거나 수입하는 것에 그치지 않기 위해서이기도 하다. 이미 알고 있던 내용이 다른 것으로 이야기되거나 자신과 관계없다고 생각하던 일이 이미 알고 있던 것과 겹쳐진다면, 이는 가슴이 두근거리는 논의의 시작일 터이다.

2. 프레카리아트와 대학

얼버무리고 넘어가서는 안 되는 것은 대학이 이미 노동력 재생산 기구로서 기능 부전에 빠졌다는 사실이다. 물론 개별적으로 보면 편차는 있다. 특히 명문대와 그렇지 않은 곳 혹은 대도시권에 위치한 대학과 지방 대학도 다를 것이고 분야에 따라서도 천차만별일 것이다. 하지만 필요한 것은 일부 대학을 예로 들어 거기서 바람직한 대학의 이상적인 모습을 발견하거나 내가 있는 곳은 괜찮다며 의미 없이 세계 나가는 일이 아니다. 확실한 것은 지금까지 대학과 연결되어 제도화되어 있던 고임금 노동 시장과 대학의 관계가 총체로서 이미 붕괴하기 시작했다는 점이다. 이 현상은 대학이 독점하던 두뇌 노동 시장에서 더 현저하게 나타난다고 할 수 있다.

대학원도 포함해 대학은 이미 지금까지 가지고 있던 노동 시장과의 접속을 상실했다. 그리고 이는 그저 정원이 늘었다거나 입학 지원자가 감소했다는 문제가 아니라, 모든 직종에서 볼 수 있는 비정규 고용과 불안정 노동, 부당한 노무 관리의 확대와 관련된다. 즉 고속으로 이동하는 자본의 확대에 따라 이제까지 노동 시장 분할을 유지하던 제도들이 무효화되고, 기존 제도가 노동력에 부여하던 자격이나 경력과 관련된 명명이 상실되며, 익명성이 확대되고 총체적인 유동화가 진행되는 상황 속에서 대학은 기능 부전에 빠졌다. 자본과 노동력의 결합은 대학을 비롯한 전부터 내려온 제도를 뛰어넘어(때로는 이용하기도 하겠지만) 더 재빠르게 수행되고 자유자재로 해제되기 시작했다. 일부 대학에서 문제가 되고 있는 외국어 교원의 파견 노동자화는 대학이 제도화해왔던 두뇌 노동자가 이렇듯 노동 시장에서 유동화되고 불안정해지고 있는 현저한 예일 것이다. 대학에서는 노동력 재생산 기구로서의 부전과 대학이라는 노동 시장의 불안정화가 서로 겹치면서 동시에 진행되는 중이다.

불안정성이 확대되고 있다. 물론 그렇다고 똑같이 확대되는 것은 아니다. 불안정성은 다양한 기존 규범이나 제도와 포개지면서 현실화되는데, '여성' '장애인' '외국인' 같은 범주는 이러한 불안정성 속에서 다시 한 번 의미를 획득할 것이다. 하지만 불안정성의 확대를 기존의 계층화된 노동 시장을 전제로 이해해서는 안 된다. 다시 말하지만 사태는 총체로서 일어나고 있다. 따라서 불안정성은 객관적으로 정의되는 일부 노동 형태의 문제라기보다, 다양한 형태로 구현되면서 총체로서 존재하는 미래에 대한 불안으로 만연하고 있다고 할 수 있다. 151호에서 특집으로 다룬 '프레카리아트precariat'*는 노동 시장의 계층성을 의미한다기보다 총체적으로 만연하는 이러한 불안이나 힘든 삶을 전향적으로 바꾸어 표현하려는 말이다. 그리고 지금 대학 주위에서 일어나는 일들도 대학만의 문제가 아니라 이러한 프레카리아트

---

* '불안정한precarious'과 '프롤레타리아트'를 합성한 말로 비정규직이나 실업 상태에 있는 사람, 노숙자 등을 가리키는 말이다.

속에 있다.

　그 결과 대학은 그저 돈을 내고 통과할 뿐인 장소가 된다. 그곳은 직업이라는 목적지로 그저 이동하는 출퇴근 전철이고, 이제는 목적지에 도달하지 않는 유령 열차가 되고 있는 중이다. 그렇기 때문에 흡사 목적지가 있기라도 한 양 다양한 눈속임이 지금 생겨나고 있다. 자기실현은 그런 가운데 준비된 말이다. 지금 가장 읽어야 할 책 중 하나인 히라이 겐平井玄의 『미키마우스의 프롤레타리아 선언ミッキーマウスのプロレタリア宣言』(太田出版, 2005)에는 교육 관련 출판사에서 수험 잡지의 기사를 체크하는 N의 이야기가 나온다. 당신의 꿈을 이루어드립니다. 많은 대학이 국제 교류, 시대의 수요에 맞춘 교육 프로그램, 최첨단 연구 같은 사탕발림 말을 수험생에게 흩뿌린다. 그리고 기사를 체크하던 N은 아주 짜증이 난다. 새우는 없고 튀김옷만 두꺼운 새우튀김. 그가 이러한 사탕발림 같은 말에 붙인 이름이다. 이 부분을 읽은 나는 요 몇 년 동안 대학에서 새우튀김을 가득 담은 업무 서류를 줄곧 써왔음을 떠올리고 나 자신이 역겨워졌다.

　대학에 일자리가 있는 사람이 이러한 말을 하면 반감을 살지도 모른다. 그리고 그 반감은 당연하다. 그렇기 때문에 이제 눈속임은 그만두어야 한다. 다시 말하지만 시장과의 접속을 유지하고 있는 일부를 칭송하는 일은 이제 그만두자. 팔리는 연구나 사회의 수요에 맞춘 교육 시스템을 개발하는 것은 중요하지 않다. 유동화 속에서 그런 장소는 새롭게 생겨나겠지만, 그것은 총체적인 붕괴의 징후에 지나지 않는다. 일자리 따위는 필요 없다는 말을 하는 것이 결코 아니다. 모든 사람이 살아갈 수 있어야 함을 강조하려는 것이다. 대학은 지금 더 이상 속여 넘길 수 없는 임계점에 도달하고 있다고 생각한다. 그리고 그것은 이 나라만의 문제가 아니다.

　더 이상 속여 넘길 수 없다면 남은 길은 진압밖에 없다. 유령 열차에는 진압 부대가 숨어 있다. 그리고 진압은 대학 고유의 문제가 아니다. 예컨대 와세다대학, 오사카경제대학, 호세이대학에서 벌어지고 있는 전단지나 입간판에 대한 탄압은 결코 일부 대학에서 전개되는 과거 학생 운동의 최종 국면이 아니다. 그것은 이미 다른 대학에서도 일어나고 있는 일인 동시에 대학이 프레카리아트를 억압하는 기구로 등장한 것이라고 이해해야 할 사태다. 그렇기 때문에 대학의 억압 기구화는 교육 제도라는 예전부터 있었던 제도적 틀 속에서 일어나는 새로운 전개라기보다, 기존의 법적 절차를 초월하여 요즘 전개되고 있는 치안 탄압, 특히 '정신 이상자' '수상한 자' '테러리스트' 같은 말을 근거로 행사되는 문답무용의 예방 구금과 궤를 같이 한다고 할 수 있다. 2001년 9월 11일 직후 인권 침해를 고발하는 비명 같은 메일이 세계 곳곳에 날아들었는데, 거기서 FBI가 아무런 법적 근거 없이 대학에서 유학생의 개인 정보를 가져갔다는 소식이 전해졌다. 이러한 사태는 지금도 계속되고 있다. 요즘 들어 생활 지도라는 이름으로 일본에 체재하는 유학생을 감독하고 감시하는 것도, 교육 문제라기보다는 올해의 입국관리법 개'정正'으로 상징되는 '외국인＝범죄자 예비군, 테러리스트'라는 예방 탄압 속에 놓여 있을 것이다.

　기존 제도 자체가 변용되며 지금까지의 법적 절차가 속속 무효화되고 있는 지금, 대학 주위에서 일어나고 있는 일을 다른 사태와 겹쳐놓고 생각하는 일은 매우 중요하다. 총체적으로 진행되고 있는 대학의 기능 부전과 억압 기구화. 중요한 것은 영원히 닿을 수 없는 목적지를 몽상하는 것이 아니라, 전철 안에서 다른 미래를 만들어내는 일이다.

바꿔 말하면 이 유령 전철은 대학이 도맡고 있던 학문을 둘러싼 제도에서 해방된 연구기계가 운동으로 작동하기 시작할 기회다.

3. '수유+너머'로부터

지금으로부터 5년 전에 나는 30대 후반 박사 실업자였다. 당시 내 눈앞에 있던 다음 코스는 대학에 진출하는 것. 하지만 희망이 없었다. (……) 경제적 자립과 배움의 장. 나는 초심으로 돌아가서, 교수가 되려고 한 것은 이 두 가지를 확보하기 위해서였음을 떠올렸다. 그렇다면 교수 채용에 필사적으로 매달려서 '정력을 소모할(!)' 바에야 차라리 이 두 가지가 가능한 새로운 영역을 개척하는 편이 낫지 않을까? 수유리 공부방은 이렇게 시작됐다.[1]

연구공간-기계 '수유+너머'를 시작한 사람 중 하나인 고미숙 씨는 처음 출발하던 상황을 이렇게 기록하고 있다. '수유+너머'에 대해서는 『임팩션』149호에 있는 김우자 씨의 글을 참고하기를 바라는데, 그 계보 중 하나에는 말하자면 이 같은 고학력 실업 문제가 존재한다. 그리고 거기서 앞에서 말한 국경을 넘어 확대되는 불안정성을 확인하는 것은 대단히 중요하다. 한국만의 문제가 아니다. 거칠어 보일지도 모르는 이러한 동일화가 지금은 반드시 필요하다.

이를 전제로 '수유+너머'에 내재하는 계보를 조금 더 꼼꼼히 생각해보겠다. 이번 호에 인터뷰 및 「마르크스주의와 코뮌주의マルクス主義とコミューン主義」라는 논문이 수록되어 있는 '수유+너머'의 또 다른 중

심인물인 이진경 씨가 체현하고 있는 계보는 고학력 실업 문제와는 조금 다르다. 이는 말하자면 앞서 말한 연구와 운동의 위치 관계와 관련된 문제다. 자세한 내용은 인터뷰와 논문을 읽어주기를 바라지만, 1980년대에 가장 전투적인 학생 운동의 중심적 존재였던 이진경 씨에게 연구란 무엇보다도 어떻게 자본주의 사회를 이해하고 거기에서 생기는 모순을 어떤 것으로 설정하여 그에 대항하는 노선을 어떻게 내놓을 것인가에 대한 작업이었다. 말하자면 자본주의의 현 상황을 분석하여 혁명을 위한 올바른 전략을 확정하는 작업이 바로 운동에서 연구가 차지하는 위치였다. 이러한 연구 활동은 곧장 노선 투쟁으로 귀결됐다. "사회구성체론에 관한 논쟁은 이리하여 정치 노선과 전략에 관한 논전으로 변환되고, 조직적인 차이들은 그 같은 이론적 차이를 서서히 확대하면서 각각이 고유한 입지점으로 변환되었다."[2]

이는 대단히 이해하기 쉬운 이야기다. 운동 안에 연구 활동을 어떻게 자리매김할 것인가는 동시에 운동 형태를 어떻게 상정할 것인가와 깊은 관계가 있으며, 여기서 이진경 씨가 말하는 내용은 이론적인 올바름으로 보강된 당파성 문제다. 이러한 보편적인 정치적 올바름은 올바름을 독점하는 전위 조직의 '목숨을 건' 투쟁 형태와도 겹쳐졌다. 급진성이 올바름을 증명하는 전도를 낳은 것이다. 마르크스주의에 대한 포기도 아니지만 기존 전위 조직의 운동에 대한 긍정도 아닌 지점, 그의 말을 빌리면 "머물 수도 떠날 수도 없는" 지점에서 운동의 패배를 받아들이고 여전히 마르크스주의자로서 살고자 했을 때, 이진경 씨는 자신이 해온 이론적 작업과 운동 형태의 관계를 근본적으로 다시 파악하려고 했다. 여기서 그는 고미숙 씨와 만난다. 이 만남 속에서 이진경 씨에게 연구 활동은 먼 미래의 올바름을 확보하는 것이 아니라 지금 자신이 살아가는 장소를 어떻게 만들어갈 것인가, 즉 "삶과 밀접히 결합된 지식을 생산하는 것"으로 전환된다.

　중요한 것은 연구를 둘러싼 이러한 전환이 그저 연구 주제나 연구 스타일 문제가 아니라 전위와 관련된 당파성과 무장이라는 문제와 밀접히 연결돼 있다는 점이다. 올바른 강령이 아니라 토의를 통해 어떠한 장소를 만들어갈 것인가가 매우 중요한 논점이 된다. 그리고 이는 또한 올바른 강령을 내세우는 전위 조직과는 다른 운동 형태의 생성을 계속 요청한다. 자본과 노동이 재결합하는 가운데 야기된 프레카리아트의 확대라는 공시성과 함께 내가 '수유＋너머'의 활동에 강하게 끌리는 것은 바로 이러한 운동 형태와 관련된 계보다. 이러한 운동 형태의 문제로서 연구를 생각할 때 내가 어떠한 회로로 '수유＋너머'와 관계를 맺을 수 있는가를 발견할 수 있다. 그것은 당파 투쟁 속에서 서로 죽고 죽이는 사태가 확대되던 1970년대 신좌파 운동의 경험이자, 가령 아마노 야스카즈天野惠一 씨가 『'무당파'라는 당파성「無党派」という党派性』에서 말한 "보통의 인간이 평범하게 고민하는 장소를 공유하면서 나아가는"[3] 일이기도 하다. 지금 여기서 일본의 운동이 한국의 운동에 선행한다는 말을 하려는 것이 아니다. 그보다는 어떤 매력적인 운동을 만났을 때 그것을 수용하는 작법의 문제다. 단순한 정치 효과가 아니라 받아들이는 장소와 관련된 역사성을 상기하면서 운동을 생각하고 싶기 때문이다. 이러한 작법이 결여된 곳에서는 매력적인 운동도 그냥 소개이거나 표면적인 모방에 그칠 것이다.

4. 1970년대

　1970년대에는 신좌파의 당파 투쟁이 격화되는 한편으로 개별 과제가 등장하여 지역 투쟁이 확대됐다. 1968년을 유난히 추어올리는 논의나 1970년 7월 7일 화교청년투쟁위원회(화청투)의 신좌파 당파들에 대한 결별 선언*을 가지고 운동을 총괄해버리는 난폭한 논의를 만날 때마다 1970년대에 각지에서 전개된 개별적, 구체적인 운동이 시야에 들어 있지 않다는 느낌을 받는다. 예컨대 스기하라 도루杉原達 씨가 이러한 난폭한 논의에 대한 분노를 담아서 적확하게 지적했듯, 화청투의 고발은 가령 1970년대 오사카에서는 민족차별철폐운동이나 재일 외국인에 대한 배타주의와 맞서는 구체적인 운동으로 계승되었고, 1980년대 지문날인거부운동으로 이어진다.[4] 1970년대에 공해 반대, 개발 반대 투쟁, 원전 반대 투쟁 혹은 차별 반대 투쟁이나 우먼리브 운동, 인력 시장의 투쟁 등 개별적, 구체적인 과제에 관한 운동은 각지로 확대되고 확산되었다. 그리고 당파성 혹은 전위 조직 문제는 실로 이러한 개별적, 구체적인 지역 투쟁 속에서 재심에 부쳐진다. 바꿔 말하면 강령적이거나 교조적인 '보편성'이 아니라 "구체적인 개별 과제를 다양하게 교류시키고 매개시킴으로써 분명히 드러나는 '보편성'으로의 통로"[5]가 요청되었던 것이다. 연구라는 행위에 대해서도 실로 이러한 개별 과제와의 구체적인 관계 속에서 물음이 던져진다.

---

* 일본 정부의 새 출입국관리법에 반대하기 위해 결성된 재일 중국인 조직 화교청년투쟁위원회는 1970년 7월 7일 루거우차오 사건 33주년 대회에서 일본의 계급 투쟁 속에 피억압 민족 문제는 정착되지 못했다며 일본 신좌파의 식민주의와 배외주의를 비판하고 결별을 선언했다.

1977년에 내가 대학에 입학했을 때에는 다양한 자주적 연구 그룹이 있었다. 특히 농학부에 입학했기 때문인지 개발 반대, 공해 반대, 원전 반대 지역 투쟁에도 관여하는 많은 연구회와 만났다. 그중 하나가 1972년에 이시다 노리오石田紀郎 씨 등이 세운 재해연災害研 그룹이다. 이시다 씨는 1969년 9월 교토대학 농학부 봉쇄 해제 당시 체포된 교원 열 명 중 한 사람이다. 24시간 연구실이나 실험실에 있는 경우가 많은 농학부 학생이나 대학원생, 교원 들에게 점거는 일상 공간 자체에 대한 점거였고, 따라서 점거라기보다는 늘 가는 장소에 눌러앉는 일이었다. 그리고 그와 동시에 점거한 공간에서 무엇을 연구할 것인가가 문제가 되었다. 폭력적으로 진압된 뒤로 많은 사람들이 같은 연구로는 돌아가지 않았다. 그 과정에서 생겨난 재해연도 대학 내에 독자적인 장소를 확보하고 개발 반대, 공해 반대 투쟁과의 관계를 만들어나갔다. 1972년 10월 24일 날짜가 기록된「왜 재해연구 그룹을 결성했는가なぜ災害研究グループを結成したか」라는 전단에서 이시다 씨는 공해 반대 투쟁에 관여하는 가운데 "이미 '과학자'로서 출발해버린 우리는 어떻게 하면 좋은가?"라고 물으며, "우리가 우리 안에 배어들어 있는 '과학자'를 해체하면서(고발하면서) 새로이 인간을 바탕에 둔 학문 기술론을 모색하고 만들어나가는 운동이 우리의 과제이고, 재해연 활동의 기조다"라고 했다. 그리고 끝에 가서는 "우리는 이러한 작업을 통해 자연을 분단하고 분단화된 자연을 대상화할 뿐 아니라 인간 또한 분단 대상화해 '사물'로 다룰 뿐인 현대 과학의 상황에서 우리도 포함한 인간을 해방하는 것이 가능해진다고 생각한다"고 맺는다.

개별 투쟁, 지역 투쟁의 확대와 확산은 운동 내에 당파성과 결합된 연구와는 다른 연구의 위치가 요청되는 상황이기도 했다. 재해연뿐 아니라 다양한 연구 그룹이 이러한 상황과 관계를 맺었다. 그리고 자신이 살아가는 장소 자체에 물음을 던지는 가운데, 그야말로 아마노 씨가 말했듯 개별 구체적인 과제를 매개할 수 있는 회로를 어떻게 발견할 것인가가 문제가 되었다. 이는 개발 반대, 공해 반대 투쟁이나 원전 반대 투쟁에서의 자연과학 계열 연구에만 한정되는 이야기가 아니다. 가령 ○○ 해방 운동에서 ○○ 해방연의 위치도 마찬가지일 것이다. 다만 자연과학 계열 연구 분야의 경우, 가령 유해 물질 분석처럼 곧장 운동에 도움이 된다는 문제가 있었다. 그리고 "운동에 도움이 된다"는 것이 특정한 종류의 운동과 연구 관계를 고정해버렸다고 당시에 별로 도움이 되지 않았던 나는 생각한다. 바꿔 말하면 응용하는 곳을 바꾼다고 해서 당장 "우리도 포함한 인간을 해방하는" 일이 이루어지지는 않는다. 그런 의미에서 자연과학은 쓰기 불편한 도구였다. 하지만 거기서도 과학이라는 툴을 써서 학계에서 통제할 수 없는 관계가 만들어졌다. 대학에서 실험실을 일시 점거하여 가스 크로마토그래피 분석 기계를 (슬쩍) 탈취한 다음 대형 컴퓨터에 비밀리에 데이터를 입력하는 게릴라 활동이 일상적으로 전개되었다. 이는 역시 연구 활동 속에서 새로운 관계를 구축하고 자신이 살아가는 장소를 만들어내는 실천이었다고 생각한다. 그리고 여기서 굳이 덧붙인다면, 이러한 연구 활동에는 전위 조직이나 당파성과는 다른 운동 형태가 내재해 있었다. 이는 '수유+너머'를 만남으로써 내 안에서 도출된, 지금으로 이어지는 연구 액티비즘의 계보다.

혹은 사람에 따라서는 1950년대 서클 운동을 상기할지도 모른다. 쓰루미 슌스케 씨는 서클 운동을 전위 정당과 대비하여 논하고, 거기서 관심에 부응해 잇따라 증식하는 '보자기 싸기 학풍'이라 할 수 있는 연구 형태를 발견한다.[6] 이는 관심을 매개하기 위해 속속 도입되는 도구로서의 학문 형태다. 그리고 이 다양한 도구들을 감싸는 것은 이론이나 분야가 아니라 문제에 대한 관심이다. 이는 앞서 언급한 와타나베 후토시 씨의 '커뮤니케이션 툴'과 유사해 보인다. 굳이 바꿔 말하면 이론적으로 확보된 미래를 향한 강령에서 도출되는 전술이 장에 같이 있는 사람들을 당파 투쟁에 휩쓸리게 한다면, 장에 같이 있는 사람들의 문제의식과 관심에 바탕을 둔 '보자기 싸기 학풍'은 불확실할 뿐 아니라 결코 쉽게 하나가 되지는 않는 미래상을 전조로 상정하기를 계속한다. 도구로서의 연구는 이러한 강령 없는 전술과 관련된다.

물론 여기서도 서클 운동에 이상적인 연구 액티비즘의 모습이 있다는 말을 하려는 것이 아니다. 중요한 것은 가령 오구라 무시타로小倉虫太郎 씨처럼 조직으로서의 좌파가 아닌 운동으로서 "다시 한 번 서클 운동의 '깃발'을 줍는 일은 어떻게 가능할까?"라는 물음을 던져보는 일이다.[7] 운동 형태를 생각한다는 것은, 끝났다고 여겨지는 과거의 사건에 한 번 더 다른 의미를 불어넣어 아직 끝나지 않은 운동으로서 지금과 연결하는 일이다.

5. 망상-모의

현재 세계 각지에서 일어나고 있는 글로벌리즘 반대 운동에는 다양한 운동 계보가 흘러 들어가서 화학 반응을 일으키고 있다. 노동 운동이나 농민 운동, 소수자 운동 혹은 원전 반대 투쟁이나 환경 보호 운동 그리고 데이비드 그레이버David Graeber가 『뉴 레프트 리뷰New Left

Review』(2002년 1, 2월호)에서 논한 '새로운 아나키스트들'도 거기에 등장한다.[8] 그레이버가 말한 '새로운 아나키스트'가 꼭 아나키즘을 자처하는 사람들을 가리키는 것은 아니다. 그것은 국가나 당에 관한 강령적인 인식의 문제가 아니라, 매우 구체적이고 전술적인 운동 형태와 관련된 일련의 문제들을 의미한다. 바꿔 말하면 강령적인 인식에서 연역되는 전술이 아니라 때마침 같은 자리에 있게 된 사람들이 우선 지금의 현실을 바꿔야 할 상황으로 눈앞에 부상시키고, 그러한 상황 속에서 자신들이 누구인지를 확인하여 자신들이 살아가는 장소를 바꾸어나가는 운동 형태다. 그것은 상황주의자나 아우토노미아 등의 흐름을 계승하면서 유럽을 중심으로 발생한 프레카리아트들의 운동에서 볼 수 있는 전술과도 겹쳐진다. 이러한 운동 형태는 강령적인 미래 속에서 보호받는 것이 아니라 그 자체가 다양한 미래의 전조이기도 할 것이다.

그레이버도 공통적으로 가지고 있는 인식은 이러한 운동 형태에서는 올바름을 확보하는 '완벽한 분석' 작업과는 다른, 자신이 살아가는 일상을 다른 사회로 다시 그려내는 새로운 이론적 혹은 분석적 활동을 재창조하는 일, 즉 연구 액티비즘이 요청된다는 것이다. 여기서도 중요한 것은 가령 맨해튼의 운동을 이상화하고 모방하는 일이 아니다. 거기에는 특정한 장소에서 운동의 중심을 발견하는 일종의 전위주의가 존재한다. 앞서 언급한 세 청년의 간담 마지막에 오노 도시히코 씨는 지방에 연연하겠다고 선언하는데, 그것과도 통하는 문제다.

최근에 '수유+너머'는 한미FTA(자유무역협정)저지투쟁, 평택기지 확장반대운동, 새만금간척반대투쟁, 이주노동자지원투쟁 등에 돌입했다. 5월에는 각지의 투쟁을 잇듯이 400킬로미터 거리를 걷는 '대장정'이라는 행동에 나서기도 했다. 이러한 정치 과제에 대해 그들이 어떠한 운동 형태를 만들어낼 것인가라는 물음은 현재 진행형이다. 지난번에 '대장정' 경험을 주제로 열린 워크숍에서 고병권 씨는 비정규 고용 확대, 새만금 간척이나 평택에서 볼 수 있는 토지 수탈, 이주 노동자의 노동 상태를 언급하며 치외 법권의 확대라는 표현을 썼다. 그러면서 자신들의 삶이 우연히 부지되고 있는 삶이며 언제든지 박탈당할 수 있는 상태가 되고 있다는 것, 그러한 박탈이 기존의 법적 절차조차 무효화하는 문답무용의 폭력으로 등장하고 있다는 것, 그렇기 때문에 사회 바깥으로 추방된다는 공포가 사회 전체에 만연하고 있다는 점을 지적했다. 그러고는 추방되지 말고 적극적으로 탈주하자고 제안했다. 다소 이념적인 이 선동에는 개인이 품고 있는 불안이나 공포를 어떻게 문답무용의 폭력을 승인하는 것과는 다른 방향으로 사회화할 것인가라는 물음이 놓여 있을 것이다.

이 선동을 들으면서 히라이 겐 씨가 『미키마우스의 프롤레타리아 선언』에서 현재의 유연하고 불안정한 고용 상황을 "삶아 먹든 구워 먹든 마음대로"라고 옮긴 것을 떠올렸다. 지금 요청되는 운동 형태는 언제 추방될지 모르고 언제 잡아먹힐지 모르는 현실, "'계급 사회'의 바닥을 알 수 없는 계곡, 싸늘한 공기가 흐르는 깊은 골짜기 바닥이라는 공간"(히라이 겐)에서 시작되어야만 한다. 그리고 이 공간은 여기저기에 편재하며, 싸늘한 공기는 우리 한 사람 한 사람의 몸 안에 흐르고 있다. 그렇기 때문에 추방될지도 모른다는 불안이나 공포와 관련된 정동을 다른 방향으로 다시 직조해나가는 공동 작업, 즉 토의 공간이 중요하다. 그것이 만들어내는 운동 형태는 역시 전위 조직이 아니라 개인의 내면에 감추어져 있는 불안을 집단의 망상으로 확장하고 다른 언어로 감염시키는 기계로서의 운동이다. 그리고 공모죄는 실로 이 토의 공간을 겨냥하고 있다. 확실히 마르크스주의는 이론화된 '광기'이고, 연구기계는 다초점적으로 확장되는 공모 활동으로서 존재한다. 망상을 이야기하고 공모를 계속하자. (『임팩션』 153호, 2006 수록)

보론 2　대학의 위기?

1. 지금 무슨 일이 일어나고 있는가?

국립 대학은 2004년에 법인화됐다. 사립 대학도 2004년 사학법 개정에 따라 이사회의 위치를 명시할 것이 요구되자 이를 구실로 이사장 권한의 확대를 추진했다. 또 이 법 개정으로 재무 내용 공표와 이른바 경영 상태에 대한 등급 매기기도 이루어지게 됐다. 그 가운데 등장한 재무 주도 대학 경영과 의사 결정 과정에서의 경영진 독재라는, 옛 국립대와 사립대를 관통하는 공통 평면에서는 대학이라는 공간의 관리 강화와 학생 운동이나 신흥 종교 단체를 비롯한 '골칫거리' 내쫓기가 진행되는 중이다. 즉 이러한 등급 매기기 속에서 유학생을 포함한 학생 관리는 역시 매우 중요한 평가 기준이 되고, 이는 비용과 수익에 기초하여 학생을 관리하는 일로도 이어질 것이다.

아니, 정확히 말하면 진정한 의미의 경제 합리성이 아니라 경영이

라는, 말이 필요 없는 마패를 손에 넣었다고 하는 편이 낫겠다. 다양해야 할 대학을 구성하는 가치관은 지극히 단조로운, 논리도 아닌 논리가 된다. 거기서 '과격파'와 '컬트'는 근절 대상이며, '불량 학생' '불량 유학생'은 감시당하고 배제된다. 이번 호에 수록한 시미즈 마사히코淸水雅彦 씨의 「대학의 감시 카메라大学における監視カメラ」는 갖은 불안을 부추기면서 진행되는 감시 카메라 설치 실태를 보여주면서 잠정적인 감시 대상은 대학 내의 '규율 위반자'도 포함하게 될 것이라고 지적한다. 재무가 주도하는 대학 경영은 보안을 외치면서 대학 경비警備를 경영의 축으로 밀어 올리고, 대학을 항상적인 인권 침해 공간으로 바꾸는 중이다.

뿐만 아니라 호세이대학에서는 이러한 대학의 움직임에 공안 경찰이 가세하여 대학 경영을 이유로 공안이 움직이고 대학 직원과 교원이 자발적으로 공안의 수족이 되어 일하는 권력 구도를 만들었다. 경영은 교육이라는 이름으로 이야기되고, 교육적인 조치는 경비 직원이나 교원의 폭력적 탄압이 되며, 공안의 폭력은 대학 교육과 맞닿는다. 일반적으로 생각하면 이상한 논리이지만, 이러한 사고 정지를 전제로 한 억지 논리가 부끄러운 줄도 모르고 "규칙을 지키세요"라는 한마디로 당당히 이야기된다는 데에 지금 문제의 심각성이 있을 것이다. 특별고등경찰 이래 계속해서 법을 무시해온 공안 경찰(그리고 그 무법함을 계속해서 승인하는 사법)과 교육 기관인 대학이 만들어낸, 대학이라는 공간을 무대로 경영자와 교육자와 무법 경찰이 야합하는 이 권력을 뭐라고 부르면 좋을까? 언젠가 명확한 역사적인 평가가 이루어지겠지만 이러한 경향은 많든 적든 모든 대학에 존재한다.

또한 서열 매기기 속에서 대학 경영은 현재 대학 노동자의 가장 중

추라고 할 수 있는 비정규직 직원에 대한 구조 조정, 고용 계약 해지, 해고, 노동 관리 강화를 향해 가속도를 붙여서 나아가고 있다. 옛 국립 대학의 경우는 법인화 이후 비정규직 수가 지속적으로 증가하고 있는데, 내가 있는 대학에서는 직원 71퍼센트가 비정규직이다. 이른바 외부 자금이나 글로벌 COE(Center Of Excellence)* 같은 3년에서 5년 사이의 프로젝트형 자금 투하는 많은 대학에서 특임 연구원 같은 불안정 고용 연구직을 대량으로 생산하고 있다. 그런 가운데 이번 호에 수록된 비정규직 직원 노동조합의 활동에서도 알 수 있듯 각 대학에서는 고용 계약 해지에 대한 저항 운동이 단숨에 확대되는 중이다. 또 이러한 노동 운동은 학생들도 끌어들이면서 직원과 노동자의 새로운 관계를 만들어내고 있다.

법인화나 사학법 개정이 보여주는 교육 개혁 흐름은 지금까지도 지적되었듯 일본만이 아니라 유럽이나 미국을 비롯해 전 세계에서 동시적으로 일어나는 전개다. 또 이는 그저 대학이 비즈니스가 됐음을 의미할 뿐만 아니라, 대학이 서열로 평가되어 글로벌하게 활동하는 금융 자본의 운동에 통째로 휩쓸려 들어가는 가운데 대학과 자본의 새로운 관계가 생기기 시작했다는 증거일 것이다. 즉 과학 기술이나 노동력을 산업 자본에 적용하거나 공급할 뿐 아니라 대학이 점유하는 인문학도 포함한 지식이나 정보 혹은 인재와 지식 자본주의의 새로운 관계가 구축되고 있는 것 아닐까? 그리고 지금 글로벌 자본의 선도로 세계에 만연하는 교육 개혁의 모순은 학생과 비정규직 노동자에게서 집중

---

* 뛰어난 연구를 하는 대학에 중점적으로 보조금을 교부하는 문부과학성의 연구 거점 형성 사업.

적으로 나타나고 있다 해도 좋다. 학생과 비정규직 노동자가 겹쳐지는 객관적 상황이 명백히 존재할 것이다.

2. 대학은 누구의 것인가? 혹은 위기에 대해

모든 대학을 관통하는 재무 주도 대학 경영과 의사 결정에서의 경영진 독재라는 공통 평면을 만들면서 대학 경영을 한 방향으로 밀어붙이고 모순을 학생과 비정규직 고용에 집중시키는 원동력은 경영 파탄에 대한 공포다. 실제로 이미 이 공포는 여기저기서 구체적으로 등장하여 폐교나 모집 중단이 점차 확대되고 있다. 또 파탄을 내다본 합병 교섭도 활발하다. 확대되는 공포에서 벗어나기 위해서는 온갖 수단을 써서 경쟁에서 이겨야만 한다. 그 결과 자신들은 승리자임을 매일 확인하려고 하는 일그러진 엘리트주의가 만연한다. 경영이라는 단조로운 논리가 처방전이 되고, 대학은 감시와 폭력의 장이 되며, 승리자를 자임하고 싶은 공포에 떠는 무리들이 주인공이 된다.

하지만 이러한 공포를 앞에 두고 "대학은 누구의 것인가?"라고 물어보자. 그럴 때 대학은 자산이나 자본이 아닐 터이다. 미리 말하자면 대학이란 누구의 것도 아닌 공간이자 관계 아닐까? 대학은 소유물이 아니다. 거기서 어떠한 집합성이 만들어지는가, 어떠한 관계성이 생성되는가를 물어야만 하는 것 아닐까? 소유관계로 규정된 멤버십이 아니라 누가 어떠한 형태로 이 공간에 들어오는가, 누가 어떠한 공간을 창조하는가를 생각해야만 하지 않을까?

실제로 경영 파탄을 겪고 있는 성 토마스대학은 아마가사키尼崎라는 지역과의 관계를 새롭게 만들어내는 시도를 했다. 이는 한편으로는 문을 굳게 닫아놓고 편의에 따라 NPO나 기업과 연계하는, 요즘 칭송 받는 전개가 아니라 외부에서 "내버려두지 못하겠다"며 대학으로 뛰어드는 전개다. 물론 이러한 전개가 향후 어떻게 될지는 알 수 없을뿐더러 여기서 그 미래 구상을 따지는 것이 목적도 아니지만, 확실한 것은 공포는 실은 새로운 가능성의 시작이기도 하다는 점이다. 또 이러한 지역과 대학의 관계에는 미국의 커뮤니티 칼리지 같은 전개와 겹쳐지는 논점도 있을 것이다.

1960년대 아프리카계 미국인이나 아시아계 미국인, 히스패닉계 미국인 등이 거주하는 빈곤 지역의 이른바 커뮤니티 운동은 시험 없이 무상으로 고등 교육을 받을 수 있는 장인 커뮤니티 칼리지를 낳았다. 그것은 빈곤과 싸우는 가운데 생겨난 조합·주민 자치·대학 자치의 중층적인 관계의 결절점인 동시에 많은 경우 소수자들의 운동 거점이기도 하다. 물론 주州 정부의 원조가 삭감되고 있는 지금으로서는 향후 어떻게 될지는 불투명하고, 여기서 그것을 이상적인 모델로 추어올리겠다는 것도 아니다. 하지만 확실한 것은 글로벌 자본의 가속도적인 전개로 인해 세계에 만연하는 총체적인 빈곤화와 프레카리아트화는 그저 눈앞에서 몰아내야 할 공포가 아니라(실제로 몰아낼 수도 없다) 지금껏 이미 시도되고 있던 '새로운' 전개를 발견하는 기회이기도 하다는 점이다. "대학은 누구의 것인가?"라는 물음을 던질 때, 이는 또한 대학에 오기 전에 선별된 사람들을 논의의 출발점에 놓는 일이기도 할 것이다.

문을 굳게 닫고, 대학 부지라 불리는 곳에 한발 들이기라도 했다가는 공안과 함께 글자 그대로 폭력을 써서라도 '골칫거리'를 필사적으

로 배제하는, 공포에 사로잡힌 우스꽝스러운 전개가 있다면, 공포를 정면에서 받아 안고 불러들이면서 대학이라는 공간을 새롭게 창조하는 미래도 있다. "대학은 누구의 것인가?"라는 물음을 던짐으로써 생각하고 싶은 것은 바로 후자다. 빈곤화와 대학에 대해서는 이번 호에 수록된 무라사와 마호로村澤真保呂 씨의 「슬럼화하는 대학スラム化する大学」을 숙독하기 바라지만, 대학이란 공간이고 관계이며 거기서 어떠한 집합성이 만들어지는지, 어떠한 관계성이 생성되는지를 역시 물어야만 한다. 혹은 이번 호에 수록된 이진경 씨의 「코뮌의 구성에서 공간·기계의 문제コミューンの構成における空間·機械の問題」를 따라 이를 대학이라는 공간이기 때문에 가질 수 있는 공동성이라고 해도 좋겠다. 소유관계가 규정한 멤버십이 아니라 누가 어떠한 형태로 이 공간에 들어오는가, 누가 어떠한 공간을 창조하는가를 생각해야만 한다. 또 이러한 공동성과 공간에 주목한다면 자치는 제도가 아니라 공간 창조를 뜻하게 된다. 거기에는 노동조합, 학생 자치회처럼 지금까지 있었던 계보도 있겠지만, 이 같은 기존 제도가 그대로 공간 창조로 이어지지는 않는다. 자치는 글자 그대로 제도를 만들어내는 운동으로서 존재한다. 자치나 조합을 포함해 다양한 운동을 담당하는 젊은 학생, 대학원생 들이 지금 이러한 관계성을 어떻게 만들어가고 있는지에 대해서는 앞에 실린 좌담회*를 읽어주기 바란다.

그런데 주의해야 할 것은 이러한 글로벌한 자본의 활동에 따른 공통평면의 확대를 근거로 저항 운동을 일원화해서는 안 된다는 점이다.

---

* 冨山小太郎·堀川弘美·山田史郎·增井真琴·山本崇記의 좌담회, 「学生運動の可能性を考える」, 『インパクション』 173호, 2010.

지금 교육 개혁에 대한 저항 운동이 세계적인 규모로 확대되고 있는 것은 확실하다. 또 이러한 운동이 글로벌리즘 반대나 빈곤 반대 운동과 마찬가지로 투쟁의 공통 기반을 낳고 있다는 사실도 중요하다. 하지만 바로 그렇기 때문에 지금껏 있었던 운동과 주의 깊게 연계할 것이 요청된다. 이번 호에 수록된 사무엘 바날Xamuel Banales의 기발한 글은 교육 개혁에 맞서 "교육을 지키라고 하는" 운동이 이미 교육에서 배제된 사람들 혹은 이 사람들이 지금까지 해오던 교육 관련 투쟁을 소거하는 경향이 있음을 예리하게 지탄한다. 이는 아오토 야스시青砥恭 씨가 「학교는 아이들을 빈곤에서 구해낼 수 있는가?学校は子供を貧困から救えるか」에서 쓰고 있듯, 대학을 논하는 수많은 논의가 아이들을 문제 바깥으로 밀어내고 있는 것과 딱 겹쳐진다.

혹은 대학에 한정된 문제는 아니지만, 역시 신자유주의 혹은 격차 사회나 빈곤에 반대하는 운동 논리가 지금까지 있었던 복수의 운동들의 계보를 단순하게 만든다는 문제가 있다. 차별은 빈곤화 속에서 재정의되고, 빈곤화는 차별의 형태로 구현된다. 총체적인 프레카리아트화 속에서 확대되는 비정규직 고용의 노동 운동에 모든 것을 흘려 넣어 일원화하지 말고, 복수의 연계를 정성 들여 모색하는 노력이 필요할 것이다. 앞에서 말한, 대학에서 학생이나 대학원생도 끌어들이면서 활동하는 작은 조합이 이러한 시도이기도 하다. 대학이라는 공간이 만들어내는 집단성의 의의도 이러한 **공동** 작업에 있다고 할 수 있지 않을까?

3. 대학 해체? 혹은 '선생님'이 할 일

여기서 놓치지 말아야 할 논점이 부상한다. 연구란 그리고 교육이란 무엇인가라는 물음이다. 대학은 역시 회사나 공장이 아니다. 자본가를 대신해 노동조합이 권력을 잡으면 된다거나 지금의 대학 경영진이 아니라 학생 자치가 대학을 장악하면 된다는 식으로 주체를 치환하는 것만으로는 압도적으로 부족하다. 혹은 대학을 지켜라, 기초 연구를 지켜라 하며 좋은 부분과 나쁜 부분을 나눈 다음 전자를 후자에 대치시키는 단순한 구도로는 "대학은 누구의 것인가?"라는 물음에 답할 수 없다. 대학이라는 장의 고유성에 밀착한 논의가 필요하다.

우리가 제도를 전적으로 부정할 때 우리는 **말을 잃어버린다**. 제국주의적인 대학 해체, 부르주아 대학 해체라고 외칠 수는 있지만, 긍정적인 슬로건은 가질 수 없다. 우리의 운동은 기존 체제, 제도에 대한 고발에 지나지 않는다. 부르주아적인 학문을 분쇄하라고 외치고 근대주의적인 과학론을 전적으로 부정하려 할 때, 우리는 그것들을 어떠한 방향으로 넘어서면 좋을지 주저한다. 혁명적인 학문, 인민을 위한 학문이라는 말로 대치하기는 쉽지만, 아직 내실은 부족하다. 우리가 간신히 향하려고 하는 '반反대학' 내지는 '비판적 대학'이라는 방향도 여전히 공중누각에 지나지 않는다.[9] (강조는 인용자)

요즘 유행하는 1960년대 말을 과거의 역사로 잘라내기 위해 이 글을 인용한 것이 아니다. 중요한 것은 문제는 분명 계속되고 있다는 점이다. 그리고 지금 상황에는 역시 일찍이 대학 해체를 외치던 무리들이 문제를 얼버무리고 뒤로 미루면서 '잃어버린 말'을 대학 경영으로 보충하고 있는 측면이 있다. 어쩔 수 없는 작자들이 있을 뿐이라면 굳이 언급할 필요가 없지만, 내게는 이것이 아무래도 현재 대학이 안고 있는 전형적인 증상 같다. 경영 합리화에 힘쓰고 비정규직 직원을 자르며 기꺼이 학생들을 탄압하는 작자들의 변명, "실은 연구를 하고 싶은데 말이죠"라는 그 말이 내게는 연구에서 마주 볼 수 없었던 공허함을 경영이나 관리를 향한 욕망으로 보충하고 있는 증거처럼 들린다. 좀 전에 대학과 자본의 새로운 관계라고 했는데, 자본을 향한 대학의 과도한 접근이나 이러한 무리들의 학생 관리에 대한 집착은 경영 파탄에 대한 공포나 새로운 대학과 자본의 관계라는 문제만은 아닌 것 같다. 전부는 아니지만 대학 관리에 대한 이 무리들의 이상한 욕망은 검토해볼 논점이고, 또 그 욕망은 세대 문제가 아니라 뒤따르는 젊은 무리들에 의해 계속해서 모방된다.

요컨대 소거된 다음 치환된 '선생님'들의 욕망은 이제까지 자성적으로 검토해볼 사건이 있었음에도 불구하고 그것을 이야기하지 않고 지워버림으로써 성립하던 대학이라는 공간과 관련된 문제일 것이다. 그리고 역시 잊지 말아야 할 것은 연구란 그리고 교육이란 무엇인가라는 물음이다. 대학 해체를 문제 삼으려면 과거의 역사나 교훈이 아니라 이 같은 지금의 대학 상황 속에서 한 번 더 "말을 잃어버릴" 필요가 있을지 모른다.

우리는 자율 세미나를 시작했다. / 손으로 더듬는 형태이기는 하지만 나아갈 수밖에 없다. 우리는 우리의 상념을 형태로 나타냈다. 제도적인 보증을 하등 바라지 않는 '학원'을 구축한 것이다. 비판적으로 극복되기

를 기대하며, 바리케이드 안에서 싸우는 제군들의 주체적인 가담을 요청한다.[10]

"상념을 형태로" 만든 이러한 '학원'은 지역 투쟁과 더불어 1970년대 내내 다초점적으로 확대됐고 지금도 이어지고 있다. 그리고 대학은 40년에 걸쳐 이러한 '학원'이나 그것을 지향한 사람들을 대학 공간 밖으로 쫓아내고 있다. 대학에 남은 잔당이 구제 불능인 것은 당연한지도 모른다. 그리고 경영 파탄의 공포 속에서, 즉 대학 해체의 예감 속에서 대학이 밖으로 몰아내던 '상념'이나 '학원'에 대해 생각하는 것, 다시 말해 연구나 교육과 관련된 진정한 의미의 계보를 정성껏 찾아내고 공간을 발견하는 작업이 지금 필요하다고 생각한다. 이러한 작업은 근대 자체의 학문적 계보에 대한 검토로서도 이루어져야 할 것이다.

그런데 앞서 이야기한 대학 경영에 매진하며 기꺼이 학생 관리를 하는 '선생님'들의 욕망 외에도 마음에 걸리는 것이 있다. 맨 처음에 살짝 언급한, 자신(들)을 혹은 경우에 따라서는 자신이 소속한 대학을 위기 속에서도 살아남을 승리자라고 믿으려 하는 엘리트주의와 권위주의다. 이는 역시 위기에 대한 일그러진 형태의 공포일 것이다.

상근 교원이 할 일을 노동 문제로서 명확히 하는 작업이 지금 급선무다. 노동 법제에 속하게 된 법인화 이후의 옛 국립 대학에서는 특히 그렇다. 또 이러한 작업을 통해 다른 노동 운동과의 연계도 발견될 것이다. 그러면 교원이 할 일은 무엇인가? 가령 내가 근무하는 대학에서는 정기적으로 웹상에서 '교원 기초 데이터'라는 개인 데이터를 수집한다. 같은 일이 많은 대학에서 이루어지고 있을 것이다. 데이터 수집 목적은 분명히 밝히지 않지만, 이것이 이른바 노동 평가를 위한 기초 데이터임은 틀림없다. 항목은 논문, 저서 외에 학회 발표, 국제 심포지엄 발표, 학회 등의 보직 유무인데, 외부 자금 획득, 즉 어딘가에서 돈을 받아 오는 것도 항목에 들어간다. 요즘은 대학 경영과 관련된 직무 보고도 요구한다. 우선은 이러한 항목들이 '선생님'이 할 일이라는 뜻이겠다. 하지만 학생이나 대학원생과 긴 시간 대화를 나누거나 대학원생 외에도 많은 사람들과 자율 세미나를 열거나 직원들과 함께 심포지엄을 하는 것은 일이 아닌가? 혹은 기자재를 준비하거나 커피를 끓이거나 과자나 와인을 준비하는 일은? 잡무라 불리는 서류 작성은 또 어떤가? 매일 내가 하는 활동에 비추어 보면 이 메뉴는 자못 답답하다.

무슨 말이 하고 싶으냐면 대학에서의 활동이 어딘지 모르게 일의 상하 관계에 지배된다는 것이다. 그리고 '선생님'들은 작당해서 우리가 하는 일은 한정된 의미의 연구(즉 논문을 몇 편 쓰는가)와 대학 관리 그리고 연구비를 따 오는 것이라고 마음먹은 것 아닌가? 혹은 그 외의 일은 원래 할 일은 아니니 사무나 비정규직 직원 혹은 TA(수업 조교)나 비정규직 연구원에게 가능한 한 넘기고 싶다고 생각하는 것 아닌가? 오해를 막기 위해 말하는데 지금 구체적인 업무 분담 방식에 문제를 제기하는 것이 아니다. 그 배후에 있는 '선생님'들의 일에 대한 의식 혹은 대학에서 자신들이야말로 중요하다고 믿는 의식을 문제 삼고 있는 것이다.

물론 이러한 의식은 오래전부터 있었다. 다만 대학 경영이 전면에 나오고 경영 위기가 두려움으로 등장하여 사람들을 한 방향으로 향하게 만드는 문답무용의 근거가 되는 가운데, 평가를 받는 일에 활동을 한정하면서 자신은 승리자라고 믿고 싶어 하는 일그러진 엘리트주의가 역시 급속히 만연하고 있지 않은가? 그리고 요 5년 남짓 동안 급격히 퍼진 대학의 비정규직 고용 확대의 배후에는 이러한 차별 감정이라 할 만한 의식이 조성되어 있는 것 아닌가? 여기서도 "실은 연구가 하고 싶은데 말이죠"라는 변명이 고개를 내민다. 이런 종류의 사람들에게 비정규직 직원은 확실히 필요하고, 없어지면 곤란할 것이다. 하지만 그 곤란함은 아내에게 가사를 전부 미루고 회사야말로 자신의 본분이라고 줄곧 생각하던 중년남이 집에서 쫓겨났을 때 느끼는 곤란함과 비슷하지 않을 것도 없다. 대학이라는 공간의 공동성을 생각한다면 다시 한 번 '선생님'이 할 일은 무엇인가라는 물음에서부터 제대로 시작할 필요가 있지 않을까? 이러한 의미에서도 두려움의 대상이 되고 있는 위기는 호기일지도 모른다.

4. 대학의 가능성

교원이 하는 일도 포함해 대학이라는 공간과 관련된 모든 활동은 공동성의 창출이라고 생각해보려 한다. 물론 이는 맨 처음에 말한 글로벌한 자본과 교육 개혁 속에서 상정되는 위기에 대한 응답이며, 거기에는 저항 운동이 함의되어 있다. 하지만 대학이라는 공간에 집중한다면, "우리가 제도를 전적으로 부정할 때 우리는 말을 잃어버린다. 제국주의적인 대학 해체, 부르주아 대학 해체라고 외칠 수는 있지만, 긍정적인 슬로건은 가질 수 없다"고 했을 때의 '실어失語'를 얼버무리고 넘어가서는 안 된다고 생각한다. 학생이든 대학원생이든 비상근 교원이든 비정규직 직원이든 상근 교직원이든 지역 주민이든, 저마다 이러한 실어 상태로부터 다시금 관계를 만드는 작업을 하고, 대학이라는 공간에서 자신은 무엇을 추구하고 무엇을 바라는가, '상념'을 어떻게 형태로 만들 것인가라는 물음에서 다시금 연구나 교육이 창출된다면, 대학은 분명 무척 재미있는 장소가 될 것이다.

가령 앞서 말한 학생 운동에 대한 좌담회도 단지 장르로 분류된 운동에 대한 해설이나 결의 표명이 아니라 한 사람 한 사람이 무엇에 화가 나고 무엇을 원하는지를 각자의 말로 제시하고 있다고 할 수 있다. 그 외에도 예컨대 이번 호에 실린 구보타 미오久保田みお 씨의 「대학에 공유 공간을 만든다 大学に共有空間を作る」는 집단성을 만들어내는 기술art로서의 대학이라는 이상적인 모습으로도 읽을 수 있을 것이다. 또 이는 역시 지금 분단되어 있는 사람들을 잇는 공동 작업이기도 할 것이다. 원래 학문이란 이러한 공동 작업과 관련된 것 아니었을까? 그리고 자신의 욕망을 무언가로 치환하지 않고 제대로 말로 하는 것만큼 '선생님'이라 불리는 사람들이 거북해 하는 일이 없다. 가장 바뀌어야만 할 사람은 승리자라고 믿고 있는 '선생님'들일지도 모른다. 이는 어떠한 의미에서 전후 계몽이나 교양주의의 문제이기도 할 것이다.

그리고 대학이 계속해서 대학이기 위한 가장 중요한 요소는 역시 학생이다. 그것은 과거에 그랬듯 "층으로서의 학생"이라는 균질적인 의미에서가 아니다. 또 곧잘 이야기되는 고급 노동력 상품으로서도 물론 아니다. 경영 위기라는 공포에 떨면서 한 방향으로 돌진하는 대학이라는 제도가 가장 소홀히 하고 있는 욕망의 존재로서 학생이 있는 것 아니냐는 의미다. 사회인 예비군이든, 연구자 예비군이든, 이러한 예비군으로서의 학생에게 대학은 그 다음을 위한 도구에 지나지 않는다. 대학은 자신이 가진 도구로서의 유용성만을 학생들에게 밀어붙이고, 학생들에게는 예비군이기를 강요한다. 그리고 지금의 위기 속에서 도구로서의 유용성은 상실되는 중이다. 대학이 아무리 아닌 척 꾸며도 그것이 진실이다. 이러한 위기를 앞에 두고 '선생님'들처럼 승리자이고자 하는, 아니 정확하게는 승리자임을 확인하고 싶다고 생각하는 심성도 당연히 학생들 사이에서 만연할 것이다. 대학은 그 부분을 파고들 테고, 확실히 일정한 만족이 생겨날 터이다.

지금 이러한 만족감을 부정하려는 것이 아니다. 하지만 예비군이라는 이름 속에 감추어진 욕망은 역시 모습을 드러낼 것이다. 그것은 말로 직조될 것이며, '상념'은 형태를 띠고 대학 속에서 지금껏 없었던 관계를 만들어낼 것이다. 젊은 펠릭스 가타리가 1964년에 전국프랑스학생공제조합에서 학생들의 노이로제나 정신 건강 문제에 대해 "이 문제를 검토하는 일은 학생 운동이 담당해야 한다"고 말한 것을 따라 나도 이 예비군이라는 족쇄에서 해방된 욕망을 검토하여 집단성으로 연결하는 작업은 학생 운동이 담당해야 한다고 주장하겠다.[11] 좋을 대로 말하지 말라고 화를 낼지 모르겠지만, 학생이 "사상을 추구하고 이론을 추구하는 주체의 모임임을 대학 제도는 망각하고 있다."[12] 그리고 대학의 미래는 이러한 주체의 집합(집단성)이 다양한 형태를 띠고 나타나 대학 밖도 포함하는 복수의 장과 접합하는 과정 속에 있다. 그 다양한 형태를 연결하는 방법으로서 이진경 씨가 말한 '코뮤넷'은 무척 매력적인 기술art로 검토해볼 수 있을지 모른다. 위기는 역시 호기다. (『임팩션』173호, 2010 수록)

보론 3   추한 얼굴

　지독한 탄압이다. 지금까지 107명이 체포되고 24명이 기소되었다. 요사이 호세이대학에서 일어나고 있는 사태다. 전단 배부나 선동 연설을 위력에 의한 업무 방해로 간주하고, 학내 집회에는 건조물 침입으로 대처한다. 최근에는 경시청 공안부가 폭력 행위 등 처벌법이라는 법을 가지고 나왔다. 전전에 만들어진 이 법은 '단체 혹은 다중의 위력'을 대상으로 하는 것으로, 노동 운동 등에 대한 탄압을 담당해왔다. 공안은 무당파無堂派나 전학련을 노리면서 치안 탄압의 임계를 확실히 갱신하는 중이다. 그리고 대학은 이러한 탄압을 뒤에서 밀어줄 뿐이다. 조만간 본지에서도 제대로 다뤄보려 한다.

　하지만 지독하다 싶은 것은 치안 탄압뿐만이 아니다. 전단을 뿌리려고 하는 학생을 비디오카메라를 들고 쫓아다니며 사방에서 둘러싸서 전단을 빼앗고 넘어뜨리면서 "규칙을 지켜야지"라고 설교하는 대학 직원과 교원의 추한 얼굴. 당국과 학생의 뒤틀릴 대로 뒤틀린 전후

사정은 문제의 본질이 아니다. 대학 운영이라는 직무상의 이유도 아무런 변명이 되지 않는다. 지금 이 대학에서 일상적으로 일어나고 있는 교직원의 학생에 대한 폭력과 인권 침해는 그런 말로 변명할 수 있는 수준이 아니다. 참고로 '선생님'들의 연구 내용을 살펴보았는데 지극히 평범한 연구자들이다. 그 사실이 또 역겨움을 증폭시킨다. 내가 있는 대학에서도 보는 추한 얼굴. 나도 그렇게 됐을지 모른다. 구역질이 난다.

통쾌한 것은 계속 탄압을 받고 있는 호세이대학 문화연맹의 블로그에 업로드된 그들의 선동 연설이다. 작년(2008년) 5월 29일, 경찰이 학내 데모를 덮쳐서 33명이 체포되었다. 다음 날 한 학생이 말을 걸듯이 호소했다. "중핵파*라고 해서 무슨 짓을 해도 되는 건 아니다" "중핵파가 진저리 난다고 생각하는 것과 그들을 말살해도 된다는 것은 전혀 다르다." 문제는 진저리 나는가 아닌가가 아니다. 또 일반적인 사상 신조의 자유도 아니다. "○○이니까 사회적으로 말살돼도 어쩔 수 없다"는 폭력 승인과 '진저리 난다'는 닫힌 감각적 판단이 사고가 정지된 채 야합하는 것을 그는 온 힘으로 저지하려고 한 것이다. "○○이니까 어쩔 수 없지" 하고 쳐다보면서 지나가는 데에 아무런 아픔도 느끼지 않는 사회. 추한 얼굴이 만드는 것은 이러한 사회다.

그렇다고 해도 특별고등경찰의 흐름을 잇는 공안부는 대체 무슨 생각일까? 가령 공안과 대학의 이 긴밀한 연계는 유사법제에서 '평시의 유사화'가 의미하는 사회적 통괄을 실체화하고 있는지도 모른다. 그리고 무서운 것은 이들이 아무 생각도 없는 것처럼 보일 때다. 신좌파

---

* 신좌파 당파 중 하나로 혁명적공산주의자동맹 전국위원회의 통칭.

당파들, 무당파, 조총련, 일본 공산당, 글로벌리즘 반대 운동, 반전 운동, 옴진리교…… '과격파' '테러리스트' '정신 이상자' 같은 용어로 감각적 판단을 조성하여 '말살해도 된다'는 승인을 먼저 손에 넣고는 잇따라 대상을 바꾸어가며 움직이는 이 기계적인 폭력이 사회를 단단히 묶는다. 동인은 "○○이니까 어쩔 수 없지"다. "○○이라고 해서 무슨 짓을 해도 되는 건 아니다." 자신이 ○○의 위치에 처했을 때 누가 이 대사를 말해줄 것인가? (『임팩션』169호, 2009 수록)

후기

　이 책의 담당 편집자인 오쿠다 노조미奥田のぞみ 씨에게 "파농에 대한 책을 써보지 않겠어요?"라고 적힌 연하장을 받았을 때 모든 것이 시작됐다. 2015년 정월이었던 것 같다. 뒤에서 다시 쓰겠지만, 이제까지 다양한 자리에서 이야기하거나 썼던 내용이 이 책과 관계를 맺고 있는데, 「보론」에 넣은 글 외에는 전부 대폭 수정했다. 이 글들은 책으로 묶을 예정으로 쓴 것이 결코 아니다. 그런 의미에서 오쿠다 씨의 연하장은 내 글을 다시 한 번 읽고 고쳐 쓰는 계기가 되었다. 또 여기저기에 흩어져 있던 내 말들에 달라붙어 있는 신체 감각을 확인하면서 책을 만들게 된 것은 연하장에 파농이라는 이름이 있었기 때문일 것이다.

　도쿄역의 오이스터 바에서 처음으로 의논할 기회를 가졌을 때, 오쿠다 씨가 "해적은 없는가, 해적들은 어디로 갔는가"라고 장난스럽게 이야기했던 것을 지금 떠올리고 있다. 그것은 작금 쓰이고 있는 글들

전반에 대한 오쿠다 씨의 불만이었다고 생각한다. 즉 올바름의 레일을 따라 나아가는 열차 같은 글에 대한 불만이자 종착역을 이미 알고 있는 것 같은 글이 만연하는 데에 대한 위기감이다. 어쩌면 쓰고 읽는다는 일련의 활동이 사라져간다는 것에 대해 책 만드는 일을 하는 사람이 느끼는 상실감이기도 했을지 모른다. 이런 글들에는 미결의 미래에 노출되는 공포도, 자신의 미래를 움켜쥐는 기쁨도 없다. 필자이든 독자이든, 자신의 항해술에만 의지해 미래를 향한 항로를 움켜쥐려고 하는 해적들은 대체 어디로 갔는가? 나는 오쿠다 씨의 말을 그런 분노로 들었다.

올바름이라는 레일을 탈선하지 않게 나아가는 일은 올바름이라는 횡단적인 슬로건 속에서 서로 다른 복수의 움직임을 대표하려고 하는 시도와는 전혀 다르다. 전자의 올바름이 닫힌 보신인 반면, 후자에는 어려울 줄 알면서도 서로 다른 사람들과 함께 움직여나가려고 하는 타자에 열린 태세가 있다. 후자의 올바름은 동인이지, 등질적인 공간을 정의하는 공리나 최대 공약수가 아니다. 지금 필요한 것은 준비된 레일을 타면서 만인이 좋아할 내용을 외치는 보신적인 올바름이 아니라, 이처럼 어려울 줄 알면서도 몸을 열어나가는 자세다. 또 무리해서라도 타자와 함께 나아가려고 하는 데에도 어떤 종류의 항해술이 있을 것이다. 항해술에는 자신의 미래를 열어젖히고자 아직 본 적 없는 항로를 움켜쥐는 것과 타자와 교차하는 것이 함께 있다. 또 올바름이라는 대표성도 이 교차 속에서 확보되어야 한다.

이 책에서는 예감하고 휘말리고 떠맡는다는 동사들이 담당하는 과정을 앎이라고 부르려 했다. 다르게 표현하면 이 앎은 바로 이러한 항해술을 말한다. 그것은 단상에서 계몽하는 앎도 아니거니와 서열을 구성하는 것도 아니다. 하물며 편 수니 채택 수니 하는 양으로 환산된 계량 판매 물품도 아니고, '좋아요!' 수를 경쟁하는 것도 아니다. 앎이란 올바름이라는 이름 아래 명명하거나 박수를 바라고 해설하는 것이 아니라 함께 움직이는 것이다. 혼자 바다로 저어나가 배 그림자라고는 전혀 보이지 않는 바다에서 아직 본 적 없는 타자와 연결되기 위한 기술이다.

이러한 배에는 미리 준비된 소속을 표현하는 깃발이 아니라 해적 깃발이야말로 어울린다. 마지막 장에 등장하는 나카이 마사카즈와 함께 신문 『토요일』을 간행한 노세 가쓰오能勢克男의 8밀리 무성 영화 〈'토요일' 1주년〉(1937)에는 나카이 등이 배에 올라타고 비와호를 주유하는 장면이 등장한다. 선미에는 '토요일'이라는 글자가 들어간 깃발이 세워져 있다.[1] 바다라고 하기에 비와호는 작고, 또 배도 결코 크지 않지만, 이 '토요일' 깃발은 실로 해적 깃발이리라. 노세 가쓰오는 이 영상을 찍은 이듬해인 1938년에 치안유지법 위반으로 검거되었다.

내가 예순이 된 2017년 여름, 이 책 마지막 장에 등장하는 화요회 멤버들이 중심이 되어 내가 마구 갈겨쓴 갖가지 글들을 한 사람 한 사람이 자유롭게 골라서 읽고 그에 대해 A4 한 장 이내의 글을 쓰는 행사가 열렸다. 내 이름이 붙은 글에서 시작된 읽는다는 경험을 각자가 말로 표현한 글이 일제히 제출된 것이다. 이 행사는 '향연'이라는 이름이었는데, 연회에서 먹은 사람은 내가 아니다. 거꾸로 내가 조각조각 찢겨서 먹히는 감촉을 느꼈다. 쓴다는 것이 혼자서 저어나가는 일이라면, 읽는다는 것은 바다에서 타자와 교차하는 일일지도 모른다. 그리고 둘은 단단히 겹쳐져 있다. 이 '향연'에서는 읽고 또 쓴다는 행위 속에서 많은 배 그림자가 떠오르며 한자리에 모였다.

'향연'에서 나눠 가진 글 속에 다음과 같은 것이 있었다. "언뜻 이질적으로 보이는 말들에 내가 지금 말과 폭력이 길항하는 지점을 통과하고 있는 상황이라는, 어떤 신체 감각이 표현되어 있는 것 같은 기분을 지울 수 없다." 내 글이 이렇게 읽혔을 때, 거기에 기록된 신체 감각은 내 것이기도 하고 읽은 사람의 것이기도 하며 둘 다 아니기도 하다. 그것은 어떤 종류의 연결이라고밖에 말할 수 없는 감각이다. 그리고 이 연결 속에서 "말과 폭력이 길항하는" 우리의 지금이 부상한다. 그것은 만연하는 폭력을 예감하고 방어태세를 취하면서 연결되려고 하는 사람들의 존재 자체를 계속해서 소거해온 이 사회다. 또 그것은 법안과 관련된 찬반 문제라기보다 어떤 영역에 대해서는 논의하지 않는다는 문답무용의 전제와 거기서 부상하는 얄팍한 안녕이기도 하다. 해적 깃발을 들어야만 한다.

그런데 맨 처음에도 썼듯이 오쿠다 씨의 연하장이 이 책의 출발점이었지만, 또 하나 계기가 된 것은 같은 해인 2015년 2월 23일부터 27일까지 나흘간에 걸쳐 한국 서울에서 활동 중인 연구 집단 '수유너머N'에서 파농에 대한 집중 강의를 한 것이다. 이 책 1부의 원형은 집중 강의를 위해 작성한 원고다. 그것은 강의라기보다는 논의의 시간이었다. 매회 조금 이른 저녁 식사를 한 뒤 열린 이 집중 강의에는 학생이나 대학원생, 유학생뿐 아니라 다양한 사회 운동 활동가나 노동자가 연일 모여들어 각자가 '나의 파농'을 표명하며 논의를 했다.

이 집중 강의에서는 파농에 대한 일반적인 지식이 제시되지도 않았을뿐더러 거기서 파농에 대한 어떤 인식의 일치가 형성되지도 않았다. 논의가 진행됨에 따라 파농을 이야기하는 것이 자신을 이야기하는 일로서 등장하고, 파농이라는 말이 열을 띠기 시작했다. 이러한 열감이 충만한 가운데 각자의 다양한 삶의 모습이 점차 한자리에 모이며 장이 만들어져갔다. 또 그 장의 열기는 매회 뒤풀이에도 흘러 들어가서, 논의는 다초점화되고 계속해서 확장됐다. 파농은 다양한 배경을 가진 사람들이 집합적으로 화학 반응을 일으키면서 다른 상태로 이행해가는 촉매가 됐던 것이다. 한번 시작된 반응은 멈출 수가 없다. 이 책 마지막 장 끝에 등장하는 '논의 중독'이라는 말도 이 집중 강의 마지막 날에 등장했다.

이 책은 화요회와 '향연'도 포함한 이러한 중독 증상 속에서 태어났다. 마지막으로 각 장과 관련된 글을 적어두겠다. 「보론」의 경우에는 최소한으로 표현을 통일하고 오탈자를 정정했지만, 기본적으로는 처음 나온 그대로 수록했다. 여기에 적은 이 글들이 원래의 글이라거나 내용이 대응하고 있다는 것은 아니다. 글 전부가 중독 증상을 끌어안고 있으며, 굳이 말하자면 이미 쓰인 글을 거기에 숨겨진 중독 증상과 열감에 의지해 논의의 장으로 되돌려보내서 재독하고 증상을 한층 악화시키면서 다시 썼다고 해야 할지도 모른다. 함께 증상을 공유해준 모든 사람들에게 감사드린다.

서장 '수유너머N' 집중 강의(2015년 2월 23일~27일).

1장 '수유너머N' 집중 강의(2015년 2월 23일~27일).

2장 '수유너머N' 집중 강의(2015년 2월 23일~27일).

「巻き込まれるということ」, 『日本学報』 31호, 2012.

3장 「戒厳状態と沖縄戦」, 川島正樹 編, 『記憶の共有をめざして』, 行路社, 2015.

「기지를 상기한다는 것」(고려대학교 심포지엄 〈냉전 연구의 최전선〉, 2014년 3월 7일).

4장「言葉の在処と記憶における病の問題」, 冨山一郎 編, 『記憶が語り
　　はじめる』, 東京大学出版会, 2006.

5장「この, 平穏な時期に」, 野村浩也 編, 『植民者へ』, 松籟社, 2007.
　　「단독 결기를 상기한다는 것」(전남대학교 국제 심포지엄〈Anger
　　and Utopia〉, 2013년 6월 24일).

종장「共に考えるということ」('화요회'와 '수유너머N'의 합동 워크
　　숍〈動詞的思考, あるいは変わりうる現在のために〉, 2015년 8월
　　26~27일, 도시샤대학교).
　　「共に考えるということ(II)」(「제27기 화요회 강의 계획서」, 2016
　　년, http://doshisha-aor.net/place/480/).
　　「旅する痛み」, 冨山一郎・鄭柚鎮 編, 『軍事的暴力を問う』, 青弓
　　社, 2018.

보론 1「接続せよ! 研究機械」, 『インパクション』 153호, 2006.
보론 2「大学の危機?」, 『インパクション』 173호, 2010.
보론 3「醜い顔」, 『インパクション』 169호, 2009.

마지막으로 이 책 「후기」에 기록하고 싶은 것이 있다. 이는 내가 파
농에 끌린 이유 중 하나이기도 하고, 또 이제까지 결코 명시적으로 이
야기한 적이 없는 내용이기도 하다. 그것은 정신 의료라는 영역과 관
련된다. 이 책 4장이나 5장에서도 알 수 있듯, 내게 정신 의료는 파농
혹은 오키나와를 생각하는 중요한 축이다. 하지만 그뿐만이 아니다.
정신 의료는 늘 내 곁에 있었다. 젊어서 '발병'한 여동생은 아홉 곳이
나 되는 정신 의료 기관에서 입원, 퇴원과 실종을 되풀이하다 2015년

4월 3일 혼자 살던 아파트 방에서 목숨이 끊어진 채 발견되었다. 향년 55세. 훌륭하게 살아낸 동생의 삶을 생각하는 것은 오빠나 가족이기 때문만이 아니라 그를 통해 '병'이나 정신 의료와 다양한 형태로 관여하게 된 자기 자신을 생각하는 일이기도 하다. 민족 해방 투쟁 활동가나 포스트콜로니얼 이론의 담당자가 아니라 임상에 계속 섰던 정신과 의사로서의 파농을 아무래도 주시하고 마는 것은 거기에 동생이 살아온 궤적과 나 자신을 생각하는 실마리가 있음이 틀림없다고 생각해왔기 때문이다. 또 사람이 살아간다는 데에 대해 명명하고 해석하는 것이 아닌 태도를 임상이라는 말에 담으려고 했던 것 옆에는 '병'과 의료와 관련된 지극히 구체적인 사건이 있다. 답은 없다. 하지만 '발병' 및 '병'이라는 표기는 고쳐 써야만 한다고 생각한다.

이 책을 도미야마 나오코에게 바친다.

2018년 3월 29일 미명에
도미야마 이치로

주

한국어판 서문

1) 久野収・鶴見俊輔・藤田省三, 『戦後日本の思想』, 岩波書店, 2010(복각판).
2) 中井正一, 「農村の思想」, 久野収 編, 『中井正一全集 4』, 美術出版社, 1981.
3) 堀川弘美, 「『草の根通信』という場所: 松下竜一における運動としての書き言葉」, 2009年度 大阪大学大学院 文学研究科 修士論文.

서장

1) フランツ・ファノン, 『黒い皮膚・白い仮面』, 海老坂武・加藤晴久 訳, みすず書房, 1970, p. 25. 〔한국어판: 프란츠 파농, 『검은 피부, 하얀 가면』, 노서경 옮김, 문학동네, 2014, p. 17.〕
2) 伊波普猷, 「寂泡君の為に」, 『沖縄教育』, 137호, 1924.
3) 『토요일土曜日』에 실린 기사의 표제로, 나카이 마사카즈中井正一가 무기명으로 쓴 것이다. 中井正一, 『美と集団の論理』, 久野収 編, 中央公論社, 1962, p. 206.
4) Edward W. Said, *Beginnings: Intention & Method*, New York: Columbia U.P., 1985, p. 373.
5) 연결한다는 것에는 기존 집단을 반복하는 것과 그 집단이 연결되는 과정에서 다른 존재로 바뀌는 것이 공존한다. 비포(프랑코 베라르디Franco 'Bifo' Berardi)는 연결된다는 행위에서 전자의 경향이 "무언가이어라Be"라는 질서적 요청이라고 한 다음 후자로 향하는 전개를 "연쇄하라Concatenate"라고 표현한다. フランコ・ベラルディ, 『プレカリアートの詩』, 桜田和也 訳, 河出書房新社, 2009, p. 216. 〔한국어판: 프랑코 베라르디, 『프레카리아트를 위한 랩소디』, 정유리 옮김, 난장, 2013.〕 (단 이 부분이 포함된 절 「감성에서 리좀으로」는 비포가 메일로 보낸 짧은 글을 삽입한 것으로 영어판, 한국어판에는 포함되어 있지 않다 ─ 옮긴이.) 전자에서는 명명이나 소속과 관련된 이름이 중요한 반면 후자는 동태다. 일본어판 번역자인 사쿠라다 가즈야櫻田和也가 아주 적확하게 번역어로 채택한 이 '연쇄하다'라는 동사는 비포의 문맥에서는 이미 있는 집단으로 귀속되는 것이 아니라 새로운 집합성을 생산하는 것을 의미한다. 이 문제는 이 책 전체의 주제이기도 한데, 지금 이러한 의미를 담아 '연루하다'라는 말을 쓰기로 한다. (저자는 비포의 말을 "연루하라連累せよ"로 인용했으나 해당 일본어판에서는 "연쇄하라連鎖せよ"라고 번역했으므로 저자와 협의하에 이 책에서는 원

문을 따라 수정했다──옮긴이.)

6) 이 장 서두의 제사 참조.

7) フランツ・ファノン, 『黒い皮膚・白い仮面』, p. 78. 〔파농, 『검은 피부, 하얀 가면』, p. 109.〕

8) 같은 책, p. 81. 〔한국어판, p. 114.〕

9) ミシェル・フーコー, 『知への意志』, 渡辺守章 訳, 新潮社, 1986, p. 175. 〔한국어판: 미셸 푸코, 『성의 역사 1: 지식의 의지』, 이규현 옮김, 나남, 2006, p. 148.〕

10) 壺井繁治, 「十五円五十銭」, 『戦旗』, 1928년 9월호.

11) 「琉軍会報」(4월 9일), 玉木真哲, 『沖縄戦誌研究序説』, 榕樹書林, 2011, p. 201.

12) 이를 물상화라는 개념으로 검토할 수 있을지도 모른다. 혹은 그것은 상품언어가 인간의 말을 집어삼키는 사태일 수도 있다. 나는 『자본론』의 가치형태론에 대한 사키야마 마사키崎山政毅와 이노우에 야스시井上康의 독해를 말에 대한 고집으로 읽었다. 두 사람은 자본을 인간의 말의 문제로서 정면에 놓았다. 단 이 책에서는 자본의 문제로 해석하지 않고 어떻게 말의 재개를 확보할 것인가라는 문제로 생각하겠다. 폭력의 문제를 범주적으로 구분하기보다 말의 문제로서 끌어오고 싶기 때문이다. 崎山・井上, 「商品語の〈場〉は人間語の世界とどのように異なっているのか(1~4)」, 『立命館文学』632, 633, 635, 638호, 2013~2014. 특히 말의 문제로 향하는 마지막 (4) 가 내게는 중요하다. 이 논문은 대폭 수정되어 사키야마와 이노우에가 공저한 『マルクスと商品語』, 社会評論社, 2017에 수록되었다.

13) フランツ・ファノン, 『黒い皮膚・白い仮面』, p. 79. 〔파농, 『검은 피부, 하얀 가면』, p. 110.〕

14) 정류라는 말에 대해서는 冨山一郎, 「言葉の始まりについて」, 冨山一郎・鄭柚鎮 編, 『旅する痛み』, 青弓社, 2018을 참조하기 바란다. 이 글은 2015년 8월 13일 광주 조선대학교에서 한 강연〈말의 정류와 시작: 계엄상태의 시간〉을 위해 준비한 발표 원고에 가필한 것이다.

15) Homi K. Bhabha, *The Location of Culture*, London and New York: Routledge, 1994, p. 41. 〔한국어판: 호미 바바, 『문화의 위치』, 나병철 옮김, 소명출판, 2012, p. 106.〕

16) フランツ・ファノン, 『黒い皮膚・白い仮面』, p. 22. 〔파농, 『검은 피부, 하얀 가면』, p. 13.〕

17) 같은 책, p. 142. 〔한국어판, p. 221.〕

18) ジャン゠ポール・サルトル, 「序」, フランツ・ファノン, 『地に呪われたる者』, 鈴木道彦・浦野衣子 訳, みすず書房, 1969, p. 8. 〔한국어판: 장 폴 사르트르, 「서문」, 프란츠 파농, 『대지의 저주받은 사람들』, 남경태 옮김, 그린비, 2010, p. 27.〕

19) 海老坂武, 「あとがきにかえて」, フランツ・ファノン, 『黒い皮膚・白い仮面』, p. 186.

20) Huey P. Newton, *Revolutionary Suicide*, New York: Writer and Reader Publishing, Inc., 1995, p. 111.

21) 武藤一羊, 「『やつら』と『われわれ』」, 『現代史・戦後編月報』, みすず書房, 1968년 12월.

22) 「農夫の夜」刊行会 編訳, 『農夫の夜 金南柱詩集』, 凱風社, 1987. 〔한국어판: 김남주, 『농부의 밤』, 기독생활동지회, 1987(비매품).〕

23) Henry Louis Gates, Jr., "Critical Fanonism," *Critical Inquiry*, Spring 1991, vol. 17, no. 3, p. 457.

24) ジャン=ポール・サルトル, 「序」, フランツ・ファノン, 『地に呪われたる者』, p. 7. 〔사르트르, 「서문」, 파농, 『대지의 저주받은 사람들』, p. 27.〕

25) 같은 책, p. 9. 〔한국어판, p. 27.〕

26) Judith Butler, "Violence, Nonviolence: Sartre on Fanon," Jonathan Judaken(ed.), *Race after Sartre*, New York: Suny Press, 2008, p. 213.

27) フランツ・ファノン, 『地に呪われたる者』, p. 24. 〔파농, 『대지의 저주받은 사람들』, p. 52.〕

28) Judith Butler, "Violence, Nonviolence: Sartre on Fanon," pp. 227~28.

29) 대항하기와 거슬러 올라가기에 대해서는 다음을 참조하기 바란다. 冨山一郎, 「対抗と遡行──フランツ・ファノンの叙述をめぐって」, 『思想』, 866호, 1996. 冨山一郎, 「補章」, 『流着の思想』, インパクト出版会, 2013에 수록. 〔한국어판: 도미야마 이치로, 「보론」, 『유착의 사상』, 심정명 옮김, 글항아리, 2015.〕

30) 伊波普猷, 「寂泡君の為に」, 『沖縄教育』, 137호, 1924, 『伊波普猷全集 第10巻』, 平凡社, 1976, p. 314.

1장

1) フランツ・ファノン, 『黒い皮膚・白い仮面』, p. 67. 〔파농, 『검은 피부, 하얀 가면』, p. 89.〕

2) ジル・ドゥルーズ & フェリックス・ガタリ, 『千のプラトー』, 宇野邦一・小沢秋広・田中俊彦・豊崎光一・宮林寛・守中高明 訳, 河出書房新社, 1994, p. 488. 〔한국어판: 질 들뢰즈・펠릭스 가타리, 『천 개의 고원』, 김재인 옮김, 새물결, 2001, p. 830.〕

3) フランツ・ファノン, 『黒い皮膚・白い仮面』, pp. 67~68. 〔파농, 『검은 피부, 하얀 가면』, p. 89.〕

4) 마노니Octave Mannoni는 피식민자에 대해 다음과 같이 말한다. "우리는 열등성에서 빠져나가는 경로에 따라 그들을 교도해야 한다." Octave Mannoni, *Prospero and Caliban: The Psychology of Colonization*, London: Methuen, 1956, p. 64.

5) ミシェル・フーコー, 『異常者たち』, 慎改康之 訳, 筑摩書房, 2002, p. 13. 〔한국어판: 미셸 푸코, 『비정상인들』, 박정자 옮김, 동문선, 2001, p. 27.〕

6) 比嘉春潮, 『沖縄の歳月』, 中央公論社, 1969, pp. 109~10.

7) 内海愛子·高橋哲哉·徐京植, 『石原都知事「三国人」発言の何が問題なのか』, 影書房, 2000, p. 201.

8) 같은 책, pp. 99~101.

9) 沖縄県労働組合協議会, 『日本軍を告発する』, 1972, p. 69.

10) 「琉軍会報」(4월 9일), 玉木真哲, 『沖縄戦史研究序説』, 榕樹書林, 2011, p. 201.

11) 伊波普猷, 「寂泡君の為に」, p. 314.

12) 伊波普猷, 「琉球史の趨勢」, 『古琉球』, 沖縄公論社, 1911, p. 100.

13) 같은 곳.

14) 같은 글, p. 101.

15) 冨山一郎, 『暴力の予感』, 岩波書店, 2002, 2장 참조. 〔한국어판: 도미야마 이치로, 『폭력의 예감』, 손지연·김우자·송석원 옮김, 그린비, 2009, 2장 참조.〕

16) 伊波普猷, 『古琉球』, p. 96.

17) '개성'의 정치에서 시작되는 이 같은 '착종'과 관련해서는 伊波普猷, 「琉球民族の精神分析」, 『沖縄教育』 132호, 1924가 매우 중요한 기점이다. 자세한 내용은 冨山一郎, 『流着の思想』, 3장을 참조하기 바란다. 〔도미야마 이치로, 『유착의 사상』, 3장.〕

18) 자세한 내용은 같은 책, pp. 153~68.

19) 이 '노예'라는 말에는 여러 가지 맥락이 있다. 자세한 내용은 冨山一郎, 『暴力の予感』, 2장 참조. 〔도미야마 이치로, 『폭력의 예감』, 2장 참조.〕

20) ジュディス·バトラー, 『触発する言葉』, 竹村和子 訳, 岩波書店, 2004, p. 214. 〔한국어판: 주디스 버틀러, 『혐오 발언』, 유민석 옮김, 알렙, 2016, p. 258.〕 (여기서는 이 책에서 참조하는 다케무라 가즈코竹村和子의 일본어 번역에 따라 foreclosure를 사전 배제로 옮겼다──옮긴이.)

21) 같은 책, p. 216. 〔한국어판, p. 261.〕

22) 같은 책, p. 206. 〔한국어판, p. 248.〕

23) 같은 곳. 〔한국어판, p. 248.〕

24) 같은 곳. 〔한국어판, p. 248.〕

25) 이러한 법 이해와 관련해서는 시마부쿠 마리아島袋まりあ의 연구가 중요하다. Annmaria M. Shimabuku, *Alegal: Biopolitics and the Unintelligibility of Okinawan Life*, New York: Fordham U.P., 2018을 꼭 참조하기 바란다. 이 책에서 시마부쿠 마리아는 법의 전제로 존재하는 영역Alegal에 오키나와를 설정하고 거기에 푸코의 생정치 문제를 겹쳐놓음으로써 주권을 전제로 한 정치가 어떻게 오키나와를 그 전제 영역에 붙박아두었는지를 논의한다. 누구를 살아도 되는 존재로 간주하느냐를 묻는 신문 속에서 Alegal한 영역은 생정치와 겹쳐지며 혼혈miscegenation로서 결실된다. 말하자면 이 혼혈이라는 주권의 전제를 묻지 않고 오키나와를 이야기하는

것은 불가능한데, 거기서는 국내 정치에서 오키나와 문제를 이야기하는 사람들뿐
아니라 글로벌한 비영리 단체NPO를 통해 등장하는 글로벌한 이슈로서 오키나와
문제를 이야기하는 사람들 또한 비판 대상이 된다. 자신이 살고 있는 주권 자체를
묻지 않은 채 이야기되는 개별화와 일반화는 명백히 공범이고, 이 공범 관계 속에서
오키나와는 말을 빼앗긴다. 내가 이 책에서 하는 논의도 시마부쿠 마리아와 문제의
식을 공유하고 있다. 또한 시마부쿠의 책에서 많은 가르침을 얻었다.

26) ジュディス・バトラー, 『触発する言葉』, p. 116. 〔버틀러, 『혐오 발언』, pp. 144~45.〕
이 책의 일본어판에서는 원문의 sovereign이 통치적이라고 번역되어 있지만 여기
서는 주권적이라고 옮겼다.

27) ジャン・ラプランシュ & J. B. ポンタリス, 『精神分析用語辞典』, 村上仁監 訳, みすず書
房, 1977, pp. 375~78. 〔한국어판: 장 라플랑슈・장 베르트랑 퐁탈리스, 『정신분석
사전』, 임진수 옮김, 열린책들, 2004, p. 503.〕〔단 일본어판에서 foreclosure는 '배
제(배척)'로, 한국어판에서는 '폐기'로 번역되어 있다――옮긴이.〕

28) ジュディス・バトラー, 『触発する言葉』, p. 274. 〔버틀러, 『혐오 발언』, p. 259.〕

29) 같은 책, p. 211. 〔한국어판, pp. 254~55.〕

30) 같은 책, p. 212. 〔한국어판, p. 255.〕

31) ミシェル・フーコー, 『異常者たち』, p. 13. 〔푸코, 『비정상인들』, p. 27.〕

32) ピエール・クラストル, 『国家に抗する社会』, 渡辺公三 訳, 風の薔薇, 1987. 〔한국어판:
피에르 클라스트르, 『국가에 대항하는 사회』, 홍성흡 옮김, 이학사, 2005.〕 들뢰즈
Gilles Deleuze와 가타리Félix Guattari의 예감은 클라스트르Pierre Clastres가 말한
"부재 속에 무엇인가가 존재한다"(p. 28, 강조는 원문)〔한국어판, p. 30〕는 것에 대한
지각이다.

33) フランツ・ファノン, 『地に呪われたる者』, p. 67. 〔파농, 『대지의 저주받은 사람들』, p.
126.〕

34) 같은 책, p. 45. 〔한국어판, p. 85.〕

35) フランツ・ファノン, 『黒い皮膚・白い仮面』, p. 79. 〔파농, 『검은 피부, 하얀 가면』, p.
110.〕

36) 같은 곳. 〔한국어판, p. 110.〕

37) 같은 책, p. 143. 〔한국어판, p. 223.〕

38) フランツ・ファノン, 『地に呪われたる者』, p. 24. 〔파농, 『대지의 저주받은 사람들』, p.
50.〕

39) Judith Butler, "Violence, Nonviolence: Sartre on Fanon," pp. 227~28.

2장

1) フランツ・ファノン, 『黒い皮膚・白い仮面』, p. 136. 〔파농, 『검은 피부, 하얀 가면』, p.

210.〕

2) ジャック・ランシエール, 『不和あるいは了解なき了解──政治の哲学は可能か』, 松葉祥一・大森英臣・藤江成夫 訳, インスクリプト, 2005, p. 61.〔한국어판: 자크 랑시에르, 『불화』, 진태원 옮김, 길, 2015, p. 63.〕

3) DVD〈三里塚──闘争から農村へ〉, 映画美学校, 2016.

4) 鈴木一誌 編著, 『小川プロダクション「三里塚の夏」を見る──映画から読み解く成田闘争』, 太田出版, 2012, p. 156.

5) '움직임 이전의 움직임'이라는 표현은 2015년 8월 26일~27일에 교토에서 열린 '수유+너머'와 종장에서 다룰 '화요회'의 공동 토의〈동사적 사고 혹은 바뀔 수 있는 현재를 위해動詞的思考, あるいは変わりうる現在のために〉에서 빌려 왔다. 그 자리의 참가자 중 한 사람인 고병권 씨는 내 책『유착의 사상』을 거론하면서 이 책이 '말 이전의 말' '사유 이전의 사유' '운동 이전의 운동' '앎 이전의 앎'을 확보하려 한다고 말했다. 그리고 이러한 영역이 '말을 따라다니는 말ad-verb,' 즉 부사적adverb이라고 지적했다. 고병권 씨의 논의는 도시샤대학 아마미-오키나와-류큐 연구센터 홈페이지에서 읽을 수 있다(http://doshisha-aor.net/place/263). 꼭 참조하기 바란다.

6) 오가와 프로덕션의 산리즈카 관련 다큐멘터리 전체를 다루는 것이 이 책의 목적이 아니지만,〈제2요새 사람들第二砦の人々〉(1971) 후반에 등장하는 농성을 위한 지하도와 이를 설명하는 풍요로운 말들, 그리고 기동대가 일상적으로 마을에 등장하여 가택 수색과 청년행동대 체포가 일상이 되는 가운데, 즉 신문공간이 한층 확대되는 가운데 사람들이 밤에 모여서 벌이는 회합 같은 회의의 장을 찍은〈헤타부락辺田部落〉(1973)은 여전히 이러한 말의 소재가 확보되어 있음을 역력히 보여준다고 할 수 있겠다.

7) 冨山一郎, 『戦場の記憶』(日本経済評論社, 1995, 증보판 2006).〔한국어판: 도미야마 이치로, 『전장의 기억』, 임성모 옮김, 이산, 2002.〕

8) 冨山一郎, 『暴力の予感』, pp. 47~63.〔도미야마 이치로, 『폭력의 예감』, p. 65~84.〕 거기서는 이러한 문제를 클로드 레비스트로스Claude Lévi-Strauss가 언어를 다루는 방식과 관련해 검토했다. 이때 마르셀 모스Marcel Mauss, 피에르 클라스트르와 레비스트로스의 관계 및 레비스트로스에 대한 자크 데리다Jacques Derrida의 비판이 초점이 된다.

9) 이러한 문제를 이하 후유와 도리이 류조鳥居隆造의 관계를 통해 검토한 적이 있다. 같은 책, 2장 참조.

10) フランツ・ファノン, 『革命の社会学』, 宮ヶ谷徳三・花輪莞爾・海老坂武 訳, みすず書房, 1969, p. 107.〔한국어판: 프란츠 파농, 『혁명의 사회학』, 성찬성 옮김, 한마당, 1981, p. 127.〕

11) 트라우마 이론이 정의하는 '회피'다. "트라우마를 입은 사람이 그 트라우마의 침입

적인 재再경험에 시달리게 되면 그들은 이러한 침입이 주는 정서를 회피하는 것을 중심으로 자신의 생활을 구성하게 되는 경우가 많다." ベゼル・A・ヴァン・デア・コルク/アレキサンダー・C・マクファーレン/ラース・ウェイゼス 編, 『トラウマティック・ストレス』, 西澤哲監 訳, 誠信書房, 2001, p. 17.

12) フランツ・ファノン, 『革命の社会学』, p. 107. 〔파농, 『혁명의 사회학』, p. 127.〕

13) 蟻塚亮二, 『沖縄戦と心の傷─トラウマ診療の現場から』, 大月書店, 2014, p. 95.

14) 아리쓰카蟻塚亮二도 회피라 부른다. 같은 곳.

15) 目取真俊, 『水滴』, 文藝春秋社, 1997. 〔한국어판: 메도루마 슌, 『물방울』, 유은경 옮김, 문학동네, 2012.〕

16) フランツ・ファノン, 『黒い皮膚・白い仮面』, p. 67. 〔파농, 『검은 피부, 하얀 가면』, p. 89.〕

17) 확보라는 문제를 조직론이나 운동론 속에서 다시금 검토하지 않으면 안 된다. 이 점에 대해서는 4장 이후에 특히 종장에서 고찰하겠다. 또 '이론'이라는 표현에 대해서도 종장에서 다시 검토하겠다. 久野収, 「解題」, 久野収 編, 『中井正一全集 1』, 美術出版社, 1981, p. 461을 참조.

18) フランツ・ファノン, 『黒い皮膚・白い仮面』, p. 22. 〔파농, 『검은 피부, 하얀 가면』, p. 13.〕

19) 같은 책, p. 140. 〔한국어판, pp. 216~17.〕

20) 에비사카 다케시海老坂武가 지적하듯 임상이라는 연속성은 파농이 해방 투쟁의 소용돌이 속에 있으면서도 구체적인 의료 활동을 계속해나갔음을 의미하기도 한다. "그(파농─인용자)는 의학을 버리고 혁명에 참가한 것이 아니다. 의학과 더불어 혁명에 참가한 것이다." 海老坂武, 『フランツ・ファノン』, みすず書房, 2006, p. 208. 에비사카의 이 책은 파농의 전체상을 사고하기 위한 필독서다.

21) 오쿠노 로스케奧野路介는 SPK에 대해 "마르크스가 '소외Entfremdung'라는 말로 표현한 것을 SPK는 '병Krankheit'이라는 개념 속에서 다시 파악하려고 한다"고 썼다. 奧野路介, 「かき消された旅団──〈社会主義者集団〉の失踪と痕跡」, Herbert Worm・奧野路介・野村修・好村冨士彦・池田浩士, 『西ドイツ「過激派」通信』, 田畑書店, 1980, p. 73.

22) SPK, *SPK: Turn Illness into a Weapon*, KRRIM–self–publisher for illness, 1993, pp. 74~76.

23) 奧野路介, 「かき消された旅団──〈社会主義者集団〉の失踪と痕跡」, p. 89.

24) 같은 곳.

25) '로르바허 거리 12번지'라는 고유한 지명에 대해 오쿠노는 SPK의 활동이 장을 만들어나갔음을 언급하고 나서 "그러한 장에 붙여진 하나의 기호"라고 썼다. 거기에는 기존 세계에서 할당된 장이 동시에 거처를 갖지 못한 장으로 옮겨가는 것이, 즉 고

유명이 미래에 조정措定된 지리적 거처를 갖지 못한 장을 포착하려고 하는 선언으로 바뀌는 것이 함의되어 있다는 생각이 든다. 같은 곳.

26) 같은 글, p. 92. (SPK의 원문과 다소 상이한 부분이 있지만, 여기서는 오쿠노 로스케의 번역을 따랐다―옮긴이.)

27) 이는 SPK가 주장한 인민대학과도 관계있을 것이다. SPK, *SPK: Turn Illness into a Weapon*, p. 23.

28) 기본적으로는 일본어판 レベッカ・ソルニット, 『災害ユートピア: なぜそのとき特別な共同体が立ち上がるのか』, 高月園子 訳, 亜紀書房, 2010의 번역을 따랐으나 일부 내용은 수정했다. Rebecca Solnit, *A Paradise Built in Hell*, Penguin Group, 2009, p. 203. 〔한국어판: 레베카 솔닛, 『이 폐허를 응시하라』, 정해영 옮김, 펜타그램, 2012, p. 308.〕

29) 奥野路介, 「かき消された旅団――〈社会主義患者集団〉の失踪と痕跡」, p. 89. 솔닛의 "바뀔 가능성이 있는 현재"에 대해서는 冨山一郎, 「戦後復興を考える――鶴見俊輔の戦後」, 冨山一郎・鄭柚鎭 編, 『軍事的暴力を問う』, 青弓社, 2018을 참조하기 바란다.

30) Rebecca Solnit, *A Paradise Built in Hell*, p. 47. 〔솔닛, 『이 폐허를 응시하라』, p. 78.〕

31) 『朝日新聞』 조간 14면, 2011년 12월 29일.

32) Rebecca Solnit, *A Paradise Built in Hell*, p. 10. 〔솔닛, 『이 폐허를 응시하라』, p. 22.〕

33) 内海愛子・高橋哲哉・徐京植, 『石原都知事「三国人」発言の何が問題なのか』, p. 201.

34) Rebecca Solnit, *A Paradise Built in Hell*, p. 169. 〔솔닛, 『이 폐허를 응시하라』, p. 255.〕

35) 같은 책, p. 172. 〔한국어판, p. 260.〕

36) 같은 책, pp. 178~79. 〔한국어판, p. 271.〕

37) 같은 책, p. 15. 〔한국어판, p. 31.〕

38) 같은 책, pp. 34~48. 〔한국어판, pp. 60~79.〕

39) 같은 책, p. 10. 〔한국어판, p. 22.〕

3장

1) 新城兵一, 「暗い予兆――九・一一」, 『新城兵一詩集 死生の海』, あすら舍, 2011, p. 54.

2) 大江志乃夫, 『戒厳令』, 岩波書店, 1978, p. 81.

3) 北博昭, 『戒厳』, 朝日新聞出版, 2010, p. 202.

4) 金杭, 『帝国日本の閾』, 岩波書店, 2010, p. 155.

5) ニコス・プーランツァス, 『国家・権力・社会主義』, 田中正人・柳内隆 訳, ユニテ, 1984, p. 89. 〔한국어판: 니코스 풀란차스, 『국가, 권력, 사회주의』, 박병영 옮김, 백의, 1994,

p. 107.〕

6) ジュディス·バトラー,『触発する言葉』, p. 206.〔버틀러,『혐오 발언』, p. 248.〕

7) 예컨대 지금 계엄상태를 생각하는 것은 긴급사태 조항이 들어간 자민당 '헌법개정안'의 문제가 아니다. 길거리에 배치된 자위대 차량과 관련된 폭력을 감지하는 힘의 문제다. 거꾸로 말해 이러한 감지력을 잃어버린 상태에서 헌법 논의를 한다면 오키나와와 관련된 계엄상태를 놓치게 된다. 안보법안 반대 운동에 대한 내 위화감도 자위대라는 군대와 관련된다. 거기에는 자위대가 타국 전쟁에 휘말려 죽이거나 죽임을 당한다는 인식은 있어도, 그 군사적 폭력이 자신들을 향하고 있다는 감각은 거의 전무하다. 다음과 같은 오키나와전투의 기억은 거기에 끼어들 여지가 없다. "내 여동생 부부는 미군이 죽인 것이 아니다. 동포이고 우군이라고 믿고 있던 일본군이 죽였다. (……) 일본군을 원망하지 말라는 게 무리다. (……) 오키나와가 복귀하면 또 자위대라는 군대가 오키나와에 온다고 한다. 이제 싫다." 沖縄県労働組合協議会,『日本軍を告発する』, p. 4. 이 책은 이 같은 폭력에 대한 지각에서 문제를 제기하려 한다.

8) 玉木真哲,『沖縄戦史研究序説』, 榕樹書林, 2011.

9) 冨山一郎,『流着の思想』, 특히 3장을 참조.〔도미야마 이치로,『유착의 사상』.〕

10) 嶋津与志,『沖縄戦を考える』, ひるぎ社, 1983, p. 16.

11) 沖縄県労働組合協議会,『日本軍を告発する』, p. 4.

12) 같은 책, p. 69.

13) ジュディス·バトラー,『触発する言葉』, p. 216.〔버틀러,『혐오 발언』, p. 261.〕 이 책의 1장 주 21 참조.

14) 沖縄県労働組合協議会,『日本軍を告発する』, p. 69.

15) 모리사키 가즈에森崎和江는 '복귀'를 눈앞에 둔 1971년에 오키나와전투에서 일본군이 저지른 주민 학살을 간토대지진의 학살과 겹쳐놓은 뒤 다음과 같이 말했다. "가령 오키나와의 복귀가 전쟁 중에 있었던 살인 행위에 대한 적발이 될까 봐 두려워하는 본토 민중이 있을까?" 森崎和江,「アンチ天皇制感覚──沖縄·本土·朝鮮」,『現代の眼』, 1971년 8월.『異族の原基』, 大和書房, 1971, p. 193에 수록. 나는 그 시대에 '복귀'를 이렇게 바라본 글을 모리사키 외에는 보지 못했다.

16) 프란츠 파농,『대지의 저주받은 사람들』, 5장「식민지 전쟁과 정신질환」은 "하지만 전쟁은 계속된다"는 말로 시작한다. 거기서 전쟁은 전장에서 일어나는 전투를 가리키는 것이 아니라 "타자에 대한 계통적인 부정"으로서 그려진다. 군사적 폭력은 그 존재에서부터 이러한 '부정'을 담당하며, 그것이 계속되는 한 "전쟁은 계속된다."

17) ティム·オブライエン,『本当の戦争の話をしよう』, 村上春樹 訳, 文藝春秋, 1998, p. 42.〔한국어판: 팀 오브라이언,『그들이 가지고 다닌 것들』, 김준태 옮김, 한얼미디어, 2004, p. 45; 이승학 옮김, 섬과달, 2020(개정판)〕 오브라이언Tim O'Brien은 "일본으로 후송"된다고 쓰고 있으므로 최종 후송지는 오키나와를 경유한 다치가와

立川 기지나 요코타橫田 기지였을지 모른다.

18) 다큐멘터리 〈쇼크 독트린The Shock Doctrine〉(맷 화이트크로스Mat Whitecross·
마이클 윈터바텀Michael Winterbottom 감독, 2009).

19) VHS〈いま語る沖縄の思い〉, 市民の意見30の会 제작, 1996.

20) 沖縄タイムス社 編,『沖縄の証言 上』, 沖縄タイムス社, 1971, p. 286.

21) 같은 곳.

22) 川満信一, 「わが沖縄·遺恨二十四年──死亡台帳からの異議申し立て」,『展望』, 1970년
1월.『沖縄文学全集 第一八巻』, 国書刊行会, 1992, p. 123에 수록.

23) 같은 글, p. 119.

24) 같은 곳.

25) 이 책의 3장 주 6 참조.

26) 이 소설은 그 뒤 「가드ガード」라는 제목으로 다른 잡지에 전재되었다.『沖縄文学全
集 第七巻』, 国書刊行会, 1990에 수록. 인용은 p. 100.〔한국어판: 이케자와 소, 「가
드」, 심정명 옮김,『지구적 세계문학』16호, 2020.〕

27) 大城立裕, 「カクテル·パーティー」,『沖縄文学全集 第七巻』, 国書刊行会, 1990 수록. 인
용은 p. 258.〔한국어판: 오시로 다쓰히로, 「칵테일파티」, 김재용 엮음,『오키나와
문학의 이해』, 손지연 옮김, 역락, 2017, p. 138.〕

28) フランツ·ファノン,『黒い皮膚·白い仮面』, p. 81. 서장의 주 8과 같다.〔파농,『검은
피부, 하얀 가면』, p. 114.〕

29) 大城立裕, 「カクテル·パーティー」, p. 259.〔오시로 다쓰히로, 「칵테일파티」, p.
139.〕

30) フランツ·ファノン,『革命の社会学』, pp. 98~99.〔파농,『혁명의 사회학』, p. 118.〕

31) 같은 책, p. 99.〔한국어판, p. 118.〕

32) ミシェル·フーコー,『知への意志』, p. 175.〔푸코,『성의 역사1: 지식의 의지』, pp.
148~49.〕

33) 같은 곳.〔한국어판, pp. 148~49.〕

34) Mark Driscoll, *Absolute Erotic, Absolute Grotesque*, Durham: Duke U.P., 2010.

35) 산드로 메차드라Sandro Mezzadra와 브렛 닐슨Brett Neilson은 글로벌한 인간의 이
동과 노동력의 도야를 검토하면서 주권을 국경에 둘러싸인 내부성이라 생각하는 것
이 아니라 내부 바로 직전에 붙잡아두는 '유치detention'와 언제나 강제적으로 내버
릴 수 있는 '폐기성deportability'으로 파악하려고 한다. 거기서는 국경을 선으로 그
은 경계가 아니라 밀려드는 노동력을 대기시키는 장인 경계 지대로 보고, 이러한 대
기 상태와 관련해 계엄상태를 예외가 아니라 평상적인 상태로 상정한다. 동아시아
라는 관점에서 보면, 이러한 노동력의 도야라는 문제는 제국 일본과 냉전의 글로벌
한 군사주의 혹은 기지와 관련된 통치, 나아가서는 냉전 후의 이민이나 난민과 관련

된 통치를 관통하는 논점으로 존재할 것이다. 그뿐만 아니라 이는 냉전이 주권적 영토로의 귀속이 아니라 이미 제국에서 전개되고 있던 글로벌한 이동과 노동력의 도야를 전제로 등장한 것과도 관계있다. Sandro Mezzadra & Brett Neilson, *Border as Method*, Durham: Duke U.P., 2013, pp. 142~57.

36) Achille Mbembe, "Necropolitics," *Public Culture* 15(1), Durham: Duke U.P., 2003.

37) 푸코 자신도 다음과 같이 쓰고 있다. "생정치biopolitics의 뒷면은 죽음정치 thanatopolitics다." ミシェル・フーコー, 『自己のテクノロジー』, 田村俶・雲和子 訳, 岩波書店, 1990, p. 231. 〔한국어판: 미셸 푸코, 『자기의 테크놀로지』, 이희원 옮김, 동문선, 1997, p. 267.〕 홍윤신은 이러한 죽음의 정치 속에서 오키나와전투의 '위안부'와 '위안소'를 부각시켰다. 이 획기적인 노작을 꼭 참조하기 바란다. 洪玧伸, 『沖縄戦場の記憶と「慰安所」』, インパクト出版会, 2016.

38) ポール・ギルロイ, 『ブラック・アトランティック』, 上野俊哉・毛利嘉孝・鈴木慎一郎 訳, 月曜社, 2006, p. 115.

39) 같은 책, p. 126.

40) 松島朝義, 「乗りこえの論理」, 沖縄研究会 編, 『沖縄解放への視角』, 田畑書店, 1971, p. 221. 책에는 "10・20 가데나 기지 돌진 투쟁 피고 마쓰시마"라고 되어 있다.

41) 같은 곳.

42) 도미야마 이치로, 「단독 결기를 상기한다는 것単独決起を想起するということ」, 전남대학교 호남학연구원 제4회 국제학술회의 〈분노와 유토피아〉(2013년 6월 14일)에서도 논의했다.

4장

1) フランツ・ファノン, 『地に呪われたる者』, p. 144. 〔파농, 『대지의 저주받은 사람들』, p. 254.〕

2) 嶋津与志, 『沖縄戦を考える』, pp. 37~38.

3) S. フロイト, 「戦争と死に関する時評」(1915), 懸田克躬・高橋義孝他 訳, 『フロイト著作集5』, 人文書院, 1969, pp. 400~401. 〔한국어판: 지그문트 프로이트, 「전쟁과 죽음에 대한 고찰」, 『문명 속의 불만』, 김석희 옮김, 열린책들, 2004, p. 42.〕

4) ハーブ・カチンス・スチュワート・A・カーク, 『精神疾患はつくられる』, 高木俊介・塚本千秋 訳, 日本評論社, 2002.

5) 琉球政府厚生局公衆衛生部予防課 編, 『沖縄の精神衛生実態調査報告書 一九六六年』, 1966.

6) 당시 나하 보건소에 근무하던 나카모토 마사유키仲本政幸는 "라이샤워 사건이 있은 뒤라 류큐 정신위생법도 그야말로 수용주의였고 보건소는 그 첨병"이었다고 기록했

다. 玉木一兵 編著, 『天空の星 玉木正明·島成郎』, 新星出版, 2007, p. 401.

7) 當山富士子, 「本島南部における沖縄戦の爪跡——精神障害者四〇例を中心に」, 佐々木雄司 編, 『沖縄の文化と精神衛生』, 弘文堂, 1984.

8) 半沢ひろし, 「PTSDとわたし」, 『精神医療』 第15호, 1999.

9) 岩井圭司, 「トラウマ(心的外傷)論議の暗点」, 『精神医療』, 제15호, 1999, p. 16.

10) 大江健三郎, 『沖縄ノート』, 岩波書店, 1970, p. 71. 〔한국어판: 오에 겐자부로, 『오키 나와 노트』, 이애숙 옮김, 삼천리, 2012, p. 65.〕

11) 같은 책, p. 73. 〔한국어판, p. 67.〕

12) 같은 책, p. 75. 〔한국어판, p. 68.〕

13) 大江健三郎, 「未来へ向けて回想する——自己解釈四」, 『沖縄経験 大江健三郎同時代論集 4』, 岩波書店, 1981, pp. 320~21.

14) 大江健三郎, 『沖縄ノート』, pp. 45~46. 〔오에 겐자부로, 『오키나와 노트』, p. 44.〕

15) 大江健三郎, 「核基地の直接制民主主義」, 『世界』, 1969년 1월, 『沖縄経験 大江健三郎同 時代論集 4』에 수록.

16) 같은 책, p. 258.

17) 大江健三郎, 『沖縄ノート』, p. 51. 〔오에 겐자부로, 『오키나와 노트』, p. 49.〕

18) 같은 책, pp. 65~67. 〔한국어판, pp. 60~61.〕

19) 川満信一, 「わが沖縄·遺恨二十四年——死亡台帳からの異議申し立て」, p. 123.

20) 같은 글, p. 119.

21) 같은 글, pp. 117~18.

22) 岡本恵徳, 「水平軸の発想」, 『叢書わが沖縄 第六巻 沖縄の思想』, 木耳社, 1970, 『沖縄文 学全集』 제18권, 国書刊行会, 1992.

23) 같은 글, pp. 179~80.

24) 石田郁夫, 『沖縄 この現実』, 三一書房, 1968, pp. 139~40.

25) 岡本恵徳, 「水平軸の発想」, p. 191.

26) フランツ·ファノン, 『黒い皮膚·白い仮面』, p. 69. 〔파농, 『검은 피부, 하얀 가면』, p. 91.〕

27) 岡本恵徳, 「水平軸の発想」, p. 158.

28) 大江健三郎, 「核基地の直接制民主主義」, p. 261.

29) 東江平之, 「沖縄人の意識構造の研究」, 『人文社会科学研究』, 琉球大学人文社会科学研究 所, 1963.

30) 岡本恵徳, 「水平軸の発想」, p. 191.

31) 島成郎, 『精神医療·沖縄十五年』, 社会評論社, 1988, p. 253.

32) 島成郎, 『精神医療のひとつの試み』, 批評社, 1982, p. 157.

33) Hussein Abdilahi Bulhan, *Frantz Fanon and Psychology of Oppression*, New

York: Plenum Press, p. 248.

34) フランツ・ファノン, 『地に呪われたる者』, p. 143. 〔파농, 『대지의 저주받은 사람들』, p. 253.〕

35) 島成郎, 『精神医療のひとつの試み』, pp. 161~62.

36) 東大精神科医師連合, 『精神医療』 창간호, 1970, p. 49.

37) 島成郎, 『精神医療のひとつの試み』, pp. 161~62.

38) 같은 책, p. 171.

39) 新里厚子, 「島先生, ありがとうございました」, 『精神医療』(별책), 批評社, 2001, p. 20.

40) 沖縄精神医療編集委員会, 「創刊にあたって」, 『沖縄精神医療』 제1호, 1977년 3월, p. 1.

5장

1) フランツ・ファノン, 『地に呪われたる者』, p. 144. 〔파농, 『대지의 저주받은 사람들』, p. 254.〕

2) Hussein Abdilahi Bulhan, *Frantz Fanon and Psychology of Oppression*, p. 121.

3) 関広延, 『沖縄 1972.5.15.』, 海風社, 1987, p. 20.

4) 儀間進, 「コミュニケーションとしてのコザ反米暴動」, 『琉球弧』 3호, 1971년 1월 19일, 儀間進, 『琉球弧』, 群出版, 1979 수록, p. 74.

5) 富村順一, 『わんがうまりあ沖縄』, 柘植書房, 1993, p. 230.

6) 같은 책, p. 225.

7) 같은 책, pp. 246~47.

8) ジュディス・バトラー, 『触発する言葉』, p. 216. 〔버틀러, 『혐오 발언』, p. 261.〕

9) Hussein Abdilahi Bulhan, *Frantz Fanon and Psychology of Oppression*, p. 121.

10) 富村公判対策委員会・富村順一手記編集委員会, 「読者の皆さんへ」, 富村順一, 『わんがうまりあ沖縄』.

11) フランツ・ファノン, 『地に呪われたる者』, p. 45. 〔파농, 『대지의 저주받은 사람들』, p. 85.〕

12) 이 논문은 후에 岡本恵徳, 『沖縄文学の地平』, 三一書房, 1981에 수록된다. 여기서도 이 책 p. 122에서 인용했다.

13) 같은 책, p. 123.

14) 신조新城郁夫는 오카모토岡本恵徳의 주장이 "도미무라의 말에 다가붙으면서도 그 임계를 한층 더 밀고 나가서 새로운 국면을 열어 보이려고 했다"고 말한다. 新城郁夫, 「岡本恵徳序論──「富村順一 沖縄民衆の怨念」論における法への喚問」, 『琉球アジア社会文化研究』 제6호, 2003년 10월, p. 137.

15) 船本州治, 『黙って野たれ死ぬな』, 全国日雇労働組合協議会編, れんが書房, 1985, p. 21.

16) 희곡의 서명은 '知念正眞'이 아니라 'ちねん·せいしん'이라 되어 있다.

17) 몇 차례 전재를 거친 뒤 『인류관人類館』에서 도미무라富村順一에 대한 서술은 사라졌다. 이러한 변경이 무엇을 의미하는지에 대해서는 상연 공간도 염두에 두고 검토할 필요가 있을 것이다.

18) 여기서 '인류관'이란 1903년 오사카에서 열린 권업박람회에서 '학술인류관'이라는 명칭으로 조선인, 아이누, 타이완 원주민, 자바인 등과 함께 류큐인을 진열한 것에 대응한다.

19) 富村順一, 『わんがうまりあ沖縄』, pp. 3, 21.

20) 같은 책, p. 109.

21) 예를 들어 도미무라와 오카모토의 공진을 찾으려고 한 신조 이쿠오는 이 인용 부분에 대해 다음과 같이 썼다. "거기서 발견해야 할 것은 법체계 속에서 타자화되는 '광인'이라는 위치를 구태여 선택해 보인다는 논리의 발언이며, 광인을 비롯한 심신 장애자, 재일 외국인, 성적 소수자 같은 법체계의 타자를 만들어냄으로써 법 자체를 강화하고 유지시켜나가고자 하는 '법의 폭력' 자체를 자기 자신을 '타자'화하는 것을 통해 노정시키고자 하는 지성적인 의사다." 新城郁夫, 「岡本恵徳序論」, p. 133. 여기서 신조가 말하는, '법' 혹은 '광인'을 선택한다는 논의는 비판적으로 검토해보아야 할 논점이다. 즉 광기는 법 바깥에 위치하는 것이 결코 아니라는 말이다. 중요한 것은 광기를 선택하거나 선택하지 않는 것이 어떠한 사태인가를 제도 비판과 함께 검토해나가야만 한다는 사실이고, 도미무라의 광기라는 문제는 이 지점을 눈여겨보면서 논의를 진행해야만 하는 부분이다. 이러한 작업을 하지 않는 이상 아무리 광기라는 말을 쓴다 한들 지극히 알기 쉬운 논의에 함몰돼버리고 말 것이다. 거기서는 신문공간이 추인된다. 다시 말하지만, 필요한 것은 오카모토가 말한 "원념의 광기"와 곧장 겹쳐지지는 않는 수맥으로 향하는 작업이다.

22) 富村順一, 『わんがうまりあ沖縄』, p. 92.

23) 富村順一, 「第四回公判意見陳述」, 같은 책, p. 245.

24) 富村公判対策委員会, 「公判闘争経過報告」, 같은 책, p. 214.

25) ジュディス·バトラー, 『触発する言葉』, p. 206. 〔버틀러, 『혐오 발언』, p. 248.〕

26) 1950년에 시행된 정신위생법의 경우, 오키나와에서는 1960년에 류큐 정부가 거의 같은 법을 시행했다. 이 책 4장에서도 언급했듯이 1975년 오키나와 해양박람회 때는 당시 황태자였던 아키히토明仁가 오키나와를 방문함에 따라 정신 질환이 있는 사람들을 목록으로 만드는 작업이 이루어졌고 예방 구금이 실시되려 했다. 또 해양박람회의 치안 관리와 관련하여 1970년에 후생성은 '인구 과밀 도시 등의 지역'에서 "정신 장애자의 실태를 파악"하기 위한 개인 카드를 작성하라는 지시를 「정신위생 특별도시 대책 요강」으로 정리했고, 나아가 오사카 만국박람회에서는 「일본 만국박람회 회장에서 정신 장애자 또는 그렇다고 의심되는 사람에 대한 취급 요령」을 오사

카부 위생부장 지시의 문서로 작성하여 경찰관 신고와 조치 입원의 연계를 촉구했다. 이러한 사태는 국민체전을 개최하거나 천황이 움직일 때마다 각지에서 일어난다. 野波行夫, 「地域管理社会と精神医療」, 『序章』 6호, 1971 참조. 일본 사회의 이러한 치안 관리 움직임과 미국 민정부(미국이 오키나와를 장기 통치하기 위해 1950년에 군정부를 폐지하고 설치한 기관으로 류큐 정부를 감독했다 — 옮긴이)의 포령布令·포고 아래에 형법이 놓여 있던 복귀 전 오키나와의 상황을 어떻게 연관 지을 것인가에 대해서 생각할 때는 이들을 곧장 법 제도의 차이로 구분하면 안 될 것이다. 다시 말하지만 신문공간과 관련된 문제는 법 제도로 환원되지 않는다. 지역 관리 체제 강화가 다양한 장소에서 동시 병행적으로 전개됐음은 확실하고, 이러한 치안 관리의 경과와 개별 장소를 넘어선 확대 속에서 도미무라에 대한 정신감정도 등장했다.

27) ミシェル·フーコー, 『異常者たち』, p. 13. 〔푸코, 『비정상인들』, p. 27.〕
28) 같은 책, p. 18. 〔한국어판, p. 16.〕
29) 같은 책, p. 29. 〔한국어판, p. 41.〕
30) 나가노 에이코長野英子는 전두엽 절제술과 관련된 차트를 바탕으로 수술 직전에 대해 다음과 같이 말한다. "수술 전에 수술대 위에서 '얼마나 자르나요, 좀 봐주세요, 바보가 되잖아요, 죽는 거 아닙니까, 죽이지 말아주세요, 부탁드립니다, 집에 가게 해주세요, 선생님, 괜찮을까요, 죽지 않나요, 선생님, 선생님……'이라고 하는 환자의 말을 극명하게 받아 적은 그 차트에는 '정동적인 호소를 반복한다. 우아함이라고는 전혀 없다'라고 쓰여 있었습니다. 죽임을 당하려는 판에, 뇌가 절개되려는 판에 우아한 인간이 어디 있을까! 목숨을 건 이런 호소조차 '병상'이나 '증상'으로 무효화되고 거론조차 되지 않는 것이 우리 '정신병'자입니다." 長野英子, 『精神医療』, 現代書館, 1990, p. 4. 여기서 그리는 것은 사실을 오인한 의료가 아니라 사실성과는 무관하게 문답무용으로 행사되는 강제력이다. 그리고 이 강제력은 2003년에 성립한 심신 상실자 등 의료관찰법으로 명확히 제도화되어 지금 발동되고 있다.
31) 이 책의 5장 주 21을 참조.
32) 우선 수치만 보자면 오키나와의 유출 인구는 1955년부터 1960년까지는 4869명이었는데 1965년부터 1970년에 걸쳐서는 6만 5637명으로 팽창한다. 冨山一郎, 「六〇年以降の沖縄の復帰運動と労働力の流入」, 『大阪社会労働運動史 第四巻』, 有斐閣, 1991 참조.
33) 'K'는 그 뒤 두 사람을 살해한다. 野田正彰, 『犯罪と精神医療』, 岩波書店, 2002에 수록된 '사례 11.' 노다 野田正彰에 따르면 법무성은 보안처분의 필요성을 보여주는 사례로 이 '사건'을 들고 있다고 한다.
34) 'Y'에 대해서는 간사이関西를 중심으로 곧장 구제 운동이 펼쳐진다. 'Y' 구제 운동의 중요성을 어떠한 장에서 어떠한 말로 생각해야 할지에 대해서는 이 장의 도미무라 관련 논의도 포함해서 앞으로 고민해보겠지만, 거기서도 나는 'Y'와 'K'가 동시

에 이야기될 수 있는 길을 찾아나가려 한다. 'Y'에 대해서는 많은 문헌이 남아 있는데, 여기서는 大阪人権博物館, 『ヤマトゥのなかの沖縄』, 2000, pp. 76~79을 제시해 두겠다.

종장

1) ジュディス・バトラー, 『触発する言葉』, pp. 250~51. 〔버틀러, 『혐오 발언』, pp. 300~301.〕

2) 久野収, 「解題」, p. 461.

3) 小田実, 「「存在のことば」, 「運動の言葉」」, 『「共生」への原理』, 筑摩書房, 1978, p. 148.

4) ジュディス・バトラー, 『触発する言葉』, p. 206. 〔버틀러, 『혐오 발언』, p. 248.〕

5) フランツ・ファノン, 『黒い皮膚・白い仮面』, p. 22. 〔파농, 『검은 피부, 하얀 가면』, p. 12.〕

6) 같은 책, p. 140. 〔한국어판, p. 216.〕

7) 같은 책, p. 25. 서장 제시도 참조. 〔한국어판, p. 17.〕

8) 세상을 떠난 뒤에 간행된 竹村和子, 河野貴代美・新田啓子 編, 『彼女は何を視ているのか』, 作品社, 2012에는 다케무라 씨의 투병 생활을 돕던 사람들이 작성한 책자 「다케무라 가즈코 씨와 팀K(가즈코)竹村和子さんと〈チームK〉(和子)」가 끼워져 있다. 거기에는 세상을 떠나기 전에 다케무라 씨가 쓴 메일이 실려 있다. 인용한 것은 그중 2011년 4월 8일자 메일이다. 다케무라 씨는 그해 12월 13일에 세상을 떠났다. 다케무라 씨의 메일 인용 부분에 대해서는 冨山一郎, 「視ているのは誰なのか」(https://wan.or.jp/article/show/1385)도 참조하기 바란다.

9) 小森陽一 監修, 『研究する意味』, 東京図書, 2003, p. 158.

10) 내가 직장을 옮기면서 화요회가 오사카에서 교토로 이동한 뒤에 '아는 사이'나 '좌파' 같은 코드는 더 현저해졌던 것 같다. "○○씨랑 아는 사이인 ××입니다." 혹은 논의를 '아는 사이' 내부에 잡아두려고 하는 경향도 눈에 띄었다. 이는 학생 운동이나 사회 운동 네트워크의 밀도가 높은 교토라는 장소를 비판적으로 생각하는 데 있어 무척 흥미로운 문제이기도 할 것이다.

11) 보론 3 「추한 얼굴」 참조.

12) 화요회와 관련된 문서는 http://doshisha-aor.net/place/에 게재되어 있다.

13) 보론 1 「접속하라! 연구기계」, 보론 2 「대학의 위기?」를 참조.

14) 단 그가 생각하던 것이 그 자신에게는 어떠한 말의 장으로 등장하는가와 관련해서는 전후에 그가 실천한 농촌 문화 활동이나 도서관 활동을 기다려야 할 것이다.

15) 中井正一, 『美と集団の論理』, p. 207.

16) 히라이 겐平井玄은 지금의 상황을 적확하게도 '광고적 정치'라 부른다. 平井玄, 「真に畏怖すべきもの——国民運動への異論」, 『季刊 ピープルズ・プラン』73호, 2016.

17) 쓰루미 슌스케鶴見俊輔는 다음과 같이 태도라는 물음을 제기한다. "저는 사상이란 신념과 태도의 복합이라고 생각합니다." 鶴見俊輔, 「戰時から考える」, 桑原武夫 編, 『創造的市民講座 — わたしたちの学問』, 小学館, 1987; 『鶴見俊輔集 8 私の地平線の上に』, 筑摩書房, 1991, p. 253. 여기서 쓰루미가 말하는 신념이란 '민주주의가 중요하다' 같은 일반적이고 보편적인 가치 판단인데, 사상에 대한 쓰루미의 이 같은 관점은 일본의 전후를 어디서 출발시킬 것인가라는 자기 자신에게 던지는 물음이기도 했다. "내가 전쟁 중에 깨달은 것은 사람의 사상을 신념만으로 보지 않고 태도를 포함시켜 사상을 신념과 태도의 복합으로 본다는 것"(鶴見俊輔, 「戰時から考える」, 『鶴見俊輔集 8 私の地平線の上に』, p. 254)이다. 冨山一郎·戸邊秀明, 「あとがき — 歴史における態度の問題」, 森宣雄·冨山一郎·戸邊秀明 編, 『あま世へ』, 法政大学出版局, 2017; 冨山一郎, 「三月十一日から軍事的暴力を考える」, 冨山一郎·鄭柚鎭 編, 『軍事的暴力を問う』, pp. 174~76 참조.

18) 中井正一, 「聴衆 0(ゼロ)の講演会」, 『朝日評論』, 1950년 4월호. 久野収 編, 『中井正一全集 4』, 美術出版社, 1981, p. 189.

19) 中井正一, 「われらが信念」, 『昭德』, 1942년 4월호. 같은 책에 수록.

20) 같은 책, p. 75.

21) 같은 곳.

22) 鶴見俊輔, 「解説 戰中から戰後へ」, 『中井正一全集 4』, p. 359.

23) 같은 곳.

24) 다니가와谷川雁는 그 매력을 광부들이 화투를 칠 때 쓰는 '멋진 그림しゃれた絵'이라는 말로 표현한다. 이는 "싸우면 99퍼센트 패배할 게 빤하지만 상황과 경우에 따라서는 상대방의 허점을 찔러서 단번에 승리할 수도 있는 가능성을 간직하고 있는" 패 모양을 가리킨다. 그것은 어떠한 상황에서도 사람들이 아직 끝나지 않았다고 생각할 수 있게 하는 매력을 말할 것이다. 나 역시 어떤 순간에도 '멋진 그림'을 바라보며 즐기고 싶다. 혹은 멋진 인물이고 싶다. 나카이는 자기 자신이 다니가와가 말한 것과 같은 매개체임을 자각하면서 이를 '나카이 마사카즈'라는 고유명이 아닌 형태로 제시하고 싶었던 게 아닐까 상상해본다. 그것이 「위원회의 논리委員会の論理」일지 모른다. 谷川雁, 「土風·松風」, 『中井正一全集 2 付録』, 美術出版社, 1981.

25) 久野収, 「解題」, pp. 466~67.

26) 中井正一, 「感嘆調のある思想」, 久野収 編, 『中井正一全集 1』, p. 146.

27) 같은 책, p. 149.

28) 같은 곳.

29) フランツ·ファノン, 『地に呪われたる者』, p. 45. 〔파농, 『대지의 저주받은 사람들』, p. 85.〕

30) 中井正一, 「委員会の論理」, 久野収 編, 『中井正一全集 1』, pp. 51~52.

31) 같은 책, p. 53.

32) 같은 책, p. 54.

33) 久野収,「解題」, p. 462; 野間宏,「中井正一から受けた批評」,『中井正一全集 2 付録』, p. 1.

34) 中井正一,「委員会の論理」, p. 55.

35) 같은 글, pp. 96~102.

36) 다만 심의성과 대표성의 관계는「위원회의 논리」에서는 명확히 나타나지 않는 것 같다. 이는 나카이 본인이 "대표성의 조직론에 대해서는 다른 원고에서 다루겠다" 고 쓴 것과도 관련 있을 것이다. 같은 글, p. 104.

37) 이 책 종장 주 15와 같다.

38) 나는 고병권의 다음과 같은 현상 인식에 깊이 동의한다. "요컨대 옳은 말은 그저 옳은 말일 뿐이다. 그것이 내 것이 되려면 내 안에서 다시 체험되어야 한다. 내가 내 식으로 체험하지 않은 말이란 한낱 떠다니는 정보에 불과하다. 세상에는 여전히 옳은 말들을 찾아 나서는 사람들이 많지만, 나는 세상에 옳은 말들이 부족하다고 생각하지 않는다. 다만 그것들이 정처 없이 여기저기 흘러 다니고 있을 뿐이다." 高秉權, 『哲学者と下女』, 今津有梨 訳, インパクト出版会, 2017, p. 204. 〔한국어판: 고병권, 『철학자와 하녀』, 메디치미디어, 2014, p. 251.〕

39) '쓰이는 논리'와 '인쇄되는 논리'의 대비를 통해 앎의 모습을 생각하는 관점을 조금 더 확장해보겠다. 금세 알아차릴 수 있듯 이 대비와 관련된 나카이의 관점은 이른바 대중문화popular culture와 관련된 논의이기도 하다. 즉 대중문화에서는 존 피스크John Fiske가 말하듯 "텍스트가 독자와 어떠한 관계를 가질 수 있는가?"(ジョン・フィスク,「ポピュラー・カルチャー」, フランク・レントリッキア/トマス・マクラフリン,『続・現代批評理論』, 大橋洋一・正岡和恵・篠崎実・利根川真紀・細谷等・清水晶子 訳, 平凡社, 2001, p. 31)가 요점인데, 이 관계에서 경험이라는 영역이 담보된다. 여기서 관계를 텍스트의 해석이라고 해도 좋겠지만, 이 해석에서는 하나의 올바른 독해 방식을 축으로 한 줄 세우기나 나카이가 말한 교구적 확대를 추구하기보다, 오히려 "사람들이 의미를 둘러싸고 싸울 수 있는 장"(같은 책, p. 30)이 구성된다는 점이 중요하다. 이러한 부분에 주목한다면 나카이가 말한 '인쇄되는 논리'에서 시작되는 집단은 대중문화와 관련된 대중성popularity의 문제이기도 하다. 굳이 말하자면 대중성을 어떻게 나카이가 말한 새로운 "활자적 사유 형태"로 받아들일 것인가라는 문제인 셈이다. '위원회의 논리'의 확대는 문화 연구나 대중문화 관련 논의의 현재적인 의의를 보여주는 동시에, 나카이가 말한 '인쇄되는 논리'의 영역을 시각적인 것도 포함한 영역으로 넓혀서 생각하기를 요청한다. 또한 읽는다는 동사는 보다, 느끼다, 받아들이다 같은 동사와 연결될 것이다. 문서라는 텍스트나 읽는다는 동사는 피스크가 염두에 두고 있는 시각적인 것도 포함해야 하며, 보다, 듣다, 느끼다 같은

동사도 동시에 상정할 수 있으리라고 생각한다. 그리고 어쨌든 중요한 것은 "일방적인 설교와 팔기 위한 외침"의 확대가 아니라 읽는다는 경험이 계기가 되어 새로운 집합성으로 향하는 과정으로서 논의의 장을 확보하는 것이다.

40) 中井正一, 「委員会の論理」, pp. 103~104.

41) 같은 글, p. 79.

42) 같은 글, p. 78.

43) 주디스 버틀러는 『윤리적 폭력 비판*Giving an Account of Oneself*』에서 아직 본 적 없는 다른 존재로 인해 자기 자신이 '엉망'이 되는become undone 일은 "불러 세워지고address 요청을 받으며 나 아닌 것에 연결될 기회일 뿐 아니라, 옮겨지고 행동을 촉구당하고 나 자신을 어디 다른 장소로 보낼address myself elsewhere, 그리하여 일종의 소유로서의 자기 충족적인 '나'를 비워줄 기회"라고 말한다. Judith Butler, *Giving an Account of Oneself*, New York: Fordham University Press, 2005, p. 136. 〔한국어판: 주디스 버틀러, 『윤리적 폭력 비판』, 양효실 옮김, 인간사랑, 2013, p. 233.〕

44) 이는 이 장의 태도와 관련된 부분에서 언급한 '듣는' 것에도 해당하는 내용이다.

45) 中井正一, 「委員会の論理」, p. 79.

46) 같은 글, p. 87. 모사에 대해서는 中井正一, 「模写論の美学的関連」, 『中井正一全集 1』도 참조.

47) 인용도 모사로 볼 수 있다. 인용할 때는 분명 타자의 말을 반복함으로써 자기 자신의 읽는 경험이 언어화된다. 그것은 인용에 주석을 다는 일이 될지도 모른다. 혹은 그 주석이 인용으로 이루어질 때 또 다른 주석이 잇따를지 모른다. 주석이 연속되고 확산되는 것이다.

48) 中井正一, 「委員会の論理」, p. 103.

49) 화요회에서는 이 문서를 논의 문서discussion paper라고 부른다. 이는 결코 논문을 말하는 것이 아니다. 어떠한 형식이든 우선 읽는다는 경험을 출발점으로 놓는다는 의미다.

50) 中井正一, 「委員会の論理」, p. 88.

51) 같은 글, p. 87.

52) 같은 글, p. 88.

53) 나카이의 기술적 시간은 서장에서 언급한 "현재는 늘 미래를 구축"한다는 파농의 현재성과도 겹쳐질 것이다.

54) 小田実, 『「共生」への原理』, p. 148. 오다小田実의 논의는 서장 주 5에서도 이야기한 연루라는 말과 관련된 비포(프랑코 베라르디)의 논의와 무척 가깝다는 생각이 든다. 다시 되풀이하자면, 비포는 연결된다는 행위에서 기존 집단을 반복하는 경향이 "무언가이어라Be"는 질서적인 요청이라고 한 다음, 집단이 연결되는 과정에서 다

른 집단으로 바뀌는 전개를 "연쇄하라Concatenate"고 표현했다. フランコ·ベラルディ, 『プレカリアートの詩』, p. 216. 오다에 입각해서 바꾸어 말하면, 전자가 '존재의 말'이고 후자가 '운동의 말'인 것 아닐까?

55) Rebecca Solnit, *A Paradise Built in Hell*, p. 203. 〔솔닛, 『이 폐허를 응시하라』, p. 308.〕 2장 주 28 참조.

56) 小田実, 『「共生」への原理』, p. 165.

57) 같은 책, p. 183.

58) 같은 책, p. 186.

59) 같은 책, p. 191.

60) 中井正一, 「委員会の論理」, pp. 93~95.

61) ペルディナン·ド·ソシュール, 『ソシュール講義録注解』, 前田英樹 訳, 法政大学出版局, 1991, p. 58. 〔한국어판: 페르디낭 드 소쉬르, 『일반언어학강의』, 최승언 옮김, 민음사, 2006, p. 88.〕 소쉬르가 말한 언어의 '선형적 성격'에 대해서는 井上康·崎山正毅, 『マルクスと商品語』, 社会評論社, 2017, pp. 35~36을 참조하기 바란다. 이 책에서는 마르크스가 『자본론』, 특히 가치형태론에서 인간의 말을 통해 그리려고 한 상품어의 '장場'을, '선형적 성격'을 가진 인간의 말을 초월한 수준에 설정하는 동시에 이를 극복할 수 있는 가능성에 대해서 검토한다. 바꿔 말하면 그 가능성도 역시 '장'으로 확보되어야만 한다.

62) 같은 책, p. 53.

63) 말을 인용하는 것은 말의 의미를 가능하게 하는 역사적인 "관습을 인용하는 것"이다. ジュディス·バトラー, 『触発する言葉』, pp. 51~54. 〔버틀러, 『혐오 발언』, pp. 71~74.〕

64) フェルディナン·ド·ソシュール, 『ソシュール講義録注解』, p. 58. 〔소쉬르, 『일반언어학강의』, p. 88.〕

65) http://doshisha-aor.net/place/에서 읽을 수 있다.

66) 久野収, 「編者のことば」, 中井正一, 『美と集団の論理』, p. 296.

67) レーニン, 「一歩前進, 二歩後退」, 『レーニン全集 7』, 大月書店, p. 209. 〔한국어판: 블라디미르 레닌, 『일보전진 이보후퇴』, 홍수천 옮김, 풀무질, 1995, p. 15; 『한 걸음 앞으로 두 걸음 뒤로』, 최호정 옮김, 박종철출판사, p. 12.〕

68) 같은 책, pp. 209~10. 〔한국어판, pp. 12~13.〕

69) 같은 책, p. 209. 〔한국어판, p. 12.〕 (원저에서는 '쓰디쓴苦すぎる' 대신 '젊디젊은 若すぎる'으로 인용하고 있으나 저자가 참고하고 있는 레닌 전집 및 다른 언어 판본들에서 전자의 뜻으로 옮기고 있음을 확인하고 저자와 협의하에 수정했다—옮긴이.)

70) 中井正一, 『美と集団の論理』, p. 207.

71) 鶴見俊輔, 『思想の落し穴』, 岩波書店, 2011, p. 264.

72) 이 책 2장 주 25 참조.

73) 鶴見俊輔, 『思想の落し穴』, p. 264.

74) 中井正一, 「雪」, 『中井正一全集 4』, p. 57.

75) 같은 곳.

보론

1) 高美淑, 「ノマディズムと知識人共同体のビジョン」, 金友子 訳, 『歩きながら問う』. 〔한국어판: 고미숙, 「노마디즘과 지식인 공동체의 비전 ─〈연구공간 '수유+너머'〉에 대한 인류학적 보고서」, 『가산학보』, 2003, no.11, pp. 265~92. 「보론」의 미주는 한국어판 편집자가 추가한 것이다 ─ 옮긴이.〕

2) 李珍景, 「マルクス主義とコミューン主義: コミューン主義者はいかに思考するのか？」, 金友子 訳, 『インパクション』153호, 2006. 〔한국어판: 이진경, 「맑스주의와 코뮤주의: 코뮤주의자는 어떻게 사유하는가」, 『미-래의 맑스주의』, 그린비, 2006, p. 297.〕

3) 天野恵一, 『「無党派」という党派性』, インパクト出版会, 1994, p. 139.

4) 杉原達, 「帝国という経験」, 『アジア・太平洋戦争1』, 岩波書店, 2005.

5) 天野恵一, 『「無党派」という党派性』, p. 273.

6) 鶴見俊輔, 「サークルと学問」, 『日常的思想の可能性』, 筑摩書房, 1967.

7) 小倉虫太郎, 「大学の廃墟で」, 絓秀実・花咲政之輔 編, 『ネオリベ化する公共圏』, 明石書店, 2006.

8) デヴィッド・グレーバー, 「新しいアナーキストたち」, 安藤丈将・栗原康 訳, 『現代思想』 제32권 6호, 2004.

9) 「自主ゼミの思想 ─戦後知性を告発せよ。」, 『京大闘争』, 京大新聞社 編, 京大全共闘協力, 三一書房, 1969.

10) 같은 글.

11) フェリックス・ガタリ, 「制度的療法と学生社会における精神衛生問題に関する考察」, 杉村昌昭・毬藻充 訳, 『精神分析と横断性: 制度分析の試み』, 法政大学出版局, 1994. 〔한국어판: 펠릭스 가타리, 「제도 요법과 학생 사회에서 정신 위생 문제에 관한 고찰」, 『정신분석과 횡단성』, 윤수종 옮김, 울력, 2004.〕

12) 「自主ゼミの思想」.

후기

1) 牧野守 監修, DVD 〈ファシズムと文化新聞『土曜日』の時代〉, 六花出版, 2012.

옮긴이 후기

 2011년 일본에서 학위 과정을 마치기 얼마 전에 동일본대지진을 겪었다. 마침 당시 도쿄에 살고 있던 가족의 생일을 축하하기 위해 상경했을 때였다. 긴자에 나가 있다가 교통수단이 마비되는 바람에 헬멧을 쓰거나 방재 가방을 든 시민들에 섞여서 가족의 집이 있는 동네까지 걸어간 다음, 엘리베이터가 멈춘 고층 맨션을 다시 걸어서 올라갔다. 냉장고 위에 있던 전자레인지가 떨어져서 주방 문을 부수고, 책들과 텔레비전이 전부 바닥에 넘어져 있었던 데에 일단 놀랐다. 하지만 그때는 큰 지진이 왔다는 것 외에는 아직 아무것도 몰랐다. 이윽고 텔레비전을 켜고 뉴스에서 쓰나미 영상을 본 우리는 그 자리에 앉아서 한참 동안 엉엉 울었다. 가족은 다음 월요일부터 다시 회사에 나가고, 나는 걸핏하면 발생하는 여진에 떨어가며 인터넷에서 쓰나미 뉴스를 보거나 원전 사고 관련 정보를 계속해서 찾았다. 다른 일은 손에 잡히지 않았다. 사람들이 너무나도 쉽게 죽음을 당한다는 것이 놀랍고 슬

픈 한편으로, 나와 가족이 얼마나 안전할 수 있을지, 어쩌면 당장이라도 도쿄에서 빠져나와 내가 생활하던 교토로 돌아가야 하는 것이 아닌지 걱정했다. 도쿄 시내는 한동안 휴지가 동이 났고, 역 플랫폼과 상점들은 절전 때문에 줄곧 어스레했다.

그로부터 10년이 다 되어가는 지금, 그때 박사 논문을 지도해주셨던 도미야마 선생님이 계시는 교토에서 한동안 생활하게 되어서 일본에 와 있다가, 다시 한 번 동네 상점에서 휴지가 없어지는 광경을 목격했다. 2020년 2월 코로나바이러스 감염증-19가 세계를 휩쓸기 시작했을 무렵이었다. 약국에서 완전히 자취를 감춘 마스크는 인터넷 쇼핑몰에서 몇십 배 가격으로 팔리고 있었다. 4월이 되면 벚꽃이 핀 강가를 걸어 세미나를 하러 학교에 가고, 당연한 듯이 모여서 이야기를 나누고, 다정한 사람들의 손을 잡거나 팔을 두드리는, 그런 안온한 일상이 정지됐다는 것이 잘 믿어지지 않았다. 지금은 가끔 필요할 때 외에는 밖에 거의 나가지 않고 조그만 방에서 혼자 책을 읽거나 노트북과 마주하고 있는 데에 어느 정도 익숙해졌지만, 한동안 혼자 어딘가에 동떨어진 느낌으로 해외 뉴스를 찾아서 읽고, 매일매일 너무나 많은 사람들이 죽어간다는 데에 밤마다 놀라고 때로는 혼자 훌쩍거렸다. 짧은 시간에 수많은 사람들이 목숨을 잃고 있는데, 내가 가장 충격을 받는 것이 그 수의 많음 때문이라는 사실이 때로 두려웠다. 그리고 여기저기서 찾아서 읽은 기사들 속에서 전염병 때문에 아프고 괴로운 사람들뿐 아니라 사실은 그 이전부터 세계에 존재하고 있었던 고통들을 새삼 발견했다. 정체 모를 바이러스에 빼앗겼다고 느낀 내 일상이란 것이 어떠한 세상에서 성립하고 있었는지를, 내가 무엇을 모른 척하며 생활하고 있었는지를 다시 알았다. 그리고 그것은 이런저런 재난에 휩쓸려서 세상을 떠난 많은 사람들에 대해 오랫동안 생각하다가 어느 순간 내 슬픔이 가까운 몇몇 이들에게만 미치고 있음을 깨닫고 충격을 받던 순간과도 겹쳐졌다. 나는 그것을 곰곰이 생각하는 동안에도 한편으로는 내가 사랑하는 사람들이나 스스로의 안위를 무엇보다 걱정하고 있었다.

그 시간 동안 이 책을 다시 읽었을 때, 그 속에 담긴 말들은 무엇보다도 그렇다면 세계와 나의 관계를 대체 어떻게 생각해야 할지, 나는 대체 무엇을 할 수 있을지를 생각하던 내게 힘이 돼주었다. 저자는 말을 읽는다는 것을 세계를 근본적으로 비판하고 다른 현실을 만들어낼 가능성으로서 사유하고, 말을 읽고 쓰고 이야기한다는 것에서부터 타자와의 관계를 어떻게 열어나갈 수 있을지를 사고하고자 한다. 저자는 말과 말이 아닌 몸짓을 나누는 신문공간의 폭력을 묻는데, 그렇게 애초에 말이 아닌 것으로 사전배제된 영역에서 부상하는 타자와의 관계를 떠맡고 나와 관계없다고 생각하던 사람들과 연결되게 해주는 것이 바로 이 책이 이야기하는 '앎'이다. 거기서는 내가 있고, 옆이 분명한 경계선을 가지고 존재하는 것이 아니다. 무언가를 사고한다는 것은 그것을 특정한 시기나 지리적 범위로 에워싸는 것이 아니라, 그것을 계속시키고 확장시키면서 개인화된 아픔을 남의 일이 아닌 사태로서 떠맡는 것이다. 따라서 이 책을 읽는 일은 끊임없이 그어지는 경계 안에서 "지금 나는 괜찮다"라고 생각하는 스스로에 대해 계속 되묻는 과정이기도 하다. 여기에 지금의 상황을 바꿀 수 있는 '시작하는 앎'이 있다면, 아무것도 할 수 없는 나도 다른 사람들과 이어질 수 있는 작은 실마리 하나는 손에 넣을 수 있을지도 모른다. 타자의 말을, 때로는 말로 간주되지 않는 소리나 움직임을 듣고 읽는다는 것이 결코 아무것도 아닌 일이 아님을 이 책은 보여준다. 어차피 고통은 어디에나 늘 존재하고, 그것은 오롯이 한 사람 한 사람의 몫이며, 네가 무엇을 하든 말든 세상이란 원래부터가 그런 곳이라고 말하는 목소리들에 힘 있게 아니라고 말한다.

그렇다면 그러한 앎은 어떻게 다른 사람과 연결될 수 있을까? 앎이 개인을 전제로 한 소유물이 아니라 사람들 사이에서 오가는 집단적인 말이라면, 그것은 그러한 말들의 '장'을 필요로 한다. 이 책은 프란츠 파농이 끝까지 놓지 않았던 임상 역시 바로 그 같은 장이었음을 보여주면서, 지금도 계속되는 '화요회'라는 논의 공간을 통해서 집단적인 말이 어떠한 모습을 띨 수 있을지를 그려내려고 한다. 작년부터 화요회에 다시 참여하면서, 또 이 장의 글을 읽으면서 나는 내가 이미 저자가 말하는 연구자의 습성에 얼마나 익숙해져 있었는지를 번번이 깨닫곤 했다. 이른바 학계라는 곳에 익숙해지면서, 논의는 언제나 심사가 되고 질문은 서로 만나기 위한 것이 아니라 상대방을 평가하기 위한 것이 되는 장면을 자주 맞닥뜨렸고, 그것이 나를 괴롭힌다고 늘 생각하고 있었다. 하지만 제도나 나를 둘러싼 구조의 문제가 아니라, 나 자신이 어떻게 하면 제대로 성실하게 공부를 해서 많은 지식을 가지고 있음을 드러내 보일 수 있을지를 끊임없이 신경 썼고, 그렇게 무기처럼 쌓은 앎을 적재적소에 잘 배치하는 것이 연구인 것처럼 생각할 때가 더 많았다. 그리고 나도 조금은 똑똑하고 잘 아는 사람임을 인정받고 싶은 욕구와 싸웠다. 그런 내게 어디에도 있을 곳이 없는 황야에서의 고독이 사고의 출발점이며, 그 가운데에서 자신을 열어나가며 다른 사람과 만나서 이야기를 나눌 수 있는 장소를 만드는 것이 연구라는 저자의 말은 뼈아프게 와닿는다. 책에서 인용되는 시마 시게오의 말처럼 "외재적인 정치 제도나 자신을 제외한 사회에 책임을 돌리고 불평불만을 늘어놓는 치사한" 사람은 다름 아닌 나였다. 하지만 '인쇄하는 말'이 있는 이상 사람들은 언제든지 서로 이야기를 나눌 수 있다. 실제로 그랬다. 그리고 그것은 정말이지 즐거운 시간이기도 했다. 그것이야말로 저자와 함께 논의하면서, 화요회와 다시 만나면서 짜릿하게 발견한 것이다.

한편으로 이 책에서 다루고 있는 내용과 관련해 나 자신이 오랫동안 고민하던 문제도 있었다. 이 책은 파농을 이야기하고 있지만 그의 이론을 분석하거나 해설한 글이 아니다. 그보다는 그렇게 읽는 사람에게서 대상을 따로 떨어뜨려놓고 설명하지 않은 방식으로 파농과 지금 여기를 연결한다. "옆에서 일어나는 일이지만 이미 남의 일이 아니다"라는 어구가 그 연결을 가장 잘 말해줄 것이다. 그리고 여기에는 마르티니크인과 아랍인을 오인하고 파농을 신문한 경관, 간토대지진 이후의 혼란 속에서 죽임을 당할까 봐 자신은 조선인이 아니라 오키나와인이라고 주장한 히가 슌초, 오키나와의 개성을 말하려다가 결국 그것을 표현할 언어가 없음을 맞닥뜨리고 마는 이하 후유가 포개진다. 파농은 신문이 애초에 오인하기 마련이므로 경계를 근거로 신문을 회피할 수는 없음을 알고 있다. 하지만 한편에서 조선인이라서 죽어가는 사람이 있는데, 그 옆에서 "전 조선인이 아닌데요"라고 말하는 히가를 어떻게 생각해야 하나? 자연스럽게 폭력을 당하는 사람 쪽에 스스로를 이입하면서, 나는 파농과 히가를 떼어놓고 여러 번 그렇게 자문했다. 수많은 ○○을 사전에 배제하면서 성립하는 공동성이 있고 거기에 무조건적인 폭력이 대기하고 있다면, 히가는 오인을 올바른 분류로 바로잡으며 기존의 경계를 같이 긋는 사람 아닌가? 하지만 저자는 히가와 그 친구에게서 회피하고 있었던 폭력에 대한 지각을 발견하고, 그러한 지각에서 타자와의 만남과 새로운 공동성으로 향하는 가능성을 찾고자 한다. 그리고 신문공간의 경험을 폭력에 앞서 방어태세를 취하는 신체와 이미 상처 입은 신체로 구분한 뒤에 전자에 대해선 그러지 않아도 된다고 설명하고 후자는 개인이나 집단으로 에워싸는 시도를 경계한다. 거듭해서 읽고 생각하다가 내가 깨달은 것은, 어쨌든 폭력을 당해버린 ○○과 나는 ○○이 아니라고 말하는 사람을 끝까지 구분하며 후자를 비판하려고 할 때의 나는 실은 파농을 불러 세운 경관의 변명과 다를 바 없는 태도를 가지고 있었다는 점이었다. 하지만 사실 그러한 구분은 어디에도 자명한 것으로 존재하지 않는다. 또한 내게 덮쳐 올지도 모르는 폭력을 사전에 모면하려고 하는 수동적인 몸짓 속에서 상황을 다시 구성해나갈 수 있는 능동성을 끝까지 놓치지 않는 것은 무엇보다도 희망에 대해 생각하는 것이기도 하다. 그렇게 폭력을 예감하고 겁을 먹은 사람들을 배타적이라거나 반지성주의적이라거나 차별주의자라고 간단히 말해버리지 않고, 거기서 다른 전개를 향해 열려 있는 미결성을 발견하는 일이다. 저자는 방어태세를 취한다고 우리가 공감의 공동체로 이어지거나 똑같은 미래를 그리는 것은 아님을 분명히 하면서도, 그 속에서 어떻게 하면 지금의 세계가 바뀔 수 있다는 가능성을 포착할 수 있을지를 정성껏 모색한다. 그 말들을 읽어나가는 과정 자체가 이미 다른 세계가 존재할 수 있음을 상상하는 일이었다.

지난 몇 달간은 실은 조금 외로운 시간이기도 했다. 앞에서 말했듯 교토의 작은 방 안에서 나는 인터넷이나 책을 통해 세상의 부분들을 들여다보는 일밖에 할 수 없었는데, 그것이 무력하게 느껴지는 동시에 어쨌든 현재로는 한가하게 글을 읽고 있을 수 있다는 데에 대한 죄책감도 늘 따라다녔다. 방역이냐 경제냐 하는 식의 문제 제기에 의문을 느꼈지만, 그렇다고 무엇을 어떻게 해야 하는지도 알 수가 없었다. 쉽사리 사회를 진단하고 미래를 예측하는 논리 정연한 말들에는 가끔 화가 나기도 했다. 그 가운데 이 책에서 발견한 것이 결국 희망이었다고 한다면, 여기에 담긴 더 중요하고 깊은 논의를 내게 맞춰서 작게 만드는 일이 될지도 모른다. 그럼에도 불구하고, 고독 속에서 공부를 한다는 것의 의미를 다시 고민했을 때, 그것은 세상의 구조나 어두움을 정확히 짚어내어 올바른 처방전을 제시하기보다는, 이런저런 어려움에도 불구하고 사람들이 '우리'가 어떻게 연결될 수 있는지를 모색하는 과정이라는 생각이 들었다는 것은 꼭 쓰고 싶다. 말을 주고받음으로써 서로 이어지는 것에서 현실의 "원래 그렇게 되어 있는" 상태를 균열시킬 어떠한 계기도 발견하지 못한다면, 지식을 쌓고 학술적인 언어를 더 잘 구사하게 되는 것 외에 공부에서 어떠한 의미를 찾을 수 있나? 물론 여전히 어떻게 하면 좋을지, 무엇을 해야 할지 모른다. 또 이 책을 마치 여러 구체적이고 개별적인 상황에 적용할 수 있는 방법론처럼 읽어버린다면, 그것이야말로 책의 논의에 반하는 일 중 하나일 것이다. 하지만 여기서 저자는 당장 어쩔 줄 모르는 어려움을 그냥 지나치지 말고 끌어안아야 한다는 것 또한 알려준다. 어려움 속에 있는 우리에게는 나눌 수 있는 말이 있고, 그것을 이야기할 사람들이 있다.

　교토에서 이 책을 번역하며 도미야마 선생님께 여러 가지 질문을 드리고 책에 대한 논의도 거듭했다. 옮긴이가 알아서 해야 할 문제들로 선생님을 성가시게 해드린 적도 있지만, 그럴 때마다 다정하게 대답

해주셨던 선생님께 정말로 감사드린다. 번역이 글쓴이와의 만남이고 대화이기도 함을 새삼 느꼈다. 선생님과 함께 이야기를 나누는 것은 내게는 큰 즐거움일 뿐 아니라 그 자체로 공부였다. 원고를 꼼꼼하게 살펴봐주신 편집부에도 감사하다는 인사를 드리고 싶다. 부디 이 책의 말들이 많은 사람들에게 도착하기를, 그리고 그와 동시에 다시 더 많은 곳으로 출발할 수 있기를 바란다.

2020년 9월 교토에서
심정명